广视角·全方位·多品种

权威·前沿·原创

皮书系列为
"十二五"国家重点图书出版规划项目

中国社会科学院创新工程学术出版资助项目

金融监管蓝皮书

BLUE BOOK OF FINANCIAL REGULATION

# 中国金融监管报告
## （2014）

ANNUAL REPORT ON CHINA'S FINANCIAL SUPERVISION AND REGULATION (2014)

主　编／胡　滨
副主编／尹振涛　郑联盛

社会科学文献出版社
SOCIAL SCIENCES ACADEMIC PRESS (CHINA)

## 图书在版编目(CIP)数据

中国金融监管报告. 2014/胡滨主编. —北京：社会科学文献出版社，2014.5
 (金融监管蓝皮书)
 ISBN 978-7-5097-5905-9

Ⅰ.①中… Ⅱ.①胡… Ⅲ.①金融监管-研究报告-中国-2014 Ⅳ.①F832.1

中国版本图书馆 CIP 数据核字（2014）第 073475 号

---

金融监管蓝皮书
## 中国金融监管报告（2014）

主　　编 / 胡　滨
副 主 编 / 尹振涛　郑联盛

出 版 人 / 谢寿光
出 版 者 / 社会科学文献出版社
地　　址 / 北京市西城区北三环中路甲29号院3号楼华龙大厦
邮政编码 / 100029

责任部门 / 经济与管理出版中心　　　　责任编辑 / 高　雁　林　尧　颜林柯
　　　　　 （010）59367226　　　　　　责任校对 / 程　雷
电子信箱 / caijingbu@ssap.cn　　　　　责任印制 / 岳　阳
项目统筹 / 周　丽　高　雁
经　　销 / 社会科学文献出版社市场营销中心（010）59367081　59367089
读者服务 / 读者服务中心（010）59367028

印　　装 / 北京季蜂印刷有限公司
开　　本 / 787mm×1092mm　1/16　　　印　　张 / 19.25
版　　次 / 2014年5月第1版　　　　　　字　　数 / 250千字
印　　次 / 2014年5月第1次印刷
书　　号 / ISBN 978-7-5097-5905-9
定　　价 / 69.00元

本书如有破损、缺页、装订错误，请与本社读者服务中心联系更换
△ 版权所有　翻印必究

# 《中国金融监管报告（2014）》
# 编委会

**主　编** 胡　滨

**副主编** 尹振涛　郑联盛

**撰稿人**（以姓氏拼音为序）

巴劲松　曹顺明　龚华宗　韩友诚　胡　滨
刘　亮　罗龙秋　吕志成　毛竹青　潘永东
史　岩　汤　柳　王　刚　王旭祥　杨栋梁
尹振涛　袁增霆　张领伟　张啸川　郑联盛
钟　震

# 主编单位及主要编撰者简介

中国社会科学院金融法律与金融监管研究基地是由中国社会科学院批准设立的院级非实体性研究单位,专门从事金融法律、金融监管及金融政策等领域的重要理论和实务问题研究。研究基地学术委员会主席为中国社会科学院副院长李扬,理事长为中国社会科学院金融研究所所长王国刚,主任为中国社会科学院金融研究所副所长胡滨。

研究基地自成立始,即整合了中国社会科学院内外多学科专家、学者的研究力量,并与我国金融监管部门、相关金融机构及研究机构建立了稳定的合作关系。研究基地致力于从事金融法律和金融监管相关理论、政策和实务研究,为政府部门、监管机构和国内外企业和单位提供咨询服务,努力成为金融法律和金融监管领域的理论研究基地、政策咨询基地和学术交流基地。研究基地每年组织编写《中国金融监管报告》,作为中国金融监管领域的年度出版物。

研究基地主页:金融监管网,http://www.flr-cass.org。

**胡　滨**　1971年出生,安徽六安人,法学博士,研究员。现任中国社会科学院金融研究所副所长、中国社会科学院金融法律与金融监管研究基地主任。主要研究领域为金融监管、法与金融理论、结构金融(资产证券化)等。

**尹振涛**　1980年出生,山东青岛人,经济学博士,副研究员。现任中国社会科学院金融研究所法与金融研究室副主任、中国社会科学院金融法律与金融监管研究基地副主任兼秘书长。主要研究领域为金融监管与金融史等。

**郑联盛** 1980年出生，福建泉州人，经济学博士，助理研究员，现任中国社会科学院金融法律与金融监管研究基地副主任。主要研究领域为金融监管、金融创新与宏观经济等。

# About the Compilers

Research Center for Financial Laws and Regulations (RCFLR), Chinese Academy of Social Sciences (CASS) is a research institution focusing on the theoretical and practical topics in law and finance, financial regulation and financial policies. The Chairman of RCFLR Academic Board is professor Li Yang, vice president of CASS. Chairman of the Borad for RCFLR is professor Wang Guogang, Director-in-general of Institute of Finance and Banking, CASS. Director of RCFLR is professor Hu Bin.

Since establishment, RCFLR has acted as a coordinator by unifying the academic and research capabilities of the scholars and experts, both within and outside the CASS with the objective of building a strong and stable partnership and cooperation in the fields of law and finance with other Chinese regulatory and supervisory commissions and agencies, related legal and financial institutions and research organizations. RCFLR is dedicated to the study and research, from a legal perspective, into all aspects of the financial development in China's modern economy with a view to announcing/publishing the results of its research thereby, promoting innovation in the theory of law and finance and promoting a healthy growth in the financial sector. RCFLR publishes *Annual Report on China's Financial Supervision and Regulation*, a yearly publication which reflects in a systematic, comprehensive, persistent and authoritative manner, the current status, the development and reformation of financial regulation in China.

Homepage of RCFLR: http://www.flr-cass.org.

HU Bin, Ph. D in law, is Professor at CASS, is Deputy Director General of Institute of Finance and Banking, CASS, and the Director of RCFLR. His main research areas include financial regulation, law and finance, and structured finance (asset securitization).

YIN Zhentao, Ph.D in economics, is Associate Professor at Chinese Academy of Social Sciences and the Deputy Director and Secretary-general of RCFLR. His main research areas cover financial regulation and economic history.

ZHENG Liansheng, Ph.D in economics, Assistant Professor of Institute of Finance and Banking, CASS and the Deputy Director of RCFLR. His main research areas include financial regulation, financial innovation and macroeconomics.

# 前　言

《中国金融监管报告（2014）》作为中国社会科学院金融法律与金融监管研究基地的系列年度报告，秉承"记载事实"、"客观评论"以及"金融和法律交叉研究"的理念，系统、全面、集中、持续地反映中国金融监管体系的现状、发展和改革历程，为金融机构经营决策提供参考，为金融理论工作者提供素材，为金融监管当局制定政策提供依据。

《中国金融监管报告（2014）》主要由"总报告"、"分报告"和"专题研究"三部分组成。"总报告"为两篇：第一篇为"中国影子银行体系：规模、风险与监管——非传统信贷融资的视角"，在回顾国内外对影子银行界定和分析的基础上，从非传统信贷融资的视角对中国影子银行体系进行了界定、分析和测算，对其潜在的金融风险和重要环节进行剖析，在回顾影子银行体系监管的基础上提出了完善影子银行监管的政策建议。第二篇为"中国金融监管：2013年重大事件述评"，对2013年中国金融监管发生的重大事件进行系统总结、分析和评论，并对2013年中国金融监管发展态势进行预测。"分报告"为分行业的监管年度报告，具体剖析了2013年中国银行业、证券业、保险业以及外汇领域监管的进展，呈现给读者一幅中国金融监管全景路线图。"专题研究"部分是对当前中国金融监管领域重大问题的深度分析，主要涉及系统性风险及其监管、金融监管协调机制、互联网金融监管、信托行业发展、利率市场化与反垄断以及操作风险监管等问题。

《中国金融监管报告（2014）》由胡滨担任主编，负责报告的

组织、撰写和审定工作；尹振涛和郑联盛担任副主编，负责报告的统编和撰写工作；感谢社会科学文献出版社的周丽、恽薇、高雁老师，以及为本书赐稿的所有专家和学者。中国社会科学院金融法律与金融监管研究基地期待着以《中国金融监管报告》为媒介和平台，与学术界、实业界以及政策界等进行全方位的合作和交流，致力于共同推动中国金融监管改革与发展。

# Preface

As the annual report of the Research Center for Financial Laws and Regulations (RCFLR), *Annual Report on China's Financial Supervision and Regulation (2014)* seeks to reflect the current status, development and reform progress of China's financial supervision and regulation in a systematic, comprehensive, persistent and authoritative manner. With the philosophy of "factually recording, objectively reviewing, and comprehensively analyzing", we hope this report can provide reliable and useful references for financial institutions, academic researchers, and regulatory authorities.

The Report 2014 consists of three parts: General Reports, Sub-reports, and Special Topics. The first of the general reports is *The Shadow Banking System of China: Scale, Risks and Regulation* which discusses the shadow banking system from China's perspective, as well as the potential financial risks and regulatory policies. The second general report is *China's Financial Supervision and Regulation: Developments in 2013*, which surveys the major reform and policy issues of China's financial supervision and regulation in 2013 and gives an outlook of 2014. The sub-reports provide the details of development in regulation of banking, securities, insurance, and foreign exchange administration. The Special Topics deliver deeper analysis on selected important issues in China's financial supervision and regulation, including systemic financial risks and its early warning system, regulation coordination mechanism, and internet finance regulation.

Professor Hu Bin, as the chief editor of the Report 2014, is responsible for the organization and final approval of the compilation. Dr. Yin Zhentao and Dr. Zheng Liansheng, as deputy chief editors, are responsible for the editing work. We would like to thank the authors

for their brilliant work. We would also like to thank Ms. Zhou Li, Ms. Yu Wei and Ms. Gao Yan from the Social Sciences Academic Press (China) for their invaluable help and support. We expect the China Financial Supervision and Regulation Report to become an important platform for the communication and cooperation between RCFLR and all sectors of the society, thus promoting the reform and development of China's financial supervision and regulation.

# 目录

## BⅠ 主报告

B.1 中国影子银行体系：规模、风险与监管
　　——非传统信贷融资的视角 …… 胡　滨　郑联盛 / 001
B.2 中国金融监管：2013年重大事件述评 ……… 尹振涛 / 030

## BⅡ 分报告

B.3 银行业监管年度报告
　　………………… 巴劲松　王　刚　毛竹青 / 044
B.4 证券业监管年度报告 …………… 张啸川　潘永东 / 067
B.5 保险业监管年度报告
　　………………… 张领伟　杨栋梁　龚华宗 / 102
B.6 外汇管理年度报告 ……………… 汤　柳　王旭祥 / 120

## BⅢ 专题研究

B.7 系统性金融风险度量与预警研究的新进展
　　………………………………………………… 刘　亮 / 151

B.8 我国互联网金融服务的发展现状及监管建议
............................................ 王 刚 / 171

B.9 金融监管协调机制：国际经验与中国路径
............................................ 钟 震 / 189

B.10 中国信托业发展趋势、运行机制与
政策建议 ............................ 袁增霆 / 206

B.11 保险资金运用的法律风险及防范 ........ 曹顺明 / 222

B.12 我国反垄断机构与金融监管机构的关系研究
——以银行业为例 ............ 史 岩 / 234

B.13 操作风险与异常交易监管研究 ............ 罗龙秋 / 250

## BⅣ 附录

B.14 2013年度金融监管大事记 ............ 吕志成 / 262

Contents ............................................ / 283

皮书数据库阅读使用指南

# 主　报　告

General Reports

# 中国影子银行体系：
# 规模、风险与监管

——非传统信贷融资的视角

胡　滨　郑联盛\*

**摘　要：** 影子银行是一个涉及产品、机构和市场的动态而复杂的三维体系，通常泛指传统商业银行体系之外的信用主体和业务活动，其最为基本的功能是期限转换、流动性转换以及信用风险转换。国内研究对影子银行的界定形成"监管说"、"风险说"和"非传统信用说"

---

\* 胡滨，法学博士，研究员，中国社会科学院金融研究所副所长，金融法律与金融监管研究基地主任，主要研究领域为金融监管、金融法治以及资产证券化等；郑联盛，经济学博士，中国社会科学院金融研究所法与金融研究室助理研究员，金融法律与金融监管研究基地副主任，主要研究领域为金融监管、金融创新以及宏观经济等。

三个框架。本研究基于非传统信用的视角，估算中国的广义影子银行体系规模约为27万亿元，占银行业全部资产的比重约为19%。然而，影子银行体系的规模仅仅是中国金融体系系统性风险的一个层面。更为重要的是，在银行主导的金融体系内银行体系内部的非传统信用扩张机制（影子银行业务）是金融系统性风险累积的重要原因。虽然影子银行体系发展具有合理性和创新性，但也凸显出中国金融体系的体制机制弊端。目前，我国金融当局对影子银行体系的监管整体有效，但监管政策的针对性、完备性和可预期性仍有待提高，未来在继续鼓励和规范影子银行体系的发展的同时，坚决守住不发生区域性和系统性金融风险的底线，并深化中国金融体制改革。

**关键词：**

影子银行　非传统信用中介　系统性风险

影子银行体系的高速发展，深刻改变着全球金融体系的结构，已成为各界关注的焦点。自2008年金融危机以来，各国监管机构、国际组织以及智库等均对其开展了深入研究，发布了一系列研究成果。然而，自保罗·麦考利（Paul McCully）首次提出影子银行概念以来，有关争论就从没停止过。

同样，关于中国影子银行体系的发展，社会褒贬不一，争议非常大。其中，中国影子银行体系的界定、规模以及可能引发表外风险等问题更是引起各界的高度关注。自银监会出台针对表外理财产品的规范文件（8号文）之后，特别是《国务院办公厅关于加强影子银行监管有关问题的通知》（107号文）发布以来，社会各界关注的重点已经转向影子银行体系引发的系统性金融风险及对其的监管分工和监管协调机制。

本文以非信贷融资的视角来厘清中国影子银行体系的基本内涵、规模以及风险，并就中国影子银行体系监管的问题提出若干政策建议。

## 一 影子银行体系：争议与演进

2007年，美国太平洋投资管理公司执行董事保罗·麦考利首次提出了"影子银行"的概念，主要指那些游离于金融监管体系之外的，与传统、正规、接受中央银行监管的商业银行体系相对应的金融机构[①]。2008年，时任纽约联储主席盖特纳则将其称为与商业银行体系相对的平行银行体系（The Parallel Banking System）[②]。从涉及的范围出发，影子银行是指投资银行、私募股权基金、货币市场共同基金、抵押贷款中介服务机构、对冲基金、债券保险公司、结构性投资工具等非银行金融机构[③]。

欧洲中央银行（2012）认为影子银行是接受监管的银行体系之外的信用中介，也强调了影子银行的规避监管特征[④]。影子银行的兴起在很大程度上可归因于流行的"发起－分销"式银行模式，这一模式使得银行能够把资产负债表上的资产由接受监管的表内转移至不受监管的表外，特别是证券化工具（Securitization Vehicles）

---

① McCully, Paul, "Teton Reflections", PIMCO Global Central Bank Focus, Agu/Sept. 2007.
② Geithner, Timothy, F., "Reducing Systemic Risk in a Dynamic Financial System", Federal Reserve Bank of New York, June 9, 2008.
③ Gorton, Gray and Andrew Metrick, "Regulating the Shadow Banking System", Brookings Working Paper, September 2010.
④ ECB, "Shadow Banking in the Euro Area: An Overview", Occasional Paper No. 133, April, 2012.

的广泛使用，从而规避相应的监管要求。

国外学术界对影子银行体系的概念仍然没有取得广泛的一致意见，理解上仍存在较大的差异。目前比较权威的观点出自金融稳定委员会（FSB），他们将影子银行体系定义为在监管范畴之外、常规银行体系之外提供信用媒介的体系。更为重要的是，FSB 界定了影子银行体系的四大内在特征：期限转换、流动性转换、杠杆操作以及信用风险转换[①]。金融稳定委员会对影子银行的界定在全球范围内取得了一定的共识，但是，FSB 仅跟踪 25 个经济体和欧元区，其界定不可能适合所有的经济体和政策框架（Sinha，2013）。

国内对于影子银行的定义也是差异甚大，梳理起来，主要有三种观点：一是以是否存在监管来界定；二是以是否能够导致金融系统性风险来界定；三是以区别于传统银行信贷的非传统信贷融资来界定。

第一种观点认为，影子银行的核心在于是否接受监管（FSB 定义），如果以此为标准，中国影子银行仅包括民间借贷、第三方理财等，FSB 估计 2010 年中国影子银行规模为 4000 亿美元[②]。而理财和信托等产品不属于影子银行（杨再平，2013；巴曙松，2013），各界对影子银行存在"误读"。2014 年初，社会各界广泛交流的《国务院办公厅关于加强影子银行监管有关问题的通知》（107 号文）首次对影子银行进行了较为全面、明确的官方界定，通知明确了影子银行大致包括三类：第一类是不持有金融牌照、完全不受监管的信用中介机构，其中包括新型网络金融公司、第三方理财机构等；第二类是不持有金融牌照，存在监管不足的信用中介机构，比如融资性担保公司、小额贷款公司等；第三类是

---

[①] FSB, "Shadow Banking: Scoping the Issues", April 2011.
[②] FSB, "Shadow Banking: Scoping the Issues", April 2011.

相关机构持有金融牌照，但存在监管不足或规避监管的金融业务，主要包括货币市场基金、资产证券化、部分理财业务等。

第二种观点基于系统性风险或金融体系重大风险来分析影子银行。沈联涛较早就强调了影子银行存在宏观、结构和微观三大问题，可能引发重大金融风险。① 有的研究认为，理财、信托、同业等都属于影子银行的范畴（刘煜辉，2012；朱海斌，2013），甚至有学者基于地方债务风险的考虑将企业债等都归入影子银行体系的范畴（汪涛等，2012）。因此，不同的定义对应了不同的测算规模，从最小口径的3万亿~4万亿元到最宽口径的36万亿元不等（朱海斌，2013）。该观点更多强调的是金融风险在金融体系内的传染性和内在关联性。

第三种观点强调影子银行体系是以非传统信贷融资为核心，强调了与传统银行信用中介的创新与区别。李扬（2013）、胡滨等（2013）从金融创新的角度出发，论证了非传统信贷融资或影子银行体系发展具有的必然性以及风险性。这个界定虽然不是以是否接受监管为核心，但在明晰影子银行的业务和风险时，与FSB跟踪、评估及统计影子银行的途径②，即通过非银行信用媒介（Other Financial Intermediaries，或 Non-bank Financial Intermediation）③ 来进行的逻辑是相似的。只是非信贷融资比非银行信用中介的范围更加广一些。

从上述几种观点来看，监管与否是区分影子银行体系的最原始标准（FSB定义），也是最没有争议的定义，但是，由于各个经济

---

① 沈联涛：《要盯住影子银行》，《新世纪》2010年12月5日。
② FSB在初始定义上以是否接受监管（regulated）作为界定影子银行体系的标准，但是，在统计上，是否接受监管则没有特别要求，是以常规性（regular）作为统计影子银行业务的标准，以非银行信用中介作为统计的内容。为此，FSB在定义上和统计上的吻合性仍然存在瑕疵。
③ FSB, "Global Shadow Banking Monitoring Report 2013", 14 November 2013.

金融监管蓝皮书

体的金融结构差异太大,单纯以监管视角来界定的影子银行可能没有全面反映金融体系的结构及风险。在 FSB 的统计口径下,在中国金融机构的资产负债表中很难找到与之完全对应的金融产品,与此同时,中国现存的很多金融产品也无法纳入 FSB 的统计之中。更重要的是,对于中国而言,FSB 的统计方式仍然没有反映一种重大的结构问题,即没有根本反映中国银行体系之内的信用中介的变化。中国银行体系之内的非传统信贷融资最近几年爆发式发展,成为影响金融体系的重大力量。

前述的 107 号文是对监管说的延伸,把在监管体系内但存在监管不足的金融产品归入影子银行体系。但从总体来说,以监管作为界定影子银行的基础,根本没有反映中国金融体系的结构变迁和风险分布,是范围较小的界定。以风险界定影子银行体系同样存在一定的不足,金融体系的系统性风险根源因素涉及很多,影子银行体系可能只是其中一个重要因素而非唯一因素。以风险来界定往往会泛化影子银行体系而忽略其实质特征及结构。

## 二 非传统信贷融资视角下的中国影子银行体系

关于中国影子银行体系的界定和分析,之所以存在诸多不同的观点和角度,一个重要原因是中国金融体系具有与国外金融体系不同的特殊性,分析这些特性有助于我们厘清中国的影子银行体系。

### (一)中国金融体系的特征

从总体上看,虽然中国目前已经基本确定了金融体系市场化发展的改革方向,但相对于发达市场经济国家,金融发展的整体水平较低，而金融体系本身也具有特殊性。

**1. 银行业在中国金融体系中占据主导地位**

中国非传统信贷融资的发展深刻地改变了中国的银行体系，使得银行体系内部的传统贷款和非传统信贷融资的格局变化显著，但是仍然维持了以银行为主导、间接融资为核心的金融体系格局。几乎所有的非传统信贷融资均与现有的银行体系密切相关，银行往往成为金融产品的主要购买者或主要销售渠道。因此，无论何种类型的金融产品，一旦发生风险，最终必然会演化为银行业的风险。

**2. 金融机构的非传统信贷融资增长迅猛，替代传统信贷为实体经济提供大量的流动性缓冲，同时也成为中国金融体系系统性风险的重要渊薮**

2009年以来，由于政策的转向，传统信贷渠道为经济社会发展提供的资金支持占比在迅速下降，非传统信贷融资的重要性则相对提高。非传统信贷融资逐步突破了金融监管和信贷管控等限制，为经济刺激政策后续的投资和经济社会发展提供融资渠道。同时，非传统信贷融资因期限错配（资产期限结构长、负债期限结构短）所导致的流动性风险也随着市场规模的扩大而放大，开始威胁到金融体系的稳定。因此，非传统信贷融资成为中国金融体系系统性风险的重要渊薮。

**3. 混业经营的发展趋势与分业监管格局不相匹配**

就中国当前的金融发展阶段而言，分业监管体制是有效的。在监管资源和经验有限的情况下，它允许监管者通过专业分工专注于各个明确的金融领域，从而提高监管绩效。但这种模式存在的问题是，随着金融混业经营趋势的加强，各类金融产品的边界逐渐模糊，单一监管主体很难对此类产品给予充分的监管。由于监管机构之间的立场和角度不同，缺乏协调配合，容易出现监管套利和监管真空。

**4. 金融市场的行政管制仍然比较严格,金融产品创新受到抑制,资产证券化产品既不复杂也不发达,杠杆率相对较低**

中国的非信贷融资业务没有高杠杆运作和复杂的资产证券化,更多是表外和表内业务的区分。这使得国内的非传统信贷融资基本是资产-负债相对应的,特别是在银监会等出台众多规范条例之后,非标资产投资和高杠杆运作受到了很大限制。目前,在同业业务中,部分机构存在较高的杠杆率,但对美国动辄20~30倍的杠杆率而言,中国金融机构的杠杆率基本是个位数。更重要的是,中国资产证券化基本没有实质性发展,更没有复杂的结构性投资工具,这使得脆弱性大大降低。

综上,非传统信贷融资的迅猛发展带来金融系统性风险,而银行业由于在金融体系中处于主导地位,决定了风险首先反映在银行体系内部。现有的分业监管不能适应金融混业发展的客观要求,而金融市场发达国家影子银行中的典型代表——缺乏监管的、高杠杆运作的及结构复杂的证券化产品在中国的问题并不突出。这就决定了以非传统信贷融资的视角来界定中国的影子银行体系具有内在体系性和科学的逻辑性。

### (二)非传统信贷融资产品与影子银行体系

影子银行体系是一个非常复杂的系统,是一个具有产品或工具、机构和市场"三位一体"的综合系统,其本质是必须发挥期限转换、流动性转换以及信用转换三大功能。这三大功能也是FSB定义影子银行体系四大特征的其中之三,这三个特征实际上也是信用中介发挥资金融通作用的本质特征。基于此,不能将一些非融资性的银行同业业务、资产管理计划、财务公司业务等都纳入影子银行体系之中。

中国影子银行体系：规模、风险与监管

**1. 具有影子银行典型特征的非传统信贷融资产品**

由于中国影子银行体系与传统商业银行体系已经有机融合在一起，因此我们可以从两个层面来梳理具有期限转换、流动性转换和信用转换三大影子银行特征的非传统信贷融资产品：一是银行体系之外的信用中介，二是银行体系之内的非传统信用中介，二者之和即为非传统信贷融资。或者说，我们所指的非传统信贷融资（亦称为非传统信用中介）可分为两个部分：其一，银行体系之外的信用中介业务（符合FSB的界定）；其二，银行体系之内的非传统信贷融资（考虑中国的特殊性）。

值得特别说明的是理财业务。理财业务是银行部门近期发展最为迅速的业务，其中保本理财由于进入银行部门的资产负债表之内，为此风险管控是非常严格的，而绝大部分非保本理财业务是银行的通道业务，记为代理业务，实际上是为银行体系之外的融资活动提供通道或代理业务，为此，在区分银行体系之内和之外的融资中，我们将理财业务归纳为银行体系之外的信贷供给机制，而不是将其放在银行体系之内。表1列出了非传统信贷融资产品（工具）的分类。

**2. 中国影子银行体系的三个层次及其规模测算**

根据FSB的界定以及中国金融体系的典型特征，我们认为可以从非传统信贷融资的金融产品视角，以三个层次来定义中国的影子银行体系。第一个层次是最狭义的影子银行体系，对应的是国内对影子银行的"监管"界定范畴，以是否接受监管为依据。第二个层次是狭义的影子银行体系，对应的是银行体系之外的信用中介及活动。第三个层次是广义的影子银行体系，是狭义的范畴再加上银行体系之内的非传统信贷融资。图1是对中国影子银行体系的界定。

表1 非传统信贷融资产品（工具）分类

| 信用机制 | 类别 | 产品（工具） | 监管特征 | 影子银行范畴 |
|---|---|---|---|---|
| 银行体系之内信用供给 | 传统信贷 | 各项贷款、票据贴现 | 严格监管 | 否 |
| | 表外非传统信贷业务 | 银行承兑汇票<br>信用证<br>应付代付款项<br>保证凭信<br>贷款承诺 | 监管，有不足 | 大部分为否。部分业务作为影子银行业务交叉的一个环节，属于影子银行范畴，比如部分承兑汇票、信用证、代付等，但规模不大 |
| | 表内非传统信贷业务 | 投资（标准化及非标）<br>存放央行款项<br>非生息资产<br>同业 | 监管，有不足<br>严格监管<br>监管<br>监管，有不足 | 其中，非标投资属于影子银行范畴，同业为广义影子银行范畴的核心部分，其余为否 |
| 银行体系之外信用供给 | 金融牌照业务 | 信托 | 监管，较不足 | 属于狭义影子银行范畴 |
| | | 理财 | 监管，有不足 | |
| | | 货币市场基金<br>代客资产管理<br>资产证券化 | 监管，有不足 | |
| | | 基金保险子公司融资 | 监管，有不足 | |
| | | 财务公司 | 监管，有不足 | |
| | | 债券（不含国债） | 监管，略有不足 | |
| | | 保险资产管理 | 严格监管 | 否 |
| | | 股票融资 | 严格监管 | |
| | | 基金资产管理 | 严格监管 | |
| | 非金融牌照业务 | 小额贷款<br>融资担保 | 监管，较不足 | 属于最狭义影子银行范畴 |
| | | 网络信贷融资<br>无备案私募股权基金<br>第三方理财<br>民间借贷 | 没有监管 | |

资料来源：作者整理。

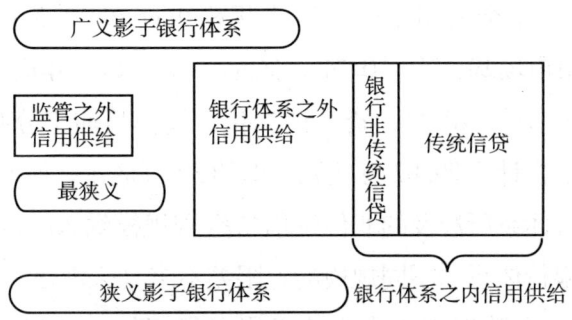

**图 1　中国影子银行体系的界定分析示意图**

最狭义的影子银行体系所涉及的非传统信贷融资产品包括：民间借贷、第三方理财、网络信贷融资、无备案私募股权基金、小额贷款、融资性担保等。根据相关报道，2011 年 3 季度末不受监管或没有金融牌照的融资规模大致为 3 万亿元①，没有金融牌照且监管相对不足的小额贷款及融资性担保大致为 2.17 万亿元（截至 2012 年底）②。经过最近 1~2 年的发展和监管规范，我们大致估算最狭义影子银行体系所涉及的非传统信贷融资的规模为 6 万亿元。

狭义的影子银行体系所涉及的非传统信贷融资产品除了上述最狭义影子银行体系之外，还包括理财、信托、财务公司、货币市场基金、代客资产管理、基金保险等子公司融资性业务，资产证券化等。截至 2013 年 9 月末，信托资产规模为 10.13 万亿元③、理财资金余额为 9.92 万亿元④，截至 2013 年 10 月底，财务公司资产规模为 4.14 万亿元⑤，券商资产管理计划超过 3.89 万亿元（2013 年 9

---

① 《证券日报》在 2011 年 12 月 13 日报道人民银行第二次民间融资现状摸底调查指出，截至 2011 年 3 季度末，民间借贷规模约 3.38 万亿元。但人民银行没有出具相关的正式报告或发布数据。
② 数据为 2012 年底的规模。该数据由融资性担保业务监管部际联席会议办公室所统计。
③ 数据来源：中国信托业协会。
④ 数据来源：Wind 资讯。
⑤ 数据来源为银监会，援引自《金融时报》2013 年 11 月 29 日的报道，http://www.financialnews.com.cn/gs/cw/201311/t20131129_45516.html。

月底数据)①,基金公司子公司资产规模可能在2013年底达到1万亿元②,货币市场基金达到0.74万亿元(截至2013年底,其中4季度暴涨50%)(惠誉,2014),资产证券化的规模目前十分有限,此处略去不计,以上合计为29.82万亿元,即约30万亿元。加上最狭义部分,中国影子银行体系所涉及的非传统信贷融资规模约36万亿元。这与国内估算影子银行体系的不同规模的上限差不多(朱海斌,2013)。

但是,这个数据如果作为狭义影子银行体系的规模将会高估很多:一是理财业务与信托等的重复计算,如果理财的资产都来自其他融资工具,那极端计算方式可以扣除理财;二是财务公司涉及的融资性业务比例可能较低,有的公司甚至是非常低;三是券商与基金公司子公司等的融资业务与信托也有部分重合。我们假定理财的资产全部为其他非传统信贷融资工具,财务公司融资性比例为30%,券商与基金子公司非重合融资部分的比例为50%,那该范畴下的影子银行体系规模大致为14.6万亿元,加上最狭义部分,约为21万亿元③。做上述的剔除和区分主要是以影子银行体系的期限转化、流动性转换和信用风险转换的三大基础功能为基础的,当然,由于数据原因剔除和区分都是粗略性的。

广义的影子银行体系所涉及的非传统信贷融资产品除了狭义影子银行体系之外,还包括同业以及很小一部分信用证、汇票及代付等银行体系之内的非传统信贷融资及其创新方式,统计上大致可以只考虑同业业务。2012年同业业务为10万亿元,截至2013年9月

---

① 数据来源为中国证券业协会。转引自2013年12月4日《国际金融报》的报道,http://www.yanglee.com/research/newsdetail.aspx?NodeCode=105022020&ID=100004722958162。
② 根据中国证券网2013年8月27日报道:基金子公司规模2013年底有望达1万亿元,http://www.cnstock.com/v_fortune/sft_jj/tjj_yndt/201308/2714879.htm。
③ FSB统计的中国非银行信用中介规模为2.1万亿美元,大致为12.8万亿元,比我们的统计结果要小很多,这主要在于信托资产的部分和其他部分业务可能没有被统计在其中。

末，16家上市银行同业资产规模为11.6万亿元[①]；2013年同业业务规模预计超过12万亿元。以此大致估算，广义影子银行体系规模约为33万亿元，占2013年9月末银行体系总资产（143万亿元）的23%。但是，由于同业业务中一大部分是正常的同业资金往来而非信贷性安排，为此，这个规模仍然是高估的。由于各银行都没有统计，如果以50%作为类信贷的比例，那么广义影子银行体系所涉及的非传统信贷融资规模大致为27万亿元，占银行业资产的比例降低至19%。与美国金融危机爆发前夕影子银行体系与商业银行体系资产规模等量齐观的情况相比，中国目前的非传统信贷融资或影子银行体系的整体规模仍然较小（见表2）。

表2 中国影子银行体系的三个层次

| | 特征 | 所涉非传统信贷融资业务 | 规模测算（万亿元） |
| --- | --- | --- | --- |
| 最狭义 | 缺乏监管或无牌照 | 民间借贷、第三方理财、网络信贷融资、无备案私募股权基金、小额贷款、融资性担保 | 6 |
| 狭义 | 银行体系之外、监管不足的信贷供给 | 最狭义影子银行体系所涉及的产品，以及理财、信托、财务公司、货币市场基金、代客资产管理、基金保险等子公司融资性业务、资产证券化等 | 21 |
| 广义 | 银行体系之内、监管相对不足或监管规避的非传统信贷融资 | 同业以及小部分信用证、汇票及代付等 | 27 |

资料来源：作者整理。

## （三）对中国影子银行体系规模及风险的认识

从规模来看，即使是以广义范畴界定的中国影子银行规模，其

---

① 根据各家银行2013年3季度报告统计。

占银行业资产规模仅约为1/5。但是，影子银行体系的发展已经实质性地改变了中国银行业主导的金融体系，同时也改变了中国金融体系的风险结构特征。中国影子银行体系对应的核心风险环节、监管政策、发展定位及配套改革措施比其规模本身更加重要，目前表内风险是核心环节，主要在于其使得风险的内在关联性大大提高。

**1. 影子银行体系的规模大小并不是最重要的**

其一，中国现有的统计口径及金融机构资产负债表的科目设计的局限，导致对影子银行体系的规模大小的统计难以确定。现有的测算均是预估值，并必然存在重复计算问题。

其二，影子银行规模的变化更多地是反映出从银行主导的间接融资到多元化融资的结构性变化，但并没有自然反映出整个金融体系的风险累积和系统性风险。其规模大或小主要体现在金融风险的"量"上，而事实上影子银行真正的风险更多应体现在"质"上，特别是银行等机构的表内与表外风险。

**2. 基于同业业务的信用扩张机制是中国影子银行体系风险的关键环节**

"影子银行的一个重要特征就是始终有商业银行和清算银行（即更'传统'的银行机构）的参与"[①]。通过理论研究和实际调研，中国银行体系内同业业务的金融风险主要体现在以下几个方面：一是以同业为核心的非传统信贷融资存在一定程度的空转，并没有服务于实体经济；二是同业资产与负债的缺口巨大（18万亿元），这表明部分机构采用高杠杆操作；三是同业更多地是规避监管和监管套利，通过主动负债和资产负债表腾挪，摆脱信贷规模、资本金和风险拨备的监管要求；四是同业操作之中信贷规模控制被人为突破且信贷

---

① 参见美联储前主席本·伯南克于2012年4月9日在2012年度亚特兰大联邦储备银行金融市场会议上的演讲，载于《中国金融》2012年第12期。

投向偏离政策方向,流向产能过剩行业、房地产、融资平台等高风险领域;五是银行体系同业业务借短放长,存在严重的期限错配;六是部分同业业务有意隐藏类信贷资产的信用风险和风险权重,信息不透明。

同业业务的快速扩张使得银行体系的风险结构发生实质性变化,扩大了信贷的投放和变更了信贷的投向,同时隐藏了银行部分资产的信贷风险,扩大了银行体系内部的杠杆率,明显扩大了银行体系的内在关联性,金融风险空间传染性更强,潜在的系统性风险比银行主导的单一体系更大。因此,银行体系的同业业务是影子银行体系风险的关键环节,也应是未来监管的重中之重。

**3. 在同业业务高速扩张的背景下,影子银行的风险将首先表现为资金市场的流动性危机**

在非传统信贷扩张机制下,影子银行的风险将首先表现为资金市场的流动性危机。由于银行体系内的非传统信贷融资更加依赖于批发性资金市场,特别是银行同业业务严重的期限错配的维持,都是通过批发性的银行间拆借市场实现的。由于批发市场的流动性波动较大,流动性本身也极其脆弱,一旦拆借市场爆发风险,高度依赖批发性资金市场的银行或其他金融机构将遭遇流动性危机,进而引发违约及信用危机,最后可能导致银行体系出现资产负债表危机,即银行破产。2013年6月20日的"钱荒"事件就是影子银行典型的风险信号,2013年底同业拆借市场的利率持续上升再一次敲响了流动性危机的警钟。

**4. 影子银行风险极易引发系统性金融风险**

国内影子银行体系的过快发展和过度金融创新也带来了一系列新的问题和风险。

一是影子银行体系及非传统信贷融资业务本身的问题,其期限错配、收益率错配以及信息不对称,最后将会产生流动性风险、信

用违约和道德风险,这些风险主要在于基础设施不健全、信息不对称、过度透支机构信用等。国内金融机构对这些业务的风险认识尚未明晰,特别是对"个体理性与合成谬误"的错配仍无明确认识,这可能导致对非传统信贷业务"鸦片式"的迷恋。

二是随着银行同业业务的迅猛发展,金融体系内部关联性大大提升。中国影子银行体系涉及银行、信托、证券、保险等多个行业,横跨货币、信贷、资本、保险、理财等多个金融市场,使得金融机构之间和金融体系内部的内在关联性和风险传染性呈几何级数增长。一旦影子银行出现较大风险,可能通过货币市场、信用市场迅速传染至银行部门和实体经济,并可能引发系统性金融风险。一定意义上讲,内在关联性和传染性将是中国金融体系系统性风险的最大隐患,是中国金融体系的最大的风险环节。

## 三 中国影子银行体系的监管历程及评价

### (一)中国影子银行体系的监管历程

#### 1. 2008~2009 年:重点规范理财产品

在理财产品大发展的 2009 年,银监会就对理财产品导致的金融风险进行有针对性的监管,对理财业务的报告管理和投资管理等进行了重点规范。

在理财业务的发展中,部分银行业金融机构通过一定程度的金融创新,特别是设计发行信贷资产类理财产品,以此将存量贷款、新增贷款等变相转到资产负债表之外,以规避资本监管、计提拨备等监管要求。可以看到,银行贷款已转出资产负债表之外,银行机构同时也继续承担贷后管理、到期收回等实质性的法律责任和风险,但是因此减少了资本要求,并逃避了相应的准备金计提。这种资产负债表腾挪的潜在风险不容忽视。同时,理财业务运营、信息披露管理以及投资管理等领域的制度尚未规范。

2008年，理财业务蓬勃发展，上述问题就有所呈现，银监会于2008年4月3日发布了《关于进一步规范商业银行个人理财业务有关问题的通知》，在产品设计、客户评估、信息披露、风险揭示、销售合规等方面进行风险提示和监管规范。但是，在2009年理财业务爆发式增长的过程中，上述问题更为明显，银监会在2009年4月28日下发了《关于进一步规范商业银行个人理财业务报告管理有关问题的通知》对理财业务的报告制度进行了规范，又在2009年7月6日下发了《关于进一步规范商业银行个人理财业务投资管理有关问题的通知》。特别是后者从投资管理原则、投资管理方式、投资方向等多个层次对以往的政策和做法做了较大的调整和规范。

在上述规范性文件出台实施中，相关监管部门充分运用监管框架的灵活性，出台的政策针对性、及时性和有效性较高，对银行理财市场的发展变化及风险分布进行了及时的规范，以鼓励发展为基础，以防范风险为核心，较好地处理了发展与稳定的关系。但是，针对理财业务的文件主要集中在银监会办公厅或银监会层面，多为规范性文件，但是，在理财业务所涉及的风险关联性上的应对措施较为有限。同时，规范性文件下发较多，使得相关机构疲于应付。

**2. 2010年：加强对银信合作的监管**

在商业银行理财业务得到较为有效的风险防范之后，其业务扩张的速度有所放缓，规避监管的创新性业务成为商业银行致力发展的重要领域，同时，中国宏观政策基调转向中性偏紧的格局，银信理财合作迅猛发展起来。但是，银信理财合作通过引入信托计划规避了相关监管，其风险并未有本质性降低或消除，反而提高了金融体系的内在关联性。

鉴于此，2010年监管的主要着力点在于银信理财合作的金融风险。在银根紧缩之后，信贷规模同时受到一定控制，银信合作的类信贷融资爆发式增长，引发了较大的宏观风险和金融风险。2010年8月，银监会下发了《关于规范银信理财合作业务有关事项的通知》，该通知对银信理财合作业务进行了强化性监管，再次强调信托公司自主管理原则，对融资类业务实施余额比例管理（不得超过30%），叫停开放式及非上市公司股权投资产品，要求商业银行两年内将表外资产转入表内并计提拨备。这相当于明确了自主管理原则、明确了余额比例上限并明确了回表的时间界限。银监会在通知中还表示，要建立银信理财合作业务逐日监测制度，利用非现场监管信息系统持续监测。2011年1月13日银监会再次对银信理财合作业务进行规范，出台了《关于进一步规范银信理财合作业务的通知》，明确银信合作业务的风险归属，要求在2011年底前将银信理财合作业务表外资产转入表内。对商业银行未转入表内的银信合作信托贷款，各信托公司应当按照10.5%的比例计提风险资本。

监管部门对于银信合作的监管及时性与有效性较高，特别是提出了融资类业务实施余额比例管理，并要求将表外资产转入表内并计提拨备，同时明确了风险归属和风险资本计提的要求。对于限制银行隐匿表外风险，减少银信的内在关联性，起到了较为积极的作用。

**3. 2011年：全面管控表外业务风险，票据业务成为新的整顿重点**

随着宏观调整基调继续维持中性偏紧的状态，实体部门的资金需求日益饥渴，以及非传统信贷融资的创新和加速发展，银行表外业务急剧膨胀，风险快速上升，表外业务成为监管的重点。

2011年监管当局对非传统信贷融资的监管任务更加多元化。2011年，银监会在4月7～8日的非银行金融机构监管工作会议上，确立了科学审慎监管理念，提出抓基础、防风险、促发展的监管逻辑。在促进非银行金融机构及业务发展的基础上，全面布控表外业务风险防范，继续规范银信合作业务，加强对理财、信贷资产转让、同业代付等表外业务的监管，全面整顿票据违规问题，严防监管套利和风险传递。主要有三个监管任务：一是继续规范银信合作业务，督促银行业严格计提拨备和计入风险加权资产，遵守"真实出售"和"成本对称"原则，做到风险和收益的全部转移。4月15日和10月28日专题讨论了并表监管。二是继续加强理财业务的监管，深化理财产品销售和风险管理等制度建设。8月24日出台了部门规章《商业银行理财产品销售管理办法》，9月30日又出台了《关于进一步加强商业银行理财业务风险管理有关问题的通知》。三是整顿违规票据业务，重点整顿银行承兑汇票，对其贸易背景真实性、资金流向合规性和会计处理规范性进行全面监管，票据类买入返售业务得到了较大程度的规范。6月底，银监会叫停了与会计漏洞相关的贴现票据的不规范操作。

由于宏观层面的政策转向、中观领域的资金需求强劲以及微观层面的创新动能强劲，2011年监管的任务是十分严峻的，特别是理财、银信合作以及票据等不规范操作的监管任务较重，同时，影子银行体系在国内的崛起也成为监管当局的重大关切。

**4. 2012～2013年：全面规范以非标资产、信贷资产转让、同业业务等为代表的非传统信贷融资业务**

在银信合作、理财和票据等非传统信贷融资业务得到较为有效的规范之后，同业代付、信贷资产转让、跨行业非传统信贷融资等业务成为2012年的监管重点。2012年4月，银监会要求商业银行对不规范的同业代付进行自查并整改，8月下发了《关于规范同业代付业务管理的通知》，对真实性、会计处理和风险管理等进行了重点规范，2012年底前到期的业务采用自然到期结清，2012年底后到期的业务则在2012年12月31日前整改到位。同时银监会对银信、银证、银基和银保等跨业合作业务在资信实力、资金去向和风控措施等方面督促商业银行严格审查，并建立相应的风险隔离机制和风险代偿机制，防止风险转移到银行表内，防范监管套利。银监会还对理财产品设计、销售、资金投向以及信贷资产转让等进行规范，及时叫停了信托公司的同业存款和票据信托业务，并对票据业务进行进一步规范。值得注意的是，虽然银监会仍然以表外风险来概括非传统信贷融资的风险，但是同业代付、同业存款等同业业务是否为表外业务是值得商榷的，我们更倾向于将有银行参与的同业业务归结到表内业务的范畴之内。

在规范理财、银信合作、票据、同业代付等非传统信贷融资业务的基础上，以非标准化债权资产和买入返售为核心的同业业务成为2013年非传统信贷业务的主要监管议题。2013年3月《关于规范商业银行理财业务投资运作有关问题的通知》（8号文）对商业银行理财业务投资运作进行了规范，特别要求对非标准化债权资产进行规范化管理。银行理财产品及其相关的非标准化债权资产等的金融风险受到8号文规范后明显降低：一是明确了非标准化债权资产的认定；二是控制了银行投资非标准化债权资产的规模上限；三是建立了非标资产的运营管理模式与风险处置机制；四是通过交易对手名单制提高了信息透明度；五是规范了机构之间的担保机制。

对于同业业务成为一个核心的监管议题，不得不提及2013年6月20日的"钱荒"事件。较多的研究认为，以买入返售为主要业务的银行同业业务的过度膨胀所导致的流动性风险剧增是其根源之一。银监会主席尚福林在2013年6月底表示，商业银行流动性管理和业务结构方面存在缺陷，银监会正在研究有关同业业务的规范性文件。但是，截至2014年2月底，针对同业业务的规范性文件尚未出台。

我们认为，同业融资管理的规范，最为核心的是：①是否践行标准化和透明度监管，并根据信息透明原则还原类信贷资产的真实信用风险及风险权重；②是否将同业业务纳入银行业的统一授信体系，防范分支机构过度冒险，加强对银行机构资产负债表的细目化管理；③是否根据"穿透原则"对同业业务的真实信用风险及风险权重，提出相应的资本金要求和风险拨备；④是否禁止银行提供显性或隐性的第三方担保；⑤是否与 8 号文一样建立交易对手名单制度；⑥是否实行集中度控制，对单一法人金融机构、所有非银行金融机构和全部法人机构等的融资额度进行分类式的集中度管理。

目前，对同业监管有两类意见：一是出台"9 号文"对其严格监管；二是窗口指导或负面清单模式强化原则监管。不管是哪种方式，我们认为需要在上述 6 个方面进行相关规范，防范银行体系之内的非传统信贷可能引发的区域性或系统性风险。当然，由于同业业务对于银行及其他金融机构的流动性、期限和收益等都具有重要作用，需要在技术细节上考虑同业业务的特性，比如交易对手之间的信用风险较低等。

### 5. 2014 年：影子银行作为一个整体成为监管的重大领域

影子银行的概念在国内的官方文件中首度出现是银监会 2011 年年报。在年报中银监会以专栏的形式对影子银行进行了定义的梳理，并认为信托、财务、汽车金融、金融租赁、货币经纪以及消防金融六类非银行金融机构不属于影子银行的范围。不过，对于各界热议的中国影子银行风险，银监会一直以表外业务风险加以概括。2013 年影子银行再度出现在中国人民银行的货币政策执行报告中，随着政策界、学术界和实业界对中国影子银行体系的界定、业务、产品、市场及风险等的认识不断深入，以非传统信贷融资为基础的影子银行体系作为一个整体得到了监管当局的逐

步认可。

107号文是我国有关加强影子银行监管的最高级别、最全面的监管政策文件,文件的实施必将对宏观经济和金融市场产生较深远的影响。第一,107号文首次界定了中国影子银行体系的范畴,将影子银行体系分为三个类别:一是不持有金融牌照、完全无监管的信用中介机构;二是不持有金融牌照,存在监管不足的信用中介机构;三是机构持有金融牌照,但存在监管不足或规避监管的机构及业务。第二,107号文还是坚持以往"谁的孩子谁抱走"的基本原则,对影子银行监管的权责进行了制度安排,仍然是按"谁批设机构谁负责"的机构监管原则,划分"一行三会"的监管责任。第三,对于已明确由地方政府监管的,实行统一规则下的地方政府负责制。对于跨行业、跨市场的交叉业务,要积极发挥金融监管协调部际联席会议制度的作用。

107号文对影子银行的界定和监管进行了相对全面的规范,但是,该文并没有获得学术界和实业界的高度认可。第一,对影子银行的界定仍然是坚持是否被监管的原则,以金融稳定委员会对影子银行的最初定义为基础,但是,金融稳定委员会在统计影子银行中已经转变为以非银行信用为核心。第二,对影子银行的界定不能全面反映中国金融体系结构变化和风险分布,比如理财、信托、同业等都没有纳入影子银行的范畴之中,而这些业务深刻改变了中国金融体系的机构、产品、市场以及风险特征。第三,该文仍坚持机构监管的原则,是原有监管体系的延续,但是,随着非传统信贷融资业务的崛起,混业经营在这些业务中得到了深入的发展,混业经营模式与分业监管体系的错配更为严重,监管体系更应该强化综合监管或功能监管,而机构监管可能无法全面掌控非传统信贷融资业务的风险,特别是混业经营导致的内在关联性的急剧提高。

## （二）监管政策评价

中国影子银行体系发展确实存在较多的问题，比如理财业务的报告制度和投资管理、理财产品的销售、票据空转、虚假票据贴现、资金投向不符合宏观调控政策原则、虚假同业代付、过度膨胀的买入返售等，都可能引发道德风险、市场风险、流动性风险和期限风险等。对于蓬勃发展、创新频繁的影子银行体系，监管当局在努力适应其发展，改进监管措施和方法，完善监管体系。

### 1. 目前针对影子银行体系的监管整体上及时、有效

2009年以来，随着中国影子银行体系的爆发式增长，创新性业务日益突破甚至跨越监管体系的边界，金融监管当局为了避免出现较大的监管漏洞和监管死角，针对理财产品、非标资产、同业代付、买入返售等突出问题出台一系列动态性、及时性和有效性的监管措施，既顺应了非传统信贷融资发展的趋势，同时又避免出现较大的金融风险特别是系统性风险，较好地守住了不发生区域性和系统性风险的底线。

政策出台的市场沟通和信息公开较为深入且规范。大部分针对影子银行体系的监管政策都是在广泛征求各界意见的基础上出台的，通过信息公开和有效沟通，兼顾了监管政策的权威性、金融行业的特殊性、监管操作的有效性和公众认知的普遍性，政策效果较好。

### 2. 监管政策与措施存在诸多缺陷

不可否认，中国监管当局对影子银行的监管仍然存在不足，突出表现在以下几个方面。

一是监管缺乏系统性的总体思路。鉴于影子银行体系具有重要的积极意义和暴露出的问题，监管的总体思路应该是规范发展与防

范风险并举，既要从服务实体经济发展的大局来积极规范和引导相关金融创新，同时也要通过加强监管来防范潜在风险。当前，监管当局往往是被动地针对影子银行的具体问题下发各种通知和规范性文件，忙于封堵各项监管漏洞，而对于金融制度和机制内在的缺陷性，比如对金融要素价格是否市场化、金融监管指标是否合理、金融准入门槛是否公平等缺乏全面评估，政策系统性、完整性和前瞻性有待改善。

二是监管机构对银行等金融机构的创新能力和速度有所低估，对影子业务的风险点和传染机制的理解相对滞后于市场，基本采取"围追堵截"的方式进行监管，监管落后于监管套利或金融创新。而监管政策或措施出台后，银行等金融机构往往疲于应付，特别是需要调整业务结构或模式来匹配监管，面临巨大的操作压力。这也表明监管当局自身的监管能力和监管体系建设有待完善。

三是监管政策出台前的理论研究、政策调研以及政策出台后的实施跟踪、效果评估和政策研究等也需要进一步完善。

## 四 中国影子银行体系的监管与改革建议

根据十八届三中全会全面深化改革的决定以及完善金融市场体系的总体要求，从风险管理、宏观审慎和金融稳定的视角出发，加强对影子银行体系及其相关的非传统信贷业务的指导和监管是必要的也是急需的。从完善金融体系的视角出发，发挥市场的决定性作用，顺应非传统信贷融资的发展趋势，健全多元化融资体系、推进利率市场化改革和完善金融宏观审慎制度框架也是当前的重大任务。最后，作为金融机构，在多元化融资转型中走出一条差异化道路也是责任之所在。

### （一）构建多元化融资体系是适应影子体系发展的必然选择

影子银行体系及非传统信贷融资的发展具有必然性和合理性，因势利导、鼓励与规范比重，致力于建立一个多元化的融资体系是监管当局的基本原则。从增量的角度看，当前中国金融结构已开始逐步由"银行主导型"向"市场主导型"转变。比如市场讨论较多的同业业务，其过快发展导致银行在传统信贷和非传统信贷的资金配置上出现过度依赖批发市场而导致明显的期限错配。但是，同业业务在提高银行自身资金配置效率乃至银行间市场的资金配置效率方面却是有基础支撑作用的。从监管上看，鼓励同业业务发展，同时引导市场主体防范期限错配风险，是较为合理的举措。建立和完善多层次金融市场和多元化融资体系，是满足经济发展和转型中的多元化融资需求的必然趋势，也是适应影子银行体系发展的根本之道。

### （二）监管的底线是坚守不发生系统性和区域性风险

影子银行体系及非传统信贷融资的风险防范要守住不发生系统性和区域性风险的底线，监管当局应该按照"总量控制、分账经营、分类管理"的原则进行有效的微观监管，并构建基于系统性风险防范的金融宏观审慎管理框架。在非信贷业务领域的监管上，一是防范各项业务过快膨胀，积极进行总量管理，在宏观审慎的视角下防范系统性风险；二是在各个领域进行分账经营、分类管理，厘清各业务风险衍生及传染机制；三是积极进行监管创新，防止出现明显的监管漏洞；四是重点关注银行主导的金融体系的内部关联性可能引致的系统性风险，建立健全宏观审慎管理制度框架。

## （三）银行体系之内的非传统信用创造机制是监管重点

由于中国的金融体系仍然是银行业主导的，银行体系具有系统重要性的必然性，为此，银行体系之内的非传统信用创造环节即同业业务是未来监管的重点。

第一，应在加强风险管理的基础上规范与引导银行同业业务的发展。金融监管当局有必要从金融体系发展和融资多元化的角度来科学地认识同业业务的发展趋势和风险。金融管理当局应该充分认识到同业业务的合理性和必然性，做到疏堵并举、以疏为主，规范与引导银行同业业务的发展，以完善多层次金融市场和多元化融资体系，推动金融结构由"银行主导型"向"市场主导型"转变。

第二，应尽快提高同业业务的标准化和透明度。中间业务和同业拆借等业务由于标准化程度高、信息较为透明，其风险并不突出。而风险较大的变相拓展存款、同业代付和买入返售的风险根源在于其不透明性。监管当局不能采取"一刀切"的方式禁止相关业务，而应该以信息透明来化解同业业务中的金融风险。通过提高信息透明度来内部消化和缓释风险，可能要比外部监管更为有效。监管当局应以标准化、透明度作为规范和加强同业业务管理的抓手，健全相关考核和监管机制，引导其在规范的基础上稳健发展。

第三，应将同业业务纳入统一授信体系，并适当考虑资本金和风险拨备要求。由于同业业务中存在类信贷业务，因此适当提出资本金和风险拨备要求是合理的。但在具体操作上存在如下一些争议：第一，是否将同业纳入全行的统一授信体系；第二，是否根据"穿透原则"参照一般贷款要求资本金和风险拨备；第三，是否适用于所有同业业务类别。笔者认为，将同业业务纳入统一授信体系是合理且能够实现的，目前有部分银行已经如此行事。但在资本金和风险拨备要求方面，应该对同业业务特别是非传统融资业务进行分类管理。针对非标准债权类资产的不同类别，应适用不同的资本金和风险拨备，且其水平可以低于一般性贷款。事实上，目前已经有商业银行对同业业务进行风险计提，例如根据不同非标资产的类别，按照0.25%~1%的不等比例计提风险拨备。2014年初，业界流传的国务院107号文，针对银行同业业务提出了"按照实质重于形式的原则计提资本和拨备，合理控制资产负债期限错配程度"的要求，这反映了监管当局为将同业业务纳入统一授信体系出台了应对策略。

第四，应进一步完善金融统计和会计制度，以更全面、更准确地反映商业银行的信用扩张行为。不仅要全面改革农村信用社等机构的旧标准会计制度，同时也需要完善同业业务的会计处置方式。一是有利于银行自身的资产负债表细目化管理、期限及流动性管控；二是有利于金融监管部门全面准确地掌握银行体系的信用扩张机制；三是有利于降低银行体系以及金融体系内部的信息不透明度；四是有利于更加有效地执行宏观经济政策，特别是货币政策。

### （四）深化金融体系的体制机制改革

影子银行体系及非传统信贷融资的发展，暴露出中国金融体系众多体制性和机制性弊端，未来金融体系改革是基础性工作。非信贷融资的相关风险产生和扩大机制，实际上是与金融体系的制度性瑕疵直接相关的。

第一，应强化金融监管体系改革，健全宏观审慎管理框架。影子银行体系及其他非传统信贷业务的迅速发展，表明中国金融体系的发展已经突破了分业经营的界限，分业经营模式正在快速向综合经营模式转变，金融风险正在从行业性风险向系统性风险演进。在这一背景下，应尽快调整基于分业监管的监管体系，以建立适应综合经营的新型监管体系,特别是应加快建立健全适应系统性风险应对的宏观审慎管理框架:一是强化流动性管理和价格型调控机制,在宏观审慎的视角下防范系统性风险,将影子银行体系及非传统信贷融资提升至系统重要性的位置,内化为系统性风险的内生因子;二是把非传统的信用创造活动纳入宏观审慎政策框架中,厘清各类信用扩张的风险衍生及传染机制;三是积极进行监管创新,防止出现综合经营模式下的监管漏洞,强调对非传统信贷融资业务的微观监管有效性;四是强调银行体系的系统重要性地位,防范其影子银行业务发展所引发的表内与表外风险。

第二,应加强金融基础设施与配套体系建设。为适应多元化融资体系的发展和完善宏观审慎框架,中国政府应从如下方面加强金融基础设施与配套体系建设:一是应该完善金融市场的风险定价机制,不同机构的信用利差应该在市场中得到充分反映;二是应该健全市场运行机制,特别是流动性供给机制和极端市场环境下的流动性纾困与救助机制;三是积极推进利率市场化改革;四是打破刚性兑付,建立有效的市场化违约处理机制;五是加快完善银行的信息披露制度和健全金融消费者保护机制(例如存款保险制度);六是大力推进基础资产标准化建设,例如推出大额可转让存单(CD)、通过资产证券化来降低非标准债权资产比重等。

第三,中央政府应该保持金融政策的稳定性。部分金融风险是政府政策调整的衍生品,政府政策如果过多地干预金融体系,金融市场的风险定价机制就可能出现紊乱,并导致金融风险。保持宏观调控的稳定性,在有效监管的基础上,金融市场和金融体系就会发挥其内生的风险定价和风险自愈机制,对信贷融资和非传统信贷融资进行市场化调配,在实体部门和金融部门进行有效配置。

第四,金融机构应实现有效转型和风险管理的平衡。在利率市场化和金融脱媒的大环境下,金融机构如何成功转型是亟待完成的任务，特别是走出一条差异化的转型升级之路。在利率市场化条件下，银行应积极创新多元化融资，并加强非信贷融资对实体经济的支持力度。在业务创新和非信贷资产扩容的过程中，金融机构还应该防范金融风险，实现从较为单一的信用风险管理模式向信用风险、流动性风险及市场风险等综合风险管理模式的转型。

# B.2
# 中国金融监管：2013年重大事件述评

尹振涛*

**摘 要：** 综观2013年，金融监管部门在加强金融监管协调、推进利率市场化、规范银行理财业务、加快新股发行体制改革、建立偿二代监管制度体系、推动区域金融改革试点等方面取得突出成绩。本文在总结国内金融监管重大事件的基础上，梳理了2013年国内学者有关以上问题的研究成果及其观点，并提出了相关评述。

**关键词：** 金十条 金融改革 金融监管

面对全球经济持续低迷、国内经济增速放缓的局面，中国金融监管机构在有效防范系统性和区域性风险，维护金融市场稳定的基础上，完善金融基础制度、鼓励金融创新，不断推进金融体制改革与发展。

## 一 加强金融监管部门协调

本轮全球性金融危机的爆发昭示了完善金融监管协调的重要

---

\* 尹振涛，经济学博士，副研究员。中国社会科学院金融研究所法与金融研究室副主任，中国社会科学院金融法律与金融监管研究基地副主任兼秘书长。

性,同时,伴随着我国金融业综合经营的蓬勃发展,监管冲突与监管真空已经成为阻碍我国金融业健康发展的重要制约因素。2013年8月,国务院批准建立金融监管协调部际联席会议制度,其职责和任务包括:货币政策与金融监管政策之间的协调;金融监管政策、法律法规之间的协调;维护金融稳定和防范化解区域性、系统性金融风险的协调;交叉性金融产品、跨市场金融创新的协调;金融信息共享和金融业综合统计体系的协调等。联席会议将重点围绕金融监管开展工作,不改变现行金融监管体制,不替代、不削弱有关部门现行职责分工,不替代国务院决策,重大事项按程序报国务院。联席会议由人民银行牵头,成员单位包括银监会、证监会、保监会、外汇局,必要时可邀请发展改革委、财政部等有关部门参加①。

金融监管协调部际联席会议制度的有效实施是适应新形势要求的重要举措,它既是完善金融监管体制的重要途径,也是推动金融创新、发展金融市场与金融监管相互协调、相互促进的有效保障②。从理论上看,金融监管协调应坚持自主行政管理改革与集中行政管理改革相结合的改革路径。前者是对金融业行政管理主体的外延型改革、渐进型改革和单一型改革;后者是对金融业行政管理主体的内涵型改革、突变型改革和系统型改革③。从具体实践看,应着重从健全相关监管法律制度体系、完善信息披露和信息共享机制等方面来推进监管协调工作。同时,联席会议机制无权解决监管部门之间发生的争议和冲突,因而,还需要进一步研究建立专门的

---

① 《国务院关于同意建立金融监管协调部际联席会议制度的批复》,中国政府网,2013年8月20日。
② 胡晓炼:《完善金融监管协调机制,促进金融业稳健发展》,《金融时报》2013年9月7日。
③ 陈恒有:《金融监管协调制度研究:现实障碍与最优路径》,《青海金融》2013年第6期。

金融监管协调部门的必要性和可行性[1]。金融监管协调部际联席会议制度是防范系统性金融风险的重要措施，近年来崛起的诸如跨行业、跨金融市场的创新或监管套利等行为，有望在此框架下得到解决，有利于金融市场稳健发展。

## 二 推进利率市场化改革

利率市场化是将利率的决策权交给金融机构，由金融机构自己根据资金状况和对金融市场动向的判断来自主调节利率水平，最终形成以中央银行基准利率为基础，以货币市场利率为中介，由市场供求决定金融结构存贷款利率的市场利率体系和利率形成机制。伴随着中国金融体系的不断完善与发展，稳步推进利率市场化改革成为金融体制改革的核心要务之一。2013年7月19日，中国人民银行宣布于7月20日起，全面放开金融机构贷款利率管制。一是取消金融机构贷款利率0.7倍的下限，由金融机构根据商业原则自主确定贷款利率水平；二是取消票据贴现利率管制，改变贴现利率在再贴现利率基础上加点确定的方式，由金融机构自主确定；三是对农村信用社贷款利率不再设立上限[2]。下一步，央行将建立并完善市场利率定价自律机制，开展贷款基础利率报价工作，推进同业存单发行与交易，从而为稳妥有序推进存款利率市场化创造条件[3]。2013年10月25日，贷款基础利率集中报价和发布机制正式运行。

实现利率市场化是中国金融体制改革的重要环节，在本次贷款

---

[1] 蒋达、刘凡璠：《危机后的金融监管协调：国际比较及经验借鉴》，《经济金融》2013年第6期。

[2] 《中国人民银行关于进一步推进利率市场化改革的通知》，中国人民银行网站，2013年7月19日。

[3] 《市场利率定价自律机制成立暨第一次工作会议召开》，中国人民银行网站，2013年9月26日。

利率市场化中,应更加注重利率市场化对资金流向的影响及其对实体经济的支持。在今后的存款利率市场化中,则应坚持稳步有序、把握节奏的原则,减少对金融市场的冲击,守住系统性和区域性金融风险是底线[1]。从产生的影响看,利率市场化的实质是考验国内银行的风险管理能力,会全面冲击银行净利息收入和中间业务收入两大支柱的增长,进而将降低银行利润增速[2]。对大型商业银行来说,可借助资本实力,通过理财、代理等中间业务及其业务多元化经营弥补利率市场化引致的利润下降[3];而对于中小银行来说,由于业务拓展和多样化空间十分有限,短期内将面临较大的经营和利润压力[4]。但另一方面,由于大型银行存在规模不经济性,规模扩张的动力较弱,其存、贷款规模份额有可能会下降[5]。从实施的效果看,要有效地实现利率市场化仅仅放开存贷款利率是不够的,还需要强调其配套措施和政策设计的重要性,在尽力降低改革风险的前提下力求改革效率的最大化[6]。从更宏观的角度看,则应从金融市场入手,大力发展存贷款的替代品、各种债券以及在债券基础上的债权债务工具[7]。

## 三 规范商业银行理财业务

针对商业银行将理财资金直接或通过非银行金融机构、资产交

---

[1] 郑联盛:《利率市场化展望》,《中国金融》2013年第16期。
[2] 罗熹:《利率市场化下银行经营转型》,《中国金融》2013年第3期。
[3] 许坤、邰莹莹:《利率市场化下中小银行的危与机》,《中国金融》2013年第2期。
[4] 周颖辉:《利率市场化演变路径及对我国商业银行的影响分析》,《东南学术》2013年第4期。
[5] 王海慧、李健:《深化利率市场化对中国银行业经营的影响研究——基于古诺动态博弈模型的研究》,《上海金融》2013年第3期。
[6] 王松奇:《利率市场化过程中的配套设计》,《银行家》2013年第10期。
[7] 王国刚:《利率市场化需要"外科手术"》,《上海证券报》2013年7月22日。

易平台等间接投资于"非标准化债权资产"业务开展中存在规避贷款管理、未及时隔离投资风险等问题，3月25日，银监会发布《中国银监会关于规范商业银行理财业务投资运作有关问题的通知》（银监发〔2013〕8号，下称"8号文"），对商业银行理财资金直接或通过非银行金融机构、资产交易平台等间接投资于"非标准化债权资产"业务做出了规定。第一，"8号文"提出了"非标准化债权资产"的概念，包括"未在银行间市场及证券交易所市场交易的债权性资产，包括但不限于信贷资产、信托贷款、委托债权、承兑汇票、信用证、应收账款、各类受（收）益权、带回购条款的股权性融资等"，这一切均被列入了整顿范围。第二，银监会重申一贯强调的"坚持资金来源运用一一对应原则"，即每个理财产品与所投资资产（标的物）应做到一一对应，做到每个产品单独管理、建账和核算。第三，"8号文"要求披露理财产品的各项信息，实现透明化监管，如要求银行"充分披露投资非标准化债权资产情况，包括融资客户和项目名称、剩余融资期限、到期收益分配、交易结构等"。"8号文"还规定了理财投资资产中的投向信贷类的比例限制，要求理财资金投资非标准化债权资产（即各类规模的信贷资产）的余额在任何时点，均以理财产品余额的35%与商业银行上一年度审计报告披露总资产的4%之间（低者为上限）。6月14日，银监会下发《中国银监会办公厅关于全国银行业理财信息登记系统（一期）运行工作有关事项的通知》，正式启用了理财信息登记系统，今后所有理财产品只有在该系统登记后才可以发售。9月末，中国银监会批准国内11家商业银行开展理财资产管理业务试点和债权直接融资工具的试点（之后扩大到14家），各家银行的试点额度为5亿~10亿元。

近年来，受资金供需紧张、吸储压力、金融创新及监管套利等多方面因素影响，商业银行理财产品业务获得蓬勃发展。但是，针对银行理财产品的监管体系尚未建立健全，市场透明度不够，产品鱼龙混杂，金融风险不断聚集。鉴于此，监管部门立即出台一系列专门规范条例，加强对理财产品的监管，这既有利于银行系统的健康发展，也有利于保护金融消费者的权益①。从监管设置看，由于银行理财产品设计有多个监管部门，应构建监管部门、银行自身及银行理财协会"三位一体"的监管体系，监管部门尝试综合性监管模式、完善政策及法律法规的制定、加强监管力度、发挥投资者保护机构作用；银行自身主要负责风险内控机制的制定、建立理财产品交易披露制度；银行业理财协会负责理财机构评价体系、理财人员资格认证制度及行业自律公约的制定工作，通过三方合力做好商业银行理财市场的监管②。从监管政策看，监管当局应首先防范各项业务过快膨胀，积极进行总量管理，同时，在各个领域应该要求分账经营、分类管理，厘清各业务风险衍生及传染机制③。从具体的监管指标看，资本充足率的监管能显著影响银行理财产品的定价，可运用该指标对银行理财产品的开发进行有效的引导，形成更多不同利率期限结构和风险结构的理财产品，从而有利于投资者根据自身的风险偏好更好地配置资产④。

## 四 加快新股发行体制改革

2013年11月30日，证监会正式发布《关于进一步推进新股

---

① 杜金富：《我国银行理财产品市场的现状问题和对策》，《金融监管研究》2013年第2期。
② 马延霞：《构建商业银行理财市场监管体系的探讨》，《新金融》2013年第7期。
③ 胡滨、郑联盛：《非信贷融资监管，平衡多元化融资与风险防范》，《中国证券报》2013年8月21日。
④ 朱滔、吴刘亮：《监管政策、产品运作方式与银行理财产品收益率研究》，《南方金融》2013年第7期。

发行体制改革的意见》（下称《意见》），重启新一轮新股发行体制改革，逐步推进股票发行从核准制向注册制过渡。

《意见》坚持市场化、法制化取向，突出以信息披露为中心的监管理念，加大信息公开力度，审核标准更加透明，审核进度同步公开，通过提高新股发行各层面、各环节的透明度，努力实现公众的全过程监督。监管部门对新股发行的审核重在合规性审查，企业价值和风险由投资者和市场自主判断。经审核后，新股何时发、怎么发，将由市场自我约束、自主决定，发行价格将更加真实地反映供求关系。《意见》以保护中小投资者合法权益为宗旨，着力保护中小投资者的知情权、参与权、监督权、求偿权。调整新股配售机制，更加尊重中小投资者申购意愿。约束发行人定高价，抑制投资者报高价，遏制股票上市后的"炒新"行为[1]。随后，《首次公开发行股票时公司股东公开发售股份暂行规定》、修订后的《证券发行与承销管理办法》等相关配套制度陆续发布。

十八届三中全会的一个重要亮点是将市场资源配置从基础性作用提升到决定性作用，而此次《意见》明确提出将"进一步理顺发行、定价、配售等环节的运行机制，发挥市场决定性作用"，其改革设计也与十八届三中全会精神保持一致。《意见》贯彻了以信息披露为中心的监管理念，这种监管理念转变，将对政策干预始终是行情起落重大因素的沪、深股市产生颠覆性的影响与冲击。不过，作为股市的重大制度改革，必定会触及各种既得利益，改革能否冲破这些既得利益的阻碍，还将面临更艰巨的考验[2]。也有观点认为，本次改革只能部分改变主板市场新股定价过高的问题，无法改变中小板和创业板高价发行的状况，建议取消对一级市场发行价

---

[1] 《〈关于进一步推进新股发行体制改革的意见〉发布》，中国政府网，2013 年 11 月 30 日。
[2] 易宪容：《这次新股发行改革将产生颠覆性效应》，《上海证券报》2013 年 12 月 2 日。

格的限制，并进一步强化信息披露和发行定价过程的监管①。就新股定价问题，有学者根据实证研究结果，提出了以"行业平均市盈率"为基础的新股定价原则②。

## 五 建立新偿付能力监管制度

2013年5月14日，保监会正式发布《中国第二代偿付能力监管制度体系整体框架》，以提高保险业防范化解风险的能力。该框架确立了偿二代的"三支柱"框架体系，包括定量资本要求、定性监管要求和市场约束机制。前两者分别用以防范能够量化的风险和难以量化的风险，而后者是引导、促进和发挥市场相关利益人的力量，通过对外信息披露等手段，借助市场的约束力，加强对保险公司偿付能力的监管。偿二代整体框架增加了监管基础——公司内部偿付能力管理，建立外部偿付能力监管与公司内部偿付能力管理之间的激励相容机制；在第一支柱中，引入了宏观审慎监管资本要求和调控性资本要求，在技术原则中建立了体现新兴市场特征的资产负债评估原则，并在第二支柱中建立风险综合评级制度③。同时，保监会将逐步对15个偿二代项目开展技术标准的研制，构建财险和寿险公司的偿二代标准，适时启动偿二代试运行。

偿付能力监管是现代保险监管的核心，是保险业转变发展方式、实现科学发展的关键。第二代偿付能力制度有利于提高保险业的资本使用效率，更便于监管部门和公司掌握不同业务和产品的风

---

① 张涛：《新股发行体制改革及其对市场的影响》，《金融理论与实践》2013年第1期。
② 胡小龙、罗汉君、姚堃：《中国新股发行制度改革目标与方向——论以"行业平均市盈率"为基础的新股定价原则》，《南方经济》2013年第7期。
③ 《保监会发布第二代偿付能力监管制度体系整体框架》，中国政府网，2013年5月14日。

险程度和资本消耗状况，增强监管部门与被监管者的良性互动①。我国现行的偿付能力监管体系存在着缺乏对保险公司所面临风险的全面分析和准确衡量，不能反映保险公司的个体风险特征，不能提高保险公司风险管理的主动性等问题②。而偿二代增加了公司内部偿付能力管理，引入了宏观审慎监管资本要求和调控性资本要求，并建立了资产负债评估原则及风险综合评级制度。

## 六　明确金融发展改革方向

2013年7月5日国务院发布《关于金融支持经济结构调整和转型升级的指导意见》，综合提出了货币、信贷、证券、保险、外汇等多方面政策措施，围绕继续执行稳健货币政策，引导推动重点领域与行业转型和调整，加大对小微企业、"三农"等国民经济薄弱环节的支持，发展消费金融，支持企业"走出去"，发挥保险的保障作用、扩大民间资本进入金融业、严防金融风险等经济结构调整和转型升级的重点领域做出了十条规定（下称"金十条"）。11月9日至12日，中国共产党第十八届三中全会召开，会议通过了《中共中央关于全面深化改革若干重大问题的决定》（下称《决定》）。《决定》关于金融改革的内容十分丰富，涵盖民营银行准入、政策性金融机构改革、多层次资本市场建设、保险制度、普惠金融、金融创新、利率汇率市场化、资本项目可兑换、金融监管、存款保险制度、金融基础设施建设等十多个重大金融领域。除了前文提到的推进利率市场化改革、股票发行制度改革、完善监管协调机制以外，2013年中国金融监管部门的各项工作均围绕以上要求

---

① 陈文辉：《推进第二代偿付能力制度建设》，《中国金融》2013年第9期。
② 李朝锋、方斌、代钧珂：《基于C-H-N-I框架的我国和欧盟偿付能力监管体系比较分析》，《保险研究》2013年第7期。

展开。针对金融支持小微企业发展问题,7月15日,国务院召开"全国小微企业金融服务经验交流电视电话会议",部署相关工作。9月5日,银监会发布《关于进一步做好小微企业金融服务工作的指导意见》,共提出了15条具体措施。针对金融支持"三农"发展问题,银监会要求银行业金融机构加大涉农信贷投放,积极推进涉农银行业机构体制机制改革①。保监会将重点从加强《农业保险条例》的配套监管制度建设、继续扩大农险覆盖面、不断提高农险服务水平、积极争取政策支持、加快建立农险巨灾风险分散机制建设和加大监管力度六个方面着手,推动农险发展②。针对支持企业走出去,完善和简化外汇管理制度问题,7月10日,央行下发《关于简化跨境人民币业务流程和完善有关政策的通知》,从经常项下跨境人民币结算业务、银行卡人民币账户跨境清算业务等四个层面简化人民币业务流程,推进资本项目的开放。国家外汇管理局先后发布《国家外汇管理局关于印发服务贸易外汇管理法规的通知》和《合格境内机构投资者境外证券投资外汇管理规定》,取消和简化了相关外汇管理程序,进一步提高外汇管理效率。针对发展信贷资产证券化问题,8月28日,国务院常务会议决定进一步扩大信贷资产证券化试点,更好地支持实体经济发展③。针对促进民间资本进入金融业问题,银监会鼓励民间资本投资入股和参与金融机构重组改造,允许尝试由民间资本发起设立自担风险的民营银行、金融租赁公司和消费金融公司等民营金融机构④。保监会逐步放开市场准入条件,允许优质的境内外有

---

① 《中国银监会办公厅关于做好2013年农村金融服务工作的通知》,银监会网站,2013年2月19日。
② 《中国保监会关于进一步贯彻落实〈农业保险条例〉做好农业保险工作的通知》,保监会网站,2013年6月4日。
③ 《人民银行就进一步扩大信贷资产证券化试点答问》,中国政府网,2013年8月29日。
④ 《积极推进中国银行业转型发展》,银监会网站,2013年6月29日。

限合伙制股权投资企业投资入股保险公司,为民资进入保险业打开闸门①。根据三中全会《决定》,下一步建立存款保险制度、完善金融机构市场化退出机制、发展普惠金融等都将是中国金融发展的重点方向。

金融改革是经济体制改革当中重要的一项内容,也可视为经济体制改革的突破口。"金十条"与三中全会《决定》的出台,无疑为中国金融改革指明了方向,是未来金融改革的纲领性兼操作性文件。

## 七　推动区域金融改革试点

为应对西方主要贸易伙伴需求不振及全球贸易保护主义抬头的不利局面,8月22日,国务院正式批准设立中国(上海)自由贸易试验区②,并于9月27日印发上海自由贸易试验区的总体方案。在金融改革方面,方案明确在风险可控前提下,可在试验区内就人民币资本项目可兑换、金融市场利率市场化、人民币跨境使用等方面创造条件进行先行先试。同时,推动金融服务业对符合条件的民营资本和外资金融机构全面开放,支持在试验区内设立外资银行和中外合资银行。从金融服务业扩大开放的具体措施看,方案强调在加强有效监管的前提下,允许试验区内符合条件的中资银行开办离岸业务③。为更好地推进上海自贸区的建设,8月9日,上海市政府印发了《关于贯彻落实〈国务院办公厅关于金融支持经济结构

---

① 《中国保监会关于规范有限合伙制股权投资企业投资入股保险公司有关问题的通知》,保监会网站,2013年4月24日。
② 《国务院批准设立中国(上海)自由贸易试验区》,商务部网站,2013年8月22日。
③ 《上海自贸区:打造新形势下推进改革开放"试验田"》,中国政府网,2013年9月27日。

调整和转型升级的指导意见〉的实施方案》，包括探索设立由民间资本发起的自担风险的民营银行、筹备消费金融公司、对实施产能整合的企业探索发行优先股、研究推进在沪开展个人境外直接投资试点工作等。在金融领域的具体工作包括：积极争取开展信贷资产证券化常规化运作；推动跨境人民币结算业务发展，扩大人民币在贸易、投资、保险等领域的使用；研究推进在沪开展个人境外直接投资试点工作；积极配合开展政策研究，扩大银行不良贷款自主核销权，探索银行不良贷款转让的常规化路径[①]。为贯彻落实国务院精神，12月2日，央行发布了《关于金融支持中国（上海）自由贸易试验区建设的意见》（以下简称《意见》），共包括三十条意见，主要有创新有利于风险管理的账户体系、探索投融资汇兑便利、扩大人民币跨境使用、稳步推进利率市场化和深化外汇管理改革五大方面。

上海自贸区的建立除了实现其贸易自由化和便利化之外，其试验区内的制度体制创新与金融改革创新也是核心内容，对于通过外部压力倒逼中国的内部改革具有积极意义[②]。相比之前的保税区，上海自由贸易区将获得更优惠的政策和更大的开放度，并有望成为中国加入TPP[③]的首个对外开放窗口。上海自贸区建设应妥善处理好区内改革与区外改革的关系，注意隔离和防范风险，防止规则和监管套利，加强正向反馈和良性互动[④]。

---

① 《贯彻〈国务院办公厅关于金融支持经济结构调整和转型升级的指导意见〉实施方案》，中国上海，2013年8月9日。
② 郑联盛：《用自贸区倒逼内部三大改革》，《中国证券报》2013年9月30日。
③ TPP，即泛太平洋伙伴关系协议，是由亚太经济合作会议成员中的新西兰、新加坡、智利和文莱四国发起，从2002年开始酝酿的一组多边关系的自由贸易协定。2008年2月，美国宣布加入TPP，之后加拿大、澳大利亚与日本也先后加入。目前TPP共有12个成员，覆盖全球50%的GDP。
④ 魏革军：《上海自贸区的历史责任》，《中国金融》2013年第20期。

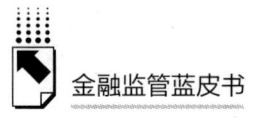

## 八 2014年金融监管展望

展望2014年,中国金融监管部门将延续和巩固2013年取得的主要成绩,并结合三中全会出台的《决定》和"金十条"中提出的目标开展监管工作。

中国人民银行将有计划、有步骤、有阶段地不断完善利率市场化基础制度和配套措施建设,在全面放开贷款利率的基础上,在某些存款领域(例如大额定期可转让存单)或某个特殊区域(例如上海自贸区)进行存款利率市场化试点。进一步扩大人民币跨境使用,稳步推进人民币汇率形成机制改革,有序推进人民币资本项目可兑换。开展存款保险制度建设,加快存款保险立法进程,择机出台《存款保险条例》,明确存款保险制度的基本功能和组织模式。

中国银监会将继续完善和丰富相关政策措施,全面实施中国版巴塞尔新资本协议。其中,《商业银行流动性风险管理办法(试行)》于2014年1月1日正式施行,并将重点推动减记型二级资本工具的试点发行,与相关部门共同推动权益类资本工具的发行。银监会还将研究出台银行业金融机构分类监管指引及有关系统重要性机构的评估方法和监管条例,逐步强化差别化监管理念。针对"影子银行"风险问题,银监会将研究制定综合性、系统性的商业银行理财业务管理办法,细化"8号文"关于理财业务规模控制、期限错配、风险防控方面的监管措施,同时,针对银行同业业务等出台相关规范指导措施。为进一步鼓励和支持民资进入银行业,银监会将试办一批自担风险的民营金融机构。

中国证监会将继续向市场化方向迈进,逐步放松行政管制,同时强化信息披露要求,严厉打击内幕交易等市场违法违规行为。进一步优化主板、中小企业板、创业板市场的制度安排，完善发行、定价、并购重组等方面的各项制度，推进新一轮发行制度改革。将中小企业股份转让系统试点扩大至全国，届时全国范围内符合条件的企业都可以申请到全国股转系统挂牌交易。推动出台私募股权投资基金相关管理法规，并与国家发改委建立共同促进私募股权基金持续健康发展的协调配合机制。根据人大立法规划，尽快推动《证券法》修改，加快《期货法》立法进程。

中国保监会将大力推进行业市场化改革，建立市场化的定价机制、资金运用机制与准入退出机制。进一步推进保险资金市场化改革，扩大保险资金运用范围，进一步发挥保险对经济结构调整和转型升级的积极作用。重点在涉农保险、出口信用保险、小额信贷保险以及巨灾保险等领域出台相关政策、研发适用险种和产品。

此外，在新的金融监管协调部际联席会议制度框架下，各监管机构将进一步加强协调与合作。重点加强对新兴的互联网金融开展监控与监管工作，不断完善相关政策措施，充分发挥其效率高、成本低、覆盖广等优势。同时，继续贯彻落实国务院对地方政府融资平台贷款清理、房地产市场调控、促进小微企业发展、支持三农领域发展以及发展消费金融和普惠金融的部署，更好地发挥金融对经济结构调整和转型升级的支持作用。

# 分 报 告
Sub-Reports

## B.3
## 银行业监管年度报告

巴劲松 王 刚 毛竹青*

**摘 要：** 2013年银行监管以防范系统性风险和区域性风险为基本底线，在信用违约风险、表外业务关联风险、影子银行风险、外部风险传染等重点风险领域采取了有针对性的监管政策和措施，2014年将发挥市场在资源配置中的决定作用，推动银行业的市场化，在市场准入、日常监管、市场退出等方面将完善监管体系，针对金融风险的演变采取灵活的监管措施，优化银行治理体系、规范非信贷业务等，以防范系统性风险和

---

\* 巴劲松，中国社会科学院金融研究所博士后研究人员，高级经济师；王刚，中国社会科学院金融研究所博士后研究人员，副研究员；毛竹青，中国社会科学院金融研究所博士后研究人员。

区域性风险,促进实体经济的发展。

**关键词:**

重点领域风险　市场化　监管措施

# 一　监管和银行业发展回顾

## (一)2013年监管回顾

2013年,面对复杂多变的国内外经济金融形势,银监会以坚守风险为底线、促进实体经济发展为监管导向,督促银行业金融机构做好风险排查,制订应对预案,严防重点领域风险,保证了银行业平稳运行。其具体措施主要体现在以下几个方面:一是以控制信用风险为重点,建立健全风险防控责任制,严防不良贷款大幅反弹;二是改进监管和监测指标,完善流动性风险管理工具和方法,提高流动性风险管控能力;三是继续严格执行差别化住房信贷政策,促进房地产市场平稳健康发展;四是保持"总量控制、分类管理、区别对待、逐步化解"政策的连续性,严控平台贷款风险;五是研究制定综合性、系统性的商业银行理财业务管理办法,完善审慎监管与行为监管并重的理财业务监管体系。

## (二)2013年银行业发展情况

### 1. 业务发展状况

2013年银行业运行总体平稳,维持了较快的增长态势。

资产负债规模增长。2013年末,银行业金融机构总资产(法人口径,下同)为148.05万亿元,负债总额为137.92万亿元,在金融体系中依然保持绝对高比重。

资本充足率总体保持稳定。自2013年起，我国商业银行开始正式执行《商业银行资本管理办法（试行）》（以下简称新办法）。在新办法下，商业银行（不含外国银行分行）2013年末加权平均资本充足率为12.19%，较年初下降0.29个百分点。

不良贷款小幅反弹。2013年末，银行业金融机构不良贷款余额5921亿元，比年初增加993亿元。不良贷款率1.0%，比年初上升0.05个百分点。

**2. 风险状况**

截至2013年末，商业银行不良贷款余额5921亿元，比年初增加993亿元；不良贷款率1%，与全球主要经济体相比仍处于较低水平。不良贷款有所反弹，主要是受全球经济下行以及国内经济周期性、结构性因素的影响，部分企业、行业调整加剧，效益下滑，产能过剩突出。从我国银行业风险抵御能力以及宏观经济走势逐步企稳的趋势看，银行信贷质量恶化进而形成系统性风险的可能性较小。

2013年以来，地方政府融资平台贷款风险总体可控，资产质量较好，不良贷款率低于人民币各项贷款不良率。平台贷款总量得到有效控制，贷款结构持续优化，抵质押担保率不断提升，未发生重大违约事件。银监会按照"总量控制、分类管理、区别对待、逐步化解"的总体原则，以控制总量、优化结构、隔离风险、明晰职责为重点，持续推进地方政府融资平台贷款风险管控。

2013年以来，全国房地产贷款增长较快，贷款质量总体稳定，但其潜在风险不容忽视。一是房地产开发企业负债偏高、资金链紧张，尤其是中小房企资金链紧张情况更为普遍，房企借道融资现象较为突出。二是部分地区城市综合体存在投资过剩的风险隐患。土地储备贷款面临一定的政策风险和偿还风险。三是部分地区房价高峰时期发放的高档房、大户型个人住房贷款，出现不良贷款加速暴露势头；部分中小城市的小型金融机构按揭贷款不良率呈现上升趋势。

在市场流动性方面，2013年6月，由于多重因素的叠加，银行体系出现流动性紧张问题，反映出银行业金融机构流动性风险管理跟不上业务模式和风险结构的变化。此后，银行间市场流动性得到一定程度的修复。目前，银行业流动性总体保持稳定。流动性比率和超额备付金率均处在较高水平，按国际监管新标准要求的流动性覆盖率指标也在100%之上。

## 二 2013年银行业重要监管制度和措施

### （一）坚守风险底线的监管政策

#### 1. 重点领域风险的防控

银行监管以防范系统性风险和区域性风险为基本底线，针对2013年金融市场的变化，在信用违约风险、表外业务关联风险、影子银行风险、外部风险传染等重点风险领域，实行逐类分解、逐项锁定、逐单化解的原则，针对地方政府融资平台贷款、房地产开发贷款、理财业务、产能过剩行业贷款、信托等制定有针对性的监管政策和措施，展示了银行业监管的及时性和对风险的化解能力。

#### 2. 理财监管政策的演变与发展

2013年，银监会以治理通道业务和非标债权投资为重点，持续完善现有银行理财产品监管政策，并通过加大现场检查频率、力度和完善非现场监管系统等措施，提高政策执行力度，推动银行理财产品持续稳定发展。

2012年下半年以来，商业银行理财资金直接或通过非银行金融机构、资产交易平台等间接投资于"非标准化债权资产"业务增长迅速。针对上述问题,银监会于2013年3月底出台《关于规范商业银行理财业务投资运作有关问题的通知》(银监发2013年8号文)。8号文明确了"非标债权"定义,设置了限额管理要求,再次确立了资金来源和资金运用一一对应的原则,并提出了具体的信息披露、风险管理等审慎要求。8号文的出台有效地抑制了非标债权资产快速增长的趋势。

为提高银行理财产品信息透明度,银监会于2013年6月指导中央国债登记结算有限责任公司建设开发了"全国银行业理财信息登记系统",实行全国集中统一的电子化报告和信息登记制度。未在理财系统进行报告和登记的理财产品,银行业金融机构不得发售。该系统能实现如下主要功能:一是实现产品要素登记和申报、发行、中止登记;二是方便银行上传产品报告文件;三是实现监管机构在线审阅出具意见;四是实现监管要求的数据统计和分析。电子化报告和信息登记制度的确立,既提高了银行理财产品信息的透明度,又极大地提高了银行理财产品非现场监管的及时性和有效性。

在规范非标债权资产的同时,监管部门也在探索为银行理财产品提供标准化的债权融资工具。媒体报道,按照银监会部署,2013年10月11家银行同时试点发行债权直接融资工具和银行资产管理计划。就产品结构而言,在资产端,商业银行作为发起人,以符合一定条件的企业资产或受(收)益权为基础资产发起设立"定向资产管理工具",推动目前理财产品所投资的非标准化债权资产向可公开交易的标准化债权融资工具转变;在投资端,允许符合条件的商业银行新设立"资产管理计划",赋予其独立的法律主体地位。推进银行资产管理计划试点的目的首先是明确商业银行设立的"银行资产管理计划"的财产是资管计划财产,其是独立于管理机构、托管机构和其他参与方的固有财产,实现商业银行资产管理计划财产独立与风险隔离。其次是赋予"银行资产管理计划"独立的投资主体地位。最后是方便银行资产管理计划在银行间市场、证券交易所市场等各类公开市场开立相关交易账户,使其得以直接参与上述各类资产的投资,减少信托公司、证券公司、基金公司或保险公司等中间合作机构的参与,简化操作流程,提高产品透明度,节省相关费用。

#### 专栏1 《关于规范商业银行理财业务投资运作有关问题的通知》

2012年以来,商业银行理财直接或间接投资于"非标准化债权资产"业务增长迅速。2013年前两个月同比增长11%以上,年化增长率近70%。非标准化债权资产是指除债券之外的其他债权性资产,包括但不限于信托贷款、委托债权、承兑汇票、信用证、应收账款、各类受(收)益权、带回购条款的股权性融资等。2013年3月,银监会出台《关于规范商业银行理财业务投资运作有关问题的通知》(银监发2013年8号文),市场称之为8号文。

8号文剖析了理财投资非标准化债权资产业务中存在的各类风险,强调银行理财业务发展应遵循如下原则:一是资金来源与运用一一对应。商业银行应对理财产品独立建账管理,确保每种理财产品都有资产负债表、利润表、现金流量表等基本财务报表。同时,银行应向投资者披露实际融资企业(项目)信息。二是成本覆盖风险。对于8号文下发之前已投资而无法在2013年底实现资金来源与运用一一对应的资产,应比照自营贷款进行风险加权资产计量和资本计提。三是限额管理。理财投资非标准化债权资产余额在任何时点均以理财产品余额的35%与商业银行上一年度审计报告披露总资产的4%之间孰低者为上限。上述规定的目的在于防止理财业务规模失控引发系统性风险。四是对合作机构引入准入制管理。

商业银行应明确理财业务合作机构准入标准和程序、存续期管理、信息披露义务及退出机制。五是自我管理与监管处罚相结合。8号文要求商业银行对照各项规定，严格开展业务，达不到资金来源与运用——对应等要求的，应立即停止展业。银行监管机构对违反规定的商业银行，一方面应要求其停止销售相关产品，另一方面应严格遵循《中华人民共和国银行业监督管理法》相关规定实施处罚。

8号文的出台有效抑制了非标债权资产快速增长的趋势。从长期看，8号文将从根本上促进理财业务健康持续发展，利用银行较为成熟的风险评估技术提供金融资产服务，使理财市场真正成为直接融资市场的有益补充，更好地满足实体经济发展的需求。

**3. 中国影子银行监管实践**

本次金融危机后，影子银行日益成为各国监管机构关注的重点。金融稳定理事会2011年发布的报告对影子银行的定义为："银行监管体系之外，可能引发系统性风险和监管套利等问题的信用中介体系，如投资银行、对冲基金、货币市场基金等。"对照上述定义，信托公司、证券公司、基金公司等在国外被视为影子银行的机构，在我国均接受相关金融监管机构的监管，同时这类机构在我国银行间市场融资也受到严格限制，不具备高杠杆交易等影子银行的典型特征，因此不应视为影子银行。根据金融稳定理事会的定义，我国影子银行体系应界定为"不受或少受金融监管机构监管的非银行信用中介机构，主要包括私募股权基金、担保公司、小额贷款公司、典当行等"。

目前，中国影子银行具有如下特征：一是整体规模有限，但近年来呈现出加快增长态势；二是以传统业务为主，但随着业务范围的扩大，风险在部分领域开始显现，特别是影子银行与银行体系的关联度在提高；三是少数机构违规经营、参与非法集资活动；四是虽然整体上我国影子银行相关机构和业务已纳入监测体系，但受监管程度不一。

2013年，银监会在影子银行监管方面主要采取了如下举措：一是明确银行理财业务，信托公司、财务公司、金融租赁公司、汽车金融公司、消费金融公司、货币经纪公司六类非银行业金融机构和业务均受相应的监管法规监管和日常监管，不属于影子银行，在此基础上对上述金融机构持续加强监管；二是重点加强银行业金融机构的全面风险管理，严格实施并表监管；三是对融资性担保公司、小额贷款公司实施名单制管理，严格控制其从银行业金融机构融资；四是严厉打击非法集资等违法违规行为。

未来影子银行监管的政策取向应坚持立足中国现阶段的金融业发展水平和监管体系架构，在积极发挥影子银行体系对金融体系的补充与创新作用的同时，加强对其风险的识别和监控，增强规范性与透明度，促使其持续、健康、平稳发展。为此，要重点研究探索如下问题：一是借鉴金融稳定理事会等国际标准制定机构的定义和研究成果，科学、动态界定我国影子银行体系的范围与边界；二是准确统计和评估我国影子银行体系的规模与影响，防止不切实际的估计带来的误导；三是加强对影子银行体系风险及其传染性的评估与监测；四是落实十八届三中全会要求，进一步加强各金融监管部门之间的协调配合，推进信息及时共享，防止监管真空和过度的监管套利，守住不发生区域性和系统性金融风险的底线。

**4. 加强银行业金融机构流动性风险监管**

近年来，随着我国银行业经营环境、业务模式、资金来源的变化，加强流动性风险管理的必要性和紧迫性也日益突出。2013年6月，银行间市场出现的阶段性流动性紧张、市场利率快速上升的现象，凸显了商业银行流动性风险管理的不足。2013年以来，银监会深入分析研究我国银行业流动性风险管理存在的问题，借鉴巴III流

动性标准,制定《商业银行流动性风险管理办法(试行)》。该办法构建了定性与定量相结合、微观审慎与宏观审慎相结合、中外资银行监管要求相结合的流动性风险监管框架,旨在完善我国银行业流动性风险监管政策,促进商业银行提高流动性风险管理的精细化程度和专业化水平,增强商业银行和整个银行体系应对流动性冲击的能力。

此外,随着我国银行业资产负债日趋多元化,存贷比监管的有效性面临越来越多的挑战。2012年中央经济工作会议明确提出改进商业银行存贷比考核办法。根据会议精神,2013年银监会在参考国际经验、听取业界意见的基础上,根据我国银行业改革发展和提高监管有效性需要,深入研究了存贷比监管的积极作用和存在的问题,并提出了改进存贷比监管的思路。

### (二)银行业支持实体经济的监管导向

中国的银行业监管,一直强调实体经济是金融的基础,2013年以《国务院办公厅关于金融支持经济结构调整和转型升级的指导意见》出台为标志,界定了金融与经济结构调整和转型升级的关系,强调金融引导、推动重点领域与行业转型和调整,从信贷投向角度发挥金融在市场资源配置中的功能。

在金融支持小微企业发展和加大对"三农"领域的信贷支持力度方面,制定了系列监管措施,包括发行专项金融债;适当提高对小微企业贷款的不良贷款容忍度;全年小微企业贷款、"三农"贷款增速不低于当年各项贷款平均增速,贷款增量不低于上年同期水平等。

### (三)银行业改革与金融创新

**1. 国际金融监管改革进展与中国的监管制度变革**
(1)反思复杂监管规则的有效性,简化相关规则
从1988年的巴塞尔协议 I 开始,伴随资本监管规则的文本不

断增加，资本覆盖范围逐步扩大，资本计算内容越来越复杂。为了确保相关监管框架的有效性，巴塞尔委员会于2013年7月发布了关于在巴塞尔资本标准框架下如何权衡风险敏感性、简单化和可比性的讨论文件，希望通过不断完善规则来平衡上述三个目标的实现。巴塞尔委员会提议使用简单化和可比性的方法和手段，如加强信息披露、使用更多简单的监管指标而非过度依赖模型计量方法、推广杠杆率、合理设置底线、提高监管有效性等。此外，巴塞尔委员会还指出，简化监管规则的根本在于降低银行业务复杂度，限制银行从事过于复杂和创新的业务；鼓励银行追求简单业务，避免业务过度复杂带来资本要求的跳升；以及提高银行的可分拆性，降低国际和国内关联度。目前，相关工作仍处于起步阶段，巴塞尔委员会寄望以此实现监管标准在风险敏感性、简单化和可比性之间的平衡。

（2）加强系统重要性机构监管，解决"大而不能倒"问题

为解决"大而不能倒"问题，按照二十国集团领导人的要求，2013年金融稳定理事会从评估金融机构的系统重要性、强化吸收损失能力、加大监管强度、完善风险处置机制、夯实金融基础设施等方面开展了大量工作并取得了重要进展。一是识别和认定系统重要性金融机构。2013年7月，经金融稳定理事会同意，巴塞尔委员会和国际保险监督官协会分别发布了修订后的全球系统重要性银行和全球系统重要性保险机构的评估方法。目前，全球29家银行和9家保险公司被指定为全球系统重要性银行和全球系统重要性保险公司，其中，包括我国的2家银行（中行、工行）和1家保险公司（平安集团）。二是提高损失吸收能力。被纳入名单的29家银行将按照其系统重要性评分，各自适用1%～3.5%的资本附加要求，需以核心一级资本满足。中行和工行根据其系统重要性评估结果，需计提1%的附加资本。三是提高监管强度和有效性。金融

稳定理事会肯定了2012年新版《有效银行监管核心原则》的作用，但提出要进一步提高监管水平，与金融机构对金融体系构成的潜在风险相适应。2013年，金融稳定理事会组织各监管当局就全球大型银行的风险治理、薪酬机制和数据汇总能力进行了专题评估，并就增强监管有效性和监管强度提出了一系列政策建议。四是制订有效的恢复和处置计划。2011年11月，金融稳定理事会发布《金融机构有效处置框架的关键要素》，提出了系统重要性银行处置框架要点。2013年，金融稳定理事会继续推进《金融机构有效处置框架的关键要素》评估原则与方法的研究工作。金融稳定理事会计划于2014年开展全球系统重要性金融机构的可处置性国际评估。五是加强核心金融基础设施建设。2012年巴塞尔委员会和国际证监会组织联合发布了《金融市场基础设施的原则》，对金融市场基础设施的定义、结构和功能做出了规定，并对金融市场基础设施识别、计量、管理各类风险提出了详细的要求。目前主要工作聚焦于强化中央交易对手制度的一系列具体措施。

### 专栏2　全球系统重要性银行

加强系统重要性机构监管是危机后国际金融监管改革的重要内容，是宏观审慎监管政策框架的重要组成部分。系统重要性机构是指在金融市场中承担了关键功能，其倒闭可能给金融体系造成损害并对实体经济产生严重负面影响的金融机构。根据其重要性和影响范围，系统重要性机构进一步划分为全球系统重要性机构和国内系统重要性机构。全球系统重要性银行是规模和影响最大的一类系统重要性机构。

2009年9月，二十国集团领导人匹兹堡峰会要求金融稳定理事会负责推进系统重要性机构监管政策的研究和制定工作。2010年11月，经二十国集团领导人首尔峰会批准，金融稳定理事会发布了

《降低系统重要性机构道德风险的政策建议及时间表》，提出了加强系统重要性机构监管的总体政策框架。2011年11月，经二十国集团领导人戛纳峰会批准，金融稳定理事会、巴塞尔委员会公布了该政策框架下的各项具体政策文件，主要包括《全球系统重要性银行：评估方法与额外损失吸收能力要求》、《系统重要性金融机构监管强度和有效性》和《金融机构有效处置框架的关键要素》等。对系统重要性银行的监管要求主要包括：一是全球系统重要性银行应当具有更高的损失吸收能力，拟对其提出1%～2.5%的附加资本要求；二是各国监管当局应当建立全面的处置机制，有效处置系统重要性银行；三是提高对系统重要性银行的监管强度，包括强化对系统重要性银行的监督检查频率、范围和深度。在此基础上，金融稳定理事会对全球系统重要性银行提出了进一步的监管措施，主要包括：一是实施更高的附加资本要求；二是母国监管当局会同东道国监管当局通过监管联席会议对全球系统重要性银行实施持续、全面的风险评估；三是所有全球系统重要性银行应当制订恢复和处置计划，并接受母国和东道国监管当局的联合审查；四是金融稳定理事会建立同行评估委员会，从2012年起对各国的系统重要性银行监管政策框架进行评估，以确保全球政策实施的一致性。

经过近两年时间的研究，2013年7月，巴塞尔委员会提出了定性与定量相结合的全球系统重要性银行评估方法，从全球活跃程度、规模、关联度、可替代性和复杂性5个维度评估银行的全球系统重要性。巴塞尔委员会对全球主要监管机构提供的样本银行数据进行了测算，我国中国银行和工商银行进入2013年度全球系统重要性银行名单。

(3) 改进"影子银行"监管

围绕改进"影子银行"监管，金融稳定理事会采取了双管齐

下的策略。一方面，建立了监测框架，提升监管当局跟踪演变、识别风险、早期介入的能力。2011~2013年，金融稳定理事会先后开展了三轮影子银行监控测算。目前的测算包含25个国家和地区，覆盖全球83%的GDP和90%的金融体系资产。测算结果显示，截至2012年末，全球非银行金融体系呈现出规模上升、增速加快、区域分化等特点。需要引起注意的是，测算显示，2012年底中国非银行金融资产总量占全球非银行金融资产总量的3%（约为2.1万亿美元），总量和占比都不高。但不容忽视的是，2011~2012年，中国非银行金融中介发展增速达到42%，领跑所有测算的样本国家。另一方面，提出了监管政策建议，主要有5个方面。一是通过加强并表监管和大额风险敞口管理降低银行与影子银行实体之间互动的风险。二是减少货币市场基金被大规模挤提（赎回）的风险。在拥有最大货币市场基金市场的美国和欧盟，相关改革措施已开始推行。三是强化资产证券化风险自留安排和产品的标准化及透明度。四是通过合理的押品折扣管理抑制回购协议和证券借贷交易中的亲周期性风险。五是对其他影子银行实体和业务活动加强跟踪评估以降低系统性风险。

**2. 巴塞尔协议Ⅲ在中国的实施与资本监管**

巴塞尔协议是全球通行的监管规则和风险管理原则，而银监会作为巴塞尔委员会的成员，实施巴塞尔协议成为一种国际义务，银监会一直强调从提高银行风险管理水平和内部控制的角度实施巴塞尔协议，将履行国际义务与提高管理水平融为一体，将巴塞尔协议Ⅱ和巴塞尔协议Ⅲ的实施融为一体。

（1）建立了完善的中国资本管理法规体系。

2012年7月中国银监会发布了《商业银行资本管理办法（试行）》（以下简称《资本办法》）。配合新资本制度的实施，银监会又陆续发布了一系列配套监管规则和指导意见。一是为稳妥推进

《资本办法》实施,出台了《关于实施〈资本办法〉过渡期安排相关事项的通知》;二是适应资本监管国际规则的新变化,印发了《关于商业银行实施内部评级法的补充监管要求》等4个资本监管配套政策文件;三是为支持商业银行开展资本工具创新,拓宽资本补充渠道,出台《关于商业银行资本工具创新的指导意见》及《关于商业银行发现公司债券补充资本的指导意见》;四是出台了《商业银行实施资本管理高级方法监管暂行细则》,明确了核准高级方法的标准、程序和后续监管框架,为高级方法的实施工作奠定了制度基础和实施方向。至此,中国银监会已建立以《资本办法》为核心,以过渡期安排、高级方法实施具体制度、资本工具创新为补充的资本监管法规体系。

为确保巴塞尔协议在全球范围内得到一致实施,巴塞尔委员会建立了国别评估机制,评估各成员国资本监管制度与巴塞尔协议Ⅲ和巴塞尔协议Ⅱ的一致性,评估结论分为"符合"、"大体符合"、"大体不符合"和"不符合"四个档次。巴塞尔委员会先后完成了对美国、欧盟、日本、新加坡、瑞士和中国的评估。第149次巴塞尔委员会会议正式讨论通过了对中国资本监管制度的评估报告。该报告对中国银行业资本监管制度给予了积极的评价,总体评估结论为"符合",获得最高评价,体现了中国资本监管规则与国际通行规则的一致性和先进性。

(2)积极推进资本工具创新。

在我国商业银行的资本结构中,以普通股为代表的核心一级资本占主体,这一方面表明我国商业银行具有较高的资本质量,另一方面也显示我国银行业其他资本工具的缺乏。资本补充的导向是坚持以内源性资本积累为主、外部资本补充为辅的资本供给机制,在资本工具创新方面,2013年迈出了实质性的步伐,以天津滨海农村商业银行发行了首笔含有减记条款的二级资本债券为标志,中国银行业开始以符合巴塞尔协议要求的新资本工具补充资本。与此同时，优先股的制度也取得重大进展。二级资本债券、优先股的发行，将为中国银行业补充资本工具提供新的渠道和模式，为中国银行业抵御风险、支持实体经济提供新的基础，同时也为市场提供新的投资工具。

**3. 信贷资产证券化从试点到常态化的监管措施**

2005年国务院批准信贷资产证券化试点业务启动以来，监管部门发布了《信贷资产证券化试点管理办法》、《金融机构信贷资产证券化业务试点监督管理办法》及《关于进一步扩大信贷资产证券化试点有关事项的通知》，逐步形成和完善了信贷资产证券化业务的法规和监管框架。2013年8月，国务院决定在严格控制风险的基础上，进一步扩大信贷资产证券化试点。金融监管部门以市场化运作、支持实体经济、切实防范风险为基本原则，推进资产证券化的常态化，同时研究推进信贷资产证券化在交易所市场发行的机制。

**4. 银行业金融机构分类监管的探索**

优化银行业分类监管机制是我国金融监管部门2013年推进的一项重要工作，其目的是通过研究出台银行业金融机构分类监管指引，健全牌照分类管理制度，强化差异化监管，推动特色发展，降低同质化竞争带来的风险共振。一是明确了银行分类的目标。基于国际银行业的分类经验和我国银行业的历史沿革，银行分类应着眼于优化银行业结构，完善广覆盖、差异化、高效率的银行业机构体系，并督促银行提高管理水平。二是初步形成了分类的基本思路。为实现前述银行分类的目标，可以根据商业银行的管理水平和风险状况进行分类，并将分类结果用于指导市场准入，从而扶优限劣，引导银行业健康、可持续发展，更好地为实体经济服务。对于管理水平较高、风险较低的商业银行，支持其设立分支机构和开办新业务；对于管理水平较差、风险较高的银行，限制其设立分支机构和开办新业务。管理水平高、风险低、达到一定标准以上的商业银行，方可在海外设立分支机构，开展综合经营。在审批商业银行兼并和收购申请时，也应当将商业银行的管理水平和风险状况作为主要考虑因素。

上述分类思路已经在一定程度上体现在我国当前的银行监管实践中。相关法律法规规定的市场准入标准中已包含了对商业银行的管理水平和风险状况的总体要求，监管部门在监管评级和风险评估中也对商业银行的管理水平和风险状况进行评估，评估结果已作为市场准入的参考。关于下一步工作的推进思路，首先，应进一步明确银行分类的思路和标准；其次，在银行分类的框架下，梳理完善现行的准入标准，提高监管评级和风险评估的科学性和一致性；最后，以银行分类指导市场准入，改进市场准入监管。按照"新老划断"的原则，根据分类结果对不同类别的银行实施差异化的市场准入政策，促进银行提高管理水平，引导银行业差异化发展，完善广覆盖、差异化、高效率的银行业机构体系。

**5. 加强银行业消费者权益保护**

金融消费领域信息不对称、交易双方地位不对等的特点，是导致银行业消费者处于弱势地位和合法权益容易受到侵害的根本原因。金融危机爆发后，世界各国监管当局陆续组建独立的金融消费者保护机构，并通过立法和出台监管规定等方式，完善金融消费者保护制度。在中国，近年来金融创新活动迅猛发展，银行业金融机构提供的各类产品和服务种类日益丰富，复杂性也不断提高，消费过程中的各类纠纷日益增多。鉴于此，银监会于2012年正式组建了银行业消费者保护局并开始建章立制，专司消费者保护职责。

2013年9月，在借鉴国际经验的基础上，我国金融监管部门颁布了《银行业消费者权益保护工作指引》（以下简称《指引》）。

《指引》既以商业银行法为上位法，同时又是银行业监督管理工作在金融消费和服务领域的自然延伸。《指引》共分5章43条，全面覆盖了银行业消费者权益保护内容、银行业金融机构责任和监管部门作用的各项规定。《指引》的出台填补了我国银行业消费者权益保护制度层面的空白，是我国银行业消费者保护领域的重要突破。

**6. 简政放权，修订完善《中资商业银行行政许可事项实施办法》**

为贯彻落实国务院有关行政审批制度改革的要求，清理、减少和调整行政审批事项，推动监管职能转变，我国金融监管部门修订了《中资商业银行行政许可事项实施办法》，以优化和完善对中资商业银行行政许可事项的管理。一是政府职能转变和"简政放权"，缩小银行业监管行政许可的范围，逐步下放行政审批权限，简化行政许可流程；二是以风险为本为导向，充分发挥保留行政许可项目的风险防范作用，管好该管的事务；三是继续以服务实体经济和社会责任为导向，引导银行业不断完善金融服务，支持小微企业、"三农"、科技创新等重点领域和新兴领域的发展。

此次办法修订从"坚守风险底线、服务实体经济、转变发展方式、加强有效监管"的原则出发，不断完善准入条件和审查标准，逐步增强银行业监管行政许可的针对性、前瞻性和有效性。修订后的办法在防范金融风险、引导银行业转变发展方式、合理配置金融资源、促进经济结构和区域协调发展等方面将发挥重要作用。

## （三）监管制度体系的完善

**1. 研究制定《商业银行流动性管理办法》**

流动性风险是指商业银行无法以合理成本及时获得充足资金，顺利偿付到期债务、履行其他支付义务和满足正常业务开展的资金需求的风险。以往的巴塞尔银行监管政策框架仅覆盖资本监管，而2010年出台的流动性监管标准是巴塞尔协议Ⅲ政策框架的重要内容。其原因在于，在国际金融危机中，大量资本充足的银行因流动性匮乏而陷入绝境，全球金融市场从流动性过剩迅速逆转为流动性紧缺。因此，制定流动性监管标准，进一步提高银行流动性风险管理和监管的有效性，有助于维护银行业的安全稳健运行。

在2011年《流动性管理办法》征求意见稿的基础上，一是借鉴国际做法，引入巴塞尔委员会新的流动性覆盖率等指标，将之落地为中国的流动性监管指标。二是结合中国银行业流动性风险的特征，反思流动性风险管理的不足，立足银行业务模式的变化，对理财和同业业务等提出有针对性的风险控制和监管要求。《流动性管理办法》体现了"三个结合"的基本思路：即定性与定量相结合、微观审慎与宏观审慎相结合、中外资银行监管要求相结合。

存贷比是《商业银行法》规定的法定监管指标。近年来商业银行的资产负债结构、经营模式和金融市场本身发生了变化，存贷比监管指标日益难以全面反映银行的流动性风险状况。《流动性管理办法》对存贷比未来趋势做出反应，一方面持续改进存贷比监管，另一方面推动立法机关修订《商业银行法》。

**2. 构建逆周期监管制度**

构建逆周期的宏观审慎监管制度是我国金融业"十二五"规划明确提出的重要任务。2013年，在积极构建我国逆周期资本监管制度的同时，借鉴巴塞尔委员会制定的《巴塞尔协议Ⅲ》和《各国实施逆周期资本监管指导原则》，尝试使用广义信贷/GDP这一指标分析我国银行业系统性风险。结果表明，相比于GDP增长、广义信贷增长、股票价格、房地产价格等宏观经济金融指标、银行业利润和损失等业绩指标以及信贷利差等融资成本指标，广义信贷/GDP在我国是用以判断信贷过快增长和系统性风险累积的一个较好指标。

### 3. 继续推进系统重要性银行监管制度的构建

2013年，银监会持续推进系统重要性银行监管制度的构建与完善工作。一是起草《商业银行全球系统重要性评估指标披露指引》。2013年6月，巴塞尔委员会发布《全球系统重要性银行：评估方法与损失吸收能力》，要求相关银行从2014年开始披露全球系统重要性评估指标。巴塞尔委员会同时规定，各国监管当局应当在2013年底前发布法规或指引，明确对本国银行的具体披露要求。根据巴塞尔委员会的要求，结合提高银行信息透明度、完善我国系统重要性银行监管制度框架的需要，银监会制定发布了《商业银行全球系统重要性评估指标披露指引》。二是修改完善《商业银行系统重要性评估、资本要求与处置指引》，建立中国的系统重要性银行监管框架，使宏观审慎的监管制度落地。

## （四）存款保险与银行业金融机构市场退出制度构建

### 1. 推进存款保险制度建设

存款保险制度是一国金融安全网的重要组成要素。建立存款保险制度是我国金融改革一揽子方案的重要组成部分，是开放民营资本发起设立中小型银行等金融机构和推进利率市场化改革的基础制度，也是中国银行业进一步成为市场主体、让市场发挥决定性作用在金融领域的体现。

从理论上看，存款保险制度一是需要"广覆盖"，涵盖所有存款类金融机构；二是要坚持风险为本、有效控制道德风险，可以借鉴限额赔付和征收差别存款保险费率等具体制度安排；三是在监管协调基础下，赋予款保险基金信息核查、风险处置等功能。

### 2. 研究银行业金融机构市场退出机制

银行业金融机构市场退出机制是金融安全网的重要组成部分，是进一步深化银行业改革的重要前提。鉴于普通企业破产制度无法满足商业银行破产的特殊要求、我国现行银行监管法律无法满足商业银行破产处置需要、行政监管法律制度与司法破产法律制度需要有效衔接,借鉴国际货币基金组织和世界银行《银行破产的法律、体制和监管框架概述》、美日等国家的《存款保险法》、《2009年英国银行法》和金融稳定理事会《金融机构有效处置框架的关键要素》等规定,总结金融危机后各国完善本国银行破产处置立法的经验,根据中国银行业的现实情况,遵循行政与司法分工合作的立法思路,有关部门研究制定银行业金融机构破产处置条例的草稿,发挥其维护我国金融市场稳定、保护存款人利益、强化市场纪律、优化金融资源配置、防范道德风险的重要作用。

## 三 银行业监管展望

### (一)2014年监管展望

市场在资源配置中发挥决定性作用适用于金融业,在金融业改革的基本框架中,一是增加更多金融市场主体,提高市场竞争度,包括推进由民间资本发起中小型银行、消费金融公司、金融租赁公司等银行业金融机构;推出包括放宽机构、业务、准入等一揽子政策措施,为市场提供更多金融机构、更多金融产品,发挥金融竞争机制的基础作用。二是加快推进金融价格的市场化,人民币汇率、利率市场化,从根本上改变金融竞争手段和竞争格局。三是建立市场退出的制度体系,包括存款保险制度、金融机构市场退出机制等。

银行业面临利率市场化、互联网金融、大资产管理业务竞争叠加的格局,金融监管也会不断调整,应对表外业务风险、大数据时代银行管理能力、跨境跨业风险予以关注。

2014年银行监管的重点,应针对银行业务条线多元化、综合化、国际化的趋势，优化银行业治理体系，根据不同业务特征采取分行、子公司、条线事业部制、专营部门制等多样化的管理模式，推动业务管理的专业化、规范化；同时提升银行并表管理和并表监管的有效性。针对表外业务、非信贷业务的规模扩展以及金融业务创新在一定程度上偏离业务本源的现状，应进一步完善表外业务、非信贷业务的监管规则。

## （二）改革大背景下的银行监管趋势

### 1. 自担风险的民营银行的探索

根据"在加强监管前提下，允许具备条件的民间资本依法发起设立中小型银行等金融机构"的原则，按照"纯民资发起、自愿承担风险、承诺股东接受监管、实行有限牌照、订立生前遗嘱"等原则，推进自担风险的民营银行试点批设工作，引导民营银行设计合理、高效、可持续发展的治理模式与经营管理模式，全面落实自担风险的总体要求。

### 2. 持续深化银行业金融机构改革

继续推动银行业金融机构深化机构改革。商业银行的改革将着眼于机制的深化和细化；政策性银行改革工作将进一步推进，研究推进组建新型政策性金融机构；稳步推进农村信用社产权改革。

银行业治理体系的优化将成为重点，根据业务的风险特征推行子公司、事业部制、分支机构等不同模式，对信贷、理财、同业、投资、私人银行等业务实行差异化管理，推动风险治理的专业化、规范化；而银行业金融机构集团层面则着力于全面风险管理，从制衡机制和激励约束机制方面推进改革。

## （三）增强银行业监管的有效性

### 1. 跨行业、跨市场、跨境金融风险监管机制

加强跨部门监管协调，形成更加严密统一的金融风险监管机

制。加强一行三会等监管部门的沟通联系，建立标准统一、措施连续的监管制度。及时规范创新业务的会计处理和披露方法，确保各项业务准确计量。建立联合监测机制，对多类型机构参与的同业业务加强全流程监督检查，形成更加严密统一的监管整体。

**2. 优化银行业监管分类**

在我国银行业改革开放的不断深入和银行机构发展的大背景下，进一步优化银行分类监管。研究制定分类监管制度和监管指标体系，完善差异化监管政策措施，改进分类监管。推动不同类型的银行业金融机构找准发展方向和功能定位，促进差异化经营、特色化发展，更好地适应实体经济发展需要。

**3. 重点风险领域风险的防范和化解**

对信用风险变化的新趋势特点，用好核销政策；进一步健全对地方政府贷款的风险识别、管理和风险缓释机制，从总量上控制，结构上优化；同时，在流动性风险、房地产风险、影子银行风险、信息科技风险等领域开展风险防控工作。

针对金融创新和金融市场的新动向，非信贷业务、表外业务等方面将成为监管的重点，遵循风险为本的原则，非信贷业务、表外业务等各类业务的风险本质将成为监管要点，业务资产质量分类、风险拨备、资本计量、流动性要求等风险监管的普遍性规范将适用于非信贷业务、表外业务，从而实现全面风险管理和风险监管，坚守风险底线。

**附录　2013年银行业监管规章和规范性文件目录**

| 发布时间 | 名称 | 制定部门 | 实施日期 |
| --- | --- | --- | --- |
| 2013年2月16日 | 中国银监会办公厅关于做好2013年农村金融服务工作的通知 | 中国银监会 | 2013年2月16日 |
| 2013年7月5日 | 中国银监会、国家林业局关于林权抵押贷款的实施意见 | 中国银监会 | 2013年7月5日 |

续表

| 发布时间 | 名称 | 制定部门 | 实施日期 |
| --- | --- | --- | --- |
| 2013年7月29日 | 商业银行公司治理指引 | 中国银监会 | 2013年7月29日 |
| 2013年8月29日 | 中国银监会关于进一步做好小微企业金融服务工作的指导意见 | 中国银监会 | 2013年8月29日 |
| 2013年8月30日 | 中国银监会关于印发银行业消费者权益保护工作指引的通知 | 中国银监会 | 2013年8月30日 |
| 2013年9月28日 | 中国银监会关于中国（上海）自由贸易试验区银行业监管有关问题的通知 | 中国银监会 | 2013年9月28日 |
| 2013年10月15日 | 中国银监会中资商业银行行政许可事项实施办法 | 中国银监会 | 2013年10月15日 |
| 2013年11月14日 | 消费金融公司试点管理办法 | 中国银监会 | 2014年1月1日 |
| 2013年11月18日 | 银行业金融机构董事（理事）和高级管理人员任职资格管理办法 | 中国银监会 | 2013年12月18日 |
| 2013年12月31日 | 关于信贷资产证券化发起机构管理的公告 | 中国人民银行、银监会 | 2013年12月31日 |

# B.4 证券业监管年度报告

张啸川 潘永东*

**摘 要:** 2013年,受国内外多种因素综合影响,我国证券市场表现较差,与全球主要证券市场相比形成明显反差。加之新股停发、融资功能丧失,证券市场陷入被边缘化的窘境。新一任证监会主席上任以来,证券业监管理念和思路有了较大变化:强化简政放权和转变监管职能,推动市场化改革创新,推进证券业监管重心由事前审批逐渐向事中和事后监管执法转变。2013年证券业监管是厘清思路、夯实基础、做好准备的一年。2014年,有望迎来证券市场大发展。

**关键词:** 注册制 优先股 国债期货

## 一 2013年监管回顾和证券业发展状况

### (一)2013年证券业监管回顾

2013年,全球经济缓慢复苏,美国货币政策调整预期不断挑

---

\* 张啸川,中国社会科学院金融法律与金融监管研究基地特约研究员,研究领域为资本市场;潘永东,中国社会科学院金融法律与金融监管研究基地特约研究员,研究领域为资本市场。

动国际金融市场的神经,新兴经济体面临资金流出、货币贬值、经济增速减缓等压力。我国经济保持平稳增长极为艰难,市场流动性偏紧、利率市场化改革、互联网金融发展等因素对宏观经济和金融市场运行影响明显,政府债务、房地产价格以及金融领域风险隐患突出。复杂的国内外环境给证券期货市场稳健运行带来了较大压力,也给证券业监管带来了严峻挑战。面对压力和挑战,监管部门厘清监管思路,转变监管方式,效果初步显现。

总体来看,2013年证券业监管有以下几方面特征:一是厚积而薄发。肖钢任证监会主席之后,很长一段时期内没有发声,使得市场对其施政方略一片茫然,资本市场改革创新也几乎处于停滞状态。这其中有新领导熟悉情况及形成总体思路需要一个过程的因素,也可能有等待十八届三中全会改革定调的考量。但11月30日以来,多项重大政策举措密集出台,让市场措手不及。二是突出重点。2013年出台的政策举措就数量而言并不多,但分量都很重,新股发行体制改革、启动优先股试点、"新三板"试点范围扩至全国等都是事关资本市场发展全局的重大改革,影响深远。三是政策举措层级高。"新三板"扩容、开展优先股试点以及加强投资者权益保护等,都是以国发、国办发等国务院文件形式推出,体现了国家意志。四是转变监管理念。2013年,证监会吹响了监管转型的号角。按照肖钢8月1日在《求是》杂志所发表署名文章的说法,资本市场监管要扭转"重审批、轻监管"的倾向,将"主营业务"从审核审批向监管执法转型,将"运营重心"从事前把关向事中、事后监管转移。按该监管理念,证监会2013年以来在简化行政审批、加强监管执法等方面做了大量卓有成效的工作。

2013年证券业监管工作,具体来看体现在如下几个方面:

一是加快建设多层次市场体系。2月2日发布《全国中小企业股份转让系统有限责任公司管理暂行办法》,明确股转公司职权与责任。推动出台《国务院关于全国中小企业股份转让系统有关问题的决定》,发布《关于修改〈非上市公众公司监督管理办法〉的决定》等 7 项配套规则,全国中小企业股份转让系统试点扩大至全国,多层次股权市场基础大大夯实。推动国家开发银行到上海证券交易所试点发行政策性金融债,我国债券市场互联互通又迈出重要一步。9 月 6 日,国债期货在阔别 17 年后于中金所正式上市,这是继股指期货之后我国期货衍生品市场创新的又一重要突破。批复动力煤期货、铁矿石期货、石油沥青期货、鸡蛋期货、纤维板、胶合板、粳稻、晚籼稻等期货合约上市交易,我国商品期货品种数量大幅增加。同意上海期货交易所在自贸区内筹建上海国际能源交易中心股份有限公司,11 月 22 日上海国际能源交易中心挂牌成立,具体承担推进国际原油期货平台筹建工作。各类交易场所清理整顿工作取得明显成效,除天津市、云南省外,34 个省区市清理整顿工作已经通过联席会议检查验收,清理整顿验收工作基本结束。

二是推进重点领域改革创新。6 月 7 日,中国证监会就新股发行体制改革意见向社会各界公开征求意见,11 月 30 日正式公布并施行《中国证监会关于进一步推进新股发行体制改革的意见》,改革取得实质性突破,明确了向注册制过渡的方向。随后,《首次公开发行股票时公司股东公开发售股份暂行规定》及《证券发行与承销管理办法》等配套政策陆续发布。在完成一系列准备工作后,新股发行(IPO)在暂停 14 个月后于 2014 年 1 月重启。7 月 12 日,证监会、人民银行及外汇局决定将合格境外机构投资者(QFII)投资额度增加到 1500 亿美元,并将人民币合格境外机构投资者(RQFII)试点在新加坡、伦敦等地进一步拓展,资本市场对外开放进一步深化。11 月 30 日,《上市公司监管指引第 3 号——上市公司现金分红》发布,明确要求上市公司董事会按照

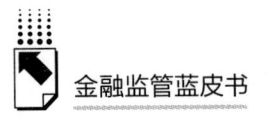

公司所处三个不同发展阶段,在进行利润分配时须达到相应的最低现金分红分配占比。11月30日,发布通知明确借壳上市审核将严格执行首次公开发行股票上市标准,且创业板不允许借壳上市。推动国务院发布《关于开展优先股试点的指导意见》,12月13日就《优先股试点管理办法(征求意见稿)》公开征求意见,进一步完善后将正式发布实施,资本市场投融资工具将进一步丰富。

三是弱化和简化行政审批手续。2013年以来,证监会强调监管转型的重要性,提出对不该管的事情,要坚决地放、逐步地放、放到位;法律允许放的,抓紧放,法规还不允许放的,修订法规条例后逐步地放。按照简政放权的总体思路,证监会做了不少具体工作。启动并购重组分道制审核,简化并购重组申报材料,优化审核流程,对于涉及多项许可的并购重组申请,实行"一站式"审批,并购重组平均审核时间压缩至20个工作日左右,远远低于规定的3个月时限。2013年7月,发布《关于印发〈中国证券监督管理委员会派出机构行政处罚工作规定〉的通知》,决定授予所有派出机构行政处罚权,自2013年10月1日起实施。9月27日,36家派出机构在其网站上统一发布了行政处罚听证规则,标志着派出机构行使行政处罚权工作即将正式启动。

四是加大监管执法力度。2013年,证监会大大强化了稽查执法力度,将其视为证监会的一项主要业务与核心工作。8月19日,召开"证券期货稽查执法工作会议",公布《关于进一步加强稽查执法工作的意见》,对稽查执法工作做了全面部署。研究出台涉及线索发现、立案、调查、结案、处罚以及执法队伍建设等多个领域的制度规程。加强稽查执法队伍建设,从系统内人员、业内专业人员及应届毕业生中招聘600人,进入6个证券期货交易所、中登公司以及沪深支队等相关执法部门。2013年1~10月,证监会各项主要执法数据均全面超越2012年全年水平，从严查处了万福生科、新大地、光大证券等公司的违法违规案件。推动国务院办公厅发布《关于进一步加强资本市场中小投资者合法权益保护工作的意见》，夯实了中小投资者保护的制度基础。

## （二）2013年证券业发展情况

从股票市场来看，一级市场融资规模下降，二级市场行情分化明显。2013年，新股发行暂停，沪、深两市企业通过配股和增发融资2802.76亿元（不含定向增发非现金资产认购部分），同比下降10.38%。股市行情沪弱深强，上证综指下跌6.75%，在全球主要股指中表现垫底；深证综指上涨20.03%，行情表现明显强于沪市。中小市值股票表现明显好于大盘蓝筹股，大盘蓝筹股典型代表沪深300指数、上证50指数分别下跌7.65%和15.23%，而中小市值股票较为集中的中小板指数上涨17.54%，创业板指数更是暴涨82.73%，成为2013年股市行情最大亮点。2013年，沪、深两市股票总成交金额同比增长49.96%，日均成交金额同比增长52.09%，市场交易活跃度有较大幅度上升。截至2013年底，沪、深两市上市公司2489家，总市值23.91万亿元，较上年底增长3.79%；流通市值19.96万亿元，较上年底增长9.87%。

从债券市场来看，交易所债券融资快速增长，债券价格波动较大。统计数据显示，2013年债券市场累计发行债券8.82万亿元，同比增长2.4%；其中，公司信用类债券共发行3.68万亿元，同比减少2.16%。2013年，交易所债券市场公司债、可转债、可分离债和中小企业债共筹资3979.69亿元，同比增长39.9%，增幅较大。债券市场价格先涨后跌，波动较大，2013年初至5月28日，综合反映银行间债券市场和交易所债券市场价格走势的中证综合债指数上涨2.61%；5月28日以后债券价格出现持续下跌，截

至年底中证综合债指数下跌 2.961%；2013 年全年，中证综合债指数下跌 0.42%。2013 年，受流动性趋紧因素影响，债券市场利率上涨幅度较大，上交所国债质押式回购 1 天和 7 天加权利率最高值分别达到 33.6% 和 12.02%。

从期货市场来看，期货品种不断增加，主要期货品种价格下跌较多。2013 年，粳稻、鸡蛋、铁矿石、焦煤、动力煤、石油沥青、纤维板、胶合板 8 个商品期货合约相继成功上市，商品期货交易品种增加到了 38 种。2013 年 11 月 22 日上海国际能源交易中心挂牌成立，国际原油期货平台筹建工作启动。经过多年努力，2013 年 9 月 6 日，国债期货终于在阔别 17 年后在中国金融期货交易所上市，继沪、深 300 指数股指期货后又增加了一个关键性的金融期货品种。国内期货价格走势与国际市场基本一致，多数期货品种价格下跌，白银、天然橡胶、黄金、菜籽油、焦煤、豆油、焦炭等商品期货价格跌幅居前，跌幅均在 20% 以上；沪、深 300 指数期货和 5 年期国债期货分别下跌 7.6% 和 2.53%。2013 年，期货成交量和成交金额同比分别增长 42.11% 和 56.30%；其中，商品期货成交量连续 4 年位居全球第一。

## 二　2013 年证券业重大举措

### （一）新股发行体制改革

2013 年 6 月 7 日，中国证监会就进一步推进新股发行体制改革意见公开征求意见。此次征求意见稿的亮点主要包括发行人自主确定发行时间、批文有效期延长至 12 个月、取消新股定价"25%"的规则、高管减持与发行价挂钩、引入券商自主配售、加大执法力度等内容。征求意见稿坚持了市场化改革方向，但尚没有提及注册制，令市场多少有些失望。征求意见截止时间为6月21日，但是结束后新股改革意见一直没有正式发布。这其中可能有两方面原因：一是各方意见太多，难以协调。新股发行体制改革已经历了若干轮，社会各方均有自己的意见和想法。据悉，证监会共收到正式反馈意见3229份，其中各类机构意见91份，个人投资者意见3138份。这些意见和建议可能大相径庭，如何吸收这些意见和建议从而照顾市场情绪是一个棘手的难题。二是监管部门在等待十八届三中全会的定调。新股发行体制改革是资本市场牵一发而动全身的改革，监管部门历来对此都是十分小心。十八届三中全会将对全面深化改革做出部署，其中就可能包括资本市场改革方向。如果贸然推动改革，就可能存在与十八届三中全会所定方向不相符合的政治风险。

"健全多层次资本市场体系，推进股票发行注册制改革"，这是十八届三中全会决定明确提出的要求，为证监会新股发行体制改革确定了方向。按照这个方向，证监会对新股发行改革意见进行了相应修改，并于11月30日正式发布《中国证监会关于进一步推进新股发行体制改革的意见》，之后《首次公开发行股票时公司股东公开发售股份暂行规定》、修订后的《证券发行与承销管理办法》等相关配套制度陆续发布。

**1. 本轮新股发行体制改革政策要点**

（1）进一步完善市场化运行机制。主要体现在以下五个方面：一是审核理念的市场化。改革后，监管部门和发审委只审核发行申请文件的合法合规性，不判断发行企业的持续盈利能力和投资价值，改由投资者和市场自主判断。这是本次改革最根本、最核心的内容，也是区别于以往多轮改革最突出的亮点，体现了向股票发行注册制过渡的思路。二是融资方式的市场化。发行人可以根据自身情况，自主选择公司债、普通股或者股债结合等多种融资方式，融

资灵活性更大。融资方式市场化的核心可能在于，上市公司发行公司债应该将按照注册制方向，发行程序将有所简化，发行周期进一步缩短。三是发行节奏更加市场化。监管部门将减少对新股发行节奏的行政干预，更多由市场决定新股发行的多少、快慢，新股发行时点由发行人与主承销商根据市场状况自主协商确定，批文有效期延长至12个月。四是发行价格、发行方式市场化。对于新股发行询价、定价、配售的具体过程，监管部门不再管制，由发行人与主承销商自主确定。

（2）提高上市公司信息披露质量。本次新股改革进一步强化了股票发行审核以信息披露为中心。一是进一步明确发行人和各类中介机构在发行过程中的独立主体责任，要求在报价、定价、申购、配售等各环节更加详细、具体、及时地进行信息披露，提高信息披露的针对性、实用性和有效性。二是利用提前招股说明书预披露时点。发行人招股说明书申报稿正式受理后，即在中国证监会网站披露，之后发行人相关信息及财务数据不得随意更改。三是强化信息披露责任。发行人和中介机构从申报时点起，就需要对所披露的信息承担相应法律责任。

（3）抑制新股"三高"现象。新股发行的高发行价、高市盈率、高超募资金比例的"三高"现象一直备受市场诟病。导致新股发行"三高"现象的原因很多，既与发行体制机制有关，也与市场文化有关，但最终结果是制约了资本市场有效配置资源功能的发挥，也为中国股票市场长期低迷埋下了隐患。本次新股改革在抑制新股发行"三高"方面采取了如下有针对性的措施：一是引入老股转让机制，增加单只新股在上市首日的供应量。二是强化发行人及相关责任主体定价约束，明确公司上市后一段时间内股价跌破发行价后责任主体应采取的措施。三是促进网下投资者审慎报价。提高网下配售的比例，限制网下配售的投资者家数，增加单个网下投资者的配售数量，加大报价申购的风险。四是引入主承销商自主配售机制。主承销商可以将网下发行的股票按事先公布原则，自主配售给提供有效报价的投资者。

（4）引入存量发行机制。所谓存量发行即老股转让，是指发行人首次公开发行新股时，公司股东将其持有的股份以公开发行方式一并向投资者发售的行为。存量发行是境外主要市场的成熟做法。本次新股发行改革首次将老股转让引入国内市场，规定新股发行超募的资金，要相应减持老股。2013年12月2日，证监会发布《首次公开发行股票时公司股东公开发售股份暂行规定》，细化了老股转让的相关行为。监管部门引入老股转让做法，目的是通过增加可流通股份数量，促进买、卖双方充分博弈，以有效缓解新股发行高发行价、高市盈率、高超募资金比例的"三高"现象，也有助于减轻企业上市后解禁减持压力。同时，为了防范老股转让过程中可能出现的相关风险，监管部门提出了相应的监管要求，明确老股持有期需在36个月以上，且不得存在限制转让的情形；并且要求老股转让后公司实际控制权不得发生变更、股权结构不得发生重大变化。但是，就现有规定来看，老股转让机制似乎还不够完善，特别突出的问题在于没有限制老股转让的比例，因此极有可能出现老股转让规模大大超过公司募集资金规模，而老股转让资金归股东个人而不是公司，从而使新股发行成为股东圈钱游戏，违背了为公司募集发展资金的新股发行本质。

（5）改进网上配售方式。新股网上配售主要有两种方式：2005年之前采用市值配售方式，新股申购日之前给有市值的投资者配号，投资者中签后再补交资金；2006年之后，投资者申购新股不需要市值，资金交足后抽签即可。此次新股改革将两者结合在一起，要求持有一定市值的投资者才能参与网上申购，网上申购还必须有足够的申购资金量，即所谓的"市值+现金"配售方式。随后沪、深证券交易所公布了网上配售的实施细则，值得说明的是，投资者所持市值按沪、深证券交易所分开计算，这与以往市值配售合并计算有所不同。监管部门引入"市值＋现金"的配售方式，目的可能主要有两个：一是减少对二级市场的冲击。投资者申购新股必须先持有一定非限售条件股，既可减少投资者卖掉股票参与打新的规模，也可迫使一些打新者不得不先购买一定股票，这样二级市场资金流出相对有限，有利于市场稳定。二是套住部分打新资金。很多打新资金都是短期拆借而来，采用"市值＋现金"的网上配售方式会提高投资者打新资金成本，打新资金将会减少很多，网上中签率也将有所提升，从而抑制二级市场的新股炒作。毫无疑问，这种"市值＋现金"的网上配售方式让一些投资者面临两难境地，特别是对于一些套牢较深的中小投资者而言，购买新股变得异常艰难。新股的盛宴更多将由机构投资者分享，这可能也是监管部门的初衷。

**2. 政策效果**

（1）IPO将正式开闸。新股发行改革意见公布后，经过一系列准备工作，新股发行将正式重启。2013年12月30日，纽威阀门、新宝电器、楚天科技、全通教育及我武生物5家在审企业获得新股发行批文，覆盖主板、中小板及创业板。这意味着2012年11月以来暂停的IPO闸门正式打开。未来一段时间，将有更多企业获得新股发行批文，一些企业拿到批文后将很快发行股票。由于改革后，监管部门和发审委不判断发行人的持续盈利能力和投资价值，只重点审核新股发行申请文件的合法合规性，新股发行效率将明显提升，新股发行节奏势必大大加快。按照证监会的说法，目前排队申请发行的760多家企业审核工作预计需要一年左右的时间，这在以前是难以想象的。如此数量的企业发行上市，其询价、定价、配售等环节是否符合监管部门的预期，其对市场的影响程度大小，均有待观察，但可以想象股票市场的运行压力将大大增加，这将给新股发行监管工作带来严峻的挑战。

（2）对二级市场价格产生影响。虽然 IPO 暂停已经一年多，但投资者对于新股的热情依然不减。从 2013 年 12 月 19 日浙能电力"B 转 A 股"上市首日大涨 60% 来看，虽然新股改革中增加了存量股发行等约束机制，但 IPO 开闸后极有可能出现一波新的炒新潮。目前，一些市场机构已经在向投资者大力推荐各种打新理财产品了。投资者炒新主要基于如下心理：最先 IPO 的公司一般经营不会太差，并且定价相对于二级市场同类公司而言应该偏低，新股破发的可能性也要小一些，购买新股的风险较小，而收益可能很大。虽然投资者打新和炒新热情高涨，但是由于新股申购实行"市值 + 现金"的网上配售方式，且沪、深两市市值分开计算，这使得投资者为参与打新而大量卖出已持股票的可能性不大，打新将更多利用新增资金。因此，总体来看，新股热可能持续一段时间，对股票二级市场价格的冲击应该不大。但是，这次新股发行改革力度很大，IPO 重启后新股发行情况有可能超出监管部门预期，新股发行"三高"现象可能依然突出，这会增加市场运行的不确定性。随着首发上市企业数量的不断增加，对二级市场价格的影响预计将在 2014 年下半年逐渐明显。

**3. 新股发行注册制**

此次新股发行体制改革，顺应了十八届三中全会决定"推进股票发行注册制改革"的要求，为注册制改革打下了良好基础，但距离真正的注册制还很远，只不过明确了从审核制向注册制过渡的方向。在目前的市场条件下，直接实行真正的注册制还不现实。其中原因主要有两方面：一是关于注册制的认知还需要深化。注册制对于普通投资者和监管部门都还比较陌生，具体应该如何做没有形成明确的思路。国外不同国家和地区实行注册制的做法也不完全一致，这导致我国实行注册制在操作层面上陷入迷茫。特别是对于监管部门而言，在注册制下如何对发行申请文件进行合规性审核，由谁来审，审核的深度如何，如何强化事中与事后监管，似乎还没有统一认识。二是注册制需要一系列配套改革。注册制是一个较为宽泛的概念，对于资本市场而言，注册制改革是牵一发而动全身的重大改革，不仅包括股票发行注册制，而且包括债券以及其他金融产品注册制。这是一个核心的统领性改革，需要相关法律法规的修改，还需要制定相应的配套改革措施。因此，注册制改革是一个长期而复杂的过程，任重而道远。

## （二）启动优先股试点

2013年11月30日，《国务院关于开展优先股试点的指导意见》（国发〔2013〕46号）发布，决定开展优先股试点。12月13日，证监会发布《优先股试点管理办法（征求意见稿）》，关于优先股的诸多细节浮出水面。虽然《优先股试点管理办法》将根据征求意见进行修改完善，但是从国务院指导意见和证监会征求意见稿，已能大致了解优先股试点的主要方面和市场影响。

### 1. 优先股试点要点

优先股在境外市场是成熟的证券品种，但在我国却是新事物，大多数人都只是从教科书上略知一二。国发46号文对优先股进行了描述性定义：优先股是指依照公司法，在一般规定的普通种类股份之外，另行规定的其他种类股份，其股份持有人优先于普通股股东分配公司利润和剩余财产，但参与公司决策管理等权利受到限制。优先股相对于普通股的"优先"主要体现在两个方面：一是通常具有固定的股息（类似债券），并须在派发普通股股息之前派发；二是在破产清算时，优先股股东对公司剩余资产的权利先于普通股股东，但在债权人之后。从国务院指导意见和证监会征求意见稿中可知，优先股试点要点如下：

发行人范围。发行优先股分为公开发行与非公开发行。公开发行优先股的发行人限于证监会规定的上市公司，非公开发行优先股的发行人限于上市公司（含注册地在境内的境外上市公司）和非上市公众公司。这意味着"新三板"公司可以非公开发行优先股。

发行条件。对于上市公司公开发行优先股，要满足以下条件之一：其普通股为上证50指数成分股；以公开发行优先股作为支付手段收购或吸收合并其他上市公司；以减少注册资本为目的回购普通股的，可以公开发行优先股作为支付手段，或者在回购方案实施完毕后，可公开发行不超过回购减资总额的优先股。此外，最近三个会计年度实现的年均可分配利润应当不少于优先股一年的股息。非上市公众公司非公开发行优先股应符合下列条件：合法规范经营；公司治理机制健全；依法履行信息披露义务。优先股发行上限遵循"两个50%"：即公司已发行的优先股不得超过公司普通股股份总数的50%，且筹资金额不得超过发行前净资产的50%，已回购、转换的优先股不纳入计算。

优先股设置。试点期间不允许发行在股息分配和剩余财产分配上具有不同优先顺序的优先股，但允许发行在其他条款上具有不同设置的优先股。公司可以在公司章程中规定优先股转换为普通股、发行人回购优先股的条件、价格和比例。优先股股息率既可以是固定股息率，也可以是浮动股息率。相同条款的优先股应当具有同等权利。同次发行的相同条款优先股，每股发行的条件、价格和票面股息率应当相同。

定价。上市公司公开发行优先股的价格或票面股息率以市场询价或证监会认可的其他公开方式确定。上市公司非公开发行优先股的票面股息率不得高于最近两个会计年度的加权平均净资产收益率，以扣除非经常性损益前后的净利润孰低者为计算依据。

交易转让。公开发行的优先股可以在证券交易所上市交易。上市公司非公开发行的优先股可以在证券交易所转让，非上市公众公

司非公开发行的优先股可以在全国中小企业股份转让系统转让，转让范围仅限合格投资者。优先股交易或转让环节的投资者适当性标准应当与发行环节一致；同次非公开发行的优先股经交易或转让后，投资者不得超过200人。

**2. 优先股试点的问题与意义**

（1）优先股试点存在的问题

2013年11月30日，在证监会发布《关于进一步推进新股发行体制改革的意见》的同时，国务院发布《关于开展优先股试点的指导意见》，后者一度被市场解读为新股改革的对冲政策。事实上，在8月16日光大证券事件出现当日大盘蓝筹股集体井喷，有市场人士就猜测可能是因为即将推出普通股转优先股这个重大利好。之所以说上市公司普通股转优先股是重大利好，其原因一是可以减少二级市场上流通普通股数量，二是能降低大小非减持套现压力，三是能改善上市公司"一股独大"的局面。

然而，12月13日证监会发布《优先股试点管理办法（征求意见稿）》后，市场对于优先股试点的舆论发生了很大转变，由之前的满怀期待变为了十分担忧。在征求意见稿中，将"回购普通股发行优先股"作为上市公司公开发行优先股的条件之一，与此前市场期待的"普通股转优先股"路径不同但效果一样。如果上市公司"回购普通股发行优先股"，有利于优化上市公司股权结构，这种做法值得提倡。但是，上市公司这样做的积极性恐怕不高，因为优先股需要承担固定的股息，而普通股的硬性约束则相对较小，上市公司不愿意给自己找麻烦。因此，如何激励上市公司"回购普通股发行优先股"是一个大问题。此外，如果允许上市公司发行可转换优先股来回购普通股，待36个月之后优先股又可转换为普通股，这个回到原点的做法就没有什么意义，那么就需要对以这种方式发行的优先股进行一定程度的约束。

广大投资者对存量改发感兴趣，但对增量发行更多的是担心。如果说"回购普通股发行优先股"难以成为上市公司的普遍做法，那么优先股试点最大的受益者恐怕是上证 50 指数成分股公司。这些公司可以直接发行优先股，作为发行股票和债券之外的重要直接融资渠道，以补充企业资本金。但是，如果上证 50 指数成分股公司按照"两个 50%"发行优先股的话，无疑会大大增加股市的资金需求，普通股股价可能会缺少足够资金支撑；特别是，如果其发行的优先股为可转换优先股的话，待 36 个月后陆续转换为普通股，会增加股票供给以及"大小非"减持套现压力。上证 50 指数成分股股本规模大，上市公司通过增量发行优先股对股票市场行情的影响需要关注。

（2）正确看待优先股试点

优先股具有股债双重属性，可以满足投融资双方的多元化需求。优先股在境外市场已较为成熟，在我国推出优先股也有很强的现实需求。一是有利于为企业开辟新的融资渠道。企业可以根据自身需求，发行不同属性的优先股，要么降低负债率，要么增加长期资金来源。特别是对于资本金短缺的上市商业银行而言，通过发行可计入其他一级资本的优先股，可以充实资本金，满足资本监管要求。二是有利于为投资者提供新的投资工具。优先股具有固定的股息，相当于固定收益产品，在我国上市公司分红水平不高的情况下，投资者通过购买优先股可以获得较为稳定的收益。特别是对于社保基金、保险基金、企业年金等长期机构投资者，投资优先股是一个较为稳妥的选择。三是有利于推动企业兼并重组。优先股可根据并购双方的需求灵活设计，减轻收购人在资金或者控制权方面的压力，解决企业并购重组的实际困难。

当前，市场对于优先股试点的解读更多地是从利好或者利空的角度展开，这可能是在长期低迷的市场环境下投资者的普遍心理。但是，这有失偏颇。事实上，优先股仅仅是一个崭新的证券品种，

就如同普通股或者债券一样，无所谓好与坏，关键在于如何去合理运用。运用得好，可能会推动证券市场发展壮大；运用得不好，也可能造成不良影响。对于监管部门而言，要完善相应的配套制度和监管规则，强化市场约束，防范优先股试点中的违法违规行为，最大限度地降低可能出现的风险。对于上市公司而言，进行优先股试点既要满足自身切实需要，也要充分考虑投资者的感受，在发行人与投资人之间寻找合理的平衡。对于投资者而言，优先股是个新鲜事物，相对普通股要复杂得多，因此需要提高对优先股的认知，充分认识优先股与普通股的不同之处，分析优先股的风险收益特征，合理评估优先股投资的市场风险。必须认识到，优先股在股息和剩余财产分配上具有优先权，但并不意味着优先股毫无风险，当优先股发行人经营恶化甚至破产清算时，优先股投资者也会面临无法获得股息甚至本金不保的风险。

**专栏1　优先股与普通股、债券之间的异同**

一、优先股与普通股的异同

优先股在法律属性上属于股票，与普通股法律属性相同。优先股与普通股一样，没有融资期限，不需要偿还本金，股利均来自税后利润，公司无法支付股利时也不会被迫破产。

优先股与普通股的不同之处主要在于：（1）普通股股东享有资产收益、参与重大决策和选择管理者等权利，而优先股股东一般不参与公司日常经营管理，除了与优先股股东权利相关事宜外不参与股东大会投票。（2）在公司利润和剩余财产的分配上，优先股股东相对于普通股股东享有优先权。（3）普通股股东股息收益并不固定，既取决于公司当年盈利情况，还要看当年的具体分配政策；而优先股的股息收益一般是固定的。（4）普通股股东除了获取股息收益外，二级市场资本利得也是重要收益来源；而优先股二级市场股价波动较小,依靠买卖价差获利的空间也较小。(5)普通股股东不能要求退股,只能在二级市场上变现退出;如有约定,优先股股东可依约将股票回售给公司。

二、优先股与债券的异同

优先股股息一般是固定的,在投资者收益形式上与债券相同,因此可视为固定收益类产品。也正是因为这个原因,优先股与债券一样价格容易受到市场利率波动的影响,利率下行,优先股价格上涨;利率上行,优先股价格下跌。此外,与债券类似,优先股一般也由评级机构来进行评级。

优先股与债券的主要不同之处在于:(1)优先股的法律属性还属于股票,债券的法律属性是债务。(2)优先股没有到期的概念,发行人没有偿还本金的压力;而除了永续债券这种特殊的混合证券外,绝大多数债券需要到期还本付息。(3)在公司出现亏损或者利润不足以支付优先股股息时,优先股股东只能寻求通过事先约定的有关保障机制维护自身权益,不能迫使公司破产清算;而对于债券持有人而言,定期还本付息属于公司必须履行的强制义务,如果公司不能按时还本付息会构成违约事件,公司有破产风险。(4)优先股的股息一般来自可分配税后利润,而债券的利息来自税前利润。

表1显示了优先股、债券和普通股的主要差异。

**表1 优先股、债券和普通股的主要差异**

| 项目 | 普通股 | 优先股 | 债券 |
| --- | --- | --- | --- |
| 资本属性 | 权益资本 | 混合资本 | 债务资本 |
| 清偿顺序 | 次于优先股与债券 | 先于普通股,次于债券 | 先于优先股和普通股 |
| 股东权利 | 具有表决权在内的股东权利 | 一般没有表决权 | 不具备股东权利 |
| 融资期限 | 无期限 | 无期限 | 一般具有一定期限 |

续表

| 项目 | 普通股 | 优先股 | 债券 |
|---|---|---|---|
| 股利或利息支付是否固定 | 股利分红不定期、不固定 | 定期支付固定或浮动的股息 | 定期还本付息 |
| 是否要偿还本金 | 不需偿还本金 | 不需偿还本金 | 需偿还本金 |
| 股利或利息来源 | 股利来自税后利润 | 股利一般来自税后利润 | 利息来自税前利润 |
| 是否具有评级 | 不具有评级 | 具有评级 | 具有评级 |
| 无法支付股利或者利息是否会迫使公司破产 | 不支付普通股股利不会迫使公司破产 | 不支付优先股股利不会迫使公司破产 | 不支付债券利息或本金会迫使公司破产 |

## （三）"新三板"扩至全国

2013年12月13日，国务院发布《关于全国中小企业股份转让系统有关问题的决定》（国发〔2013〕49号）（以下简称国发49号文），正式将"新三板"试点范围扩至全国，这标志着我国多层次资本市场建设取得历史性突破。

**1. 回顾**

"新三板"是中关村园区非上市股份公司代办股份转让系统的简称，于2006年正式启动。经过几年的试点，"新三板"在发展场外交易市场方面进行了不少有益的探索，国民经济与社会发展"十二五"规划以及金融业发展和改革"十二五规划"都明确提出要扩大代办股份转让系统试点。2012年8月初，经国务院批准，"新三板"挂牌企业范围扩大至上海张江高新产业开发区、武汉东湖新技术产业开发区和天津滨海高新区。2012年9月，全国中小企业股份转让系统（以下简称全国股份转让系统）正式注册成立，成为继上海证券交易所、深圳证券交易所之后第三家全国性证券交易场所，并于2013年1月16日正式揭牌运营。2013年6月19日，国务院常务会议决定将中小企业股份转让系统试点扩大至全国。按照国务院的要求，证监会及股转公司做了大量的准备工作，2013年12月13日《国务院关于全国中小企业股份转让系统有关问题的决定》发布后，"新三板"扩容至全国正式落地。挂牌公司不再受高新园区的限制，不受所有制的限制，也不限于高新技术企业。

**2. 政策要点**

国发49号文对全国股份转让系统的定位、市场体系建设、行政许可制度改革、投资者管理、投资者权益保护及监管协作六个方面进行了原则性规定。监管部门将根据这些规定，进一步推动"新三板"建设。国发49号文主要有如下几个方面值得关注：

一是明确了"新三板"的市场定位。国发49号文提出，全国股份转让系统是依据证券法设立的全国性证券交易场所，主要为创新型、创业型、成长型中小微企业发展服务。境内符合条件的股份公司均可通过主办券商申请在全国股份转让系统挂牌，公开转让股份，进行股权融资、债权融资、资产重组等。其中，"境内符合条件的股份公司"突破了之前四个高新园区股份公司的限制，意味着"新三板"的全面扩容。

二是明确了挂牌公司的条件。国发49号文提出，申请挂牌的公司应当业务明确、产权清晰、依法规范经营、公司治理健全，可以尚未盈利，但须真实、准确、完整地进行信息披露。其中，"可以尚未盈利"与"新三板"服务创新型、创业型、成长型中小微企业的定位密切相关，这些企业在初期阶段盈利能力往往比较薄弱，但迫切需要资本市场支持。在准入条件上，不设财务门槛和公司规模要求，极大地拓展了"新三板"的服务覆盖面。

三是要求建立不同层次市场间的有机联系。国发49号文提出，全国股份转让系统挂牌公司达到股票上市条件的，可以直接向证券交易所申请上市交易。下一步，监管部门将建立明确的转板机制。

这种直接转板机制将显著增强"新三板"的吸引力,一大批企业将有意愿在"新三板"挂牌。国发49号文还提出,在符合《国务院关于清理整顿各类交易场所切实防范金融风险的决定》(国发〔2011〕38号)要求的区域性股权转让市场进行股权非公开转让的公司,符合挂牌条件的,可以申请在全国股份转让系统挂牌公开转让股份。

四是要求简化行政许可程序。国发49号文提出,"新三板"挂牌公司依法纳入非上市公众公司监管,股东人数可以超过200人。以下两种情形,证监会豁免核准:一是股东人数未超过200人的股份公司申请挂牌;二是挂牌公司向特定对象发行证券,且发行后证券持有人累计不超过200人。对于依法需要核准的行政许可事项,证监会简化审核流程,提高审核效率,不再提交证监会发审委审核。

五是要求建立与投资者风险识别和承受能力相适应的投资者适当性管理制度。国发49号文提出,鼓励各类专业机构投资者参与市场,要将全国股份转让系统建成以机构投资者为主体的证券交易场所。国发49号文认为,由于中小微企业具有业绩波动大、风险高的特点,应当严格自然人投资者的准入条件。也就是说,并没有严格禁止自然人投资者参与"新三板",只不过自然人参与门槛很高,在自有资金规模、证券投资年限等方面都有较高要求。其实,允许符合条件的高资产净值的自然人投资者进入"新三板"市场,有助于提升"新三板"交易活跃度,增加市场的吸引力。

六是明确"新三板"的监管要求。国发49号文提出,证监会应当比照《证券法》关于市场主体法律责任的相关规定,严格执法,对虚假披露、内幕交易、操纵市场等违法违规行为采取监管措施,实施行政处罚。国发49号文还提出,各省(区、市)人民政府要加强组织领导和协调,建立健全挂牌公司风险处置机制,切实维护社会稳定。从对"新三板"的监管要求看，体现了"新三板"是依据《证券法》设立的全国性证券交易场所的法律属性，同时也反映了"新三板"挂牌公司的地域归属性。

**3. 政策效果**

国发49号文为"新三板"市场运行和监管奠定了法规基础，填补了《证券法》没有直接针对全国股份转让系统和挂牌公司规定的法律空白，"新三板"将步入更为规范的法制化运行轨道。随后，中国证监会修改了《非上市公众公司监督管理办法》等多项配套规则，"新三板"全国性运作进入操作层面。毫无疑问，"新三板"将迎来跨越式发展的新时代，也标志着多层次资本市场建设取得了实质性进展。总体来看，"新三板"试点范围扩至全国，将有如下几方面政策效应：

一是挂牌公司数量有望出现井喷。截至2013年底，"新三板"挂牌企业356家。随着国发49号文以及相关配套规则的陆续发布，"新三板"试点范围扩大至全国，并且明确了转板制度，加之"新三板"挂牌不设财务门槛，"新三板"公司批量挂牌将成为常态，挂牌公司数量将迅速增加。据悉，目前各主办券商项目储备已超过2000家，各地企业参与热情极高。市场机构估计，"新三板"挂牌公司2014年底将达到2000家，2017年底有望突破7000家。虽然"新三板"挂牌公司数量增加还受到具体转板机制、券商积极性、区域性股权交易市场等因素影响，但大幅度增加是情理之中的。"新三板"公司数量大幅度增加，将有利于完善我国多层次资本市场体系，促进"金字塔"型市场体系结构的有效形成。

二是利于券商投行业务的业绩稳定增长。"新三板"业务主要依靠主办券商来推动，券商获得三项直接收入：挂牌费、持续督导费和承销费。长期以来，与做并购重组或者IPO业务动辄千万元的收入相比，券商做"新三板"业务的经济效益不高，做一

个项目往往只有几十万元收入,这在一定程度上影响了券商业务开拓的积极性。"新三板"扩至全国后,挂牌公司数量有望大幅攀升,这给券商带来了"以量补价"的机会。更为重要的是,"新三板"将为挂牌公司提供直接转至主板上市的机会,这意味着投行产业链将被迫拉长,"新三板"将成为主板项目的发源地之一。券商可以在不同阶段提供直投、并购、融资、做市等综合服务,从而获得相应的收入。

三是扩容对 A 股市场资金分流效应有限。"新三板"快速扩容,将可能分流一部分 A 股市场资金。特别是,如果"新三板"赚钱效应突出,A 股市场资金流出将在所难免。但是,总体来看,扩容带来的资金分流效应不会特别显著。一方面,"新三板"投资者以机构投资者为主体,特别是产业资本和股权投资基金占据主导地位,而 A 股市场自然人投资者占据主导地位,因此不会形成同一投资群体在市场选择上此消彼长的关系。另一方面,与 A 股市场相比较,"新三板"交易相对不活跃,不适合占 A 股成交量80%左右的自然人投资者参与。此外,随着"新三板"的不断扩大,证券公司、证券投资基金、保险公司、企业年金、合格境外机构投资者等机构投资者有望参与市场交易,为"新三板"提供资金面上的支持。

四是不会对区域性股权交易市场带来致命打击。在"新三板"扩容至全国前,"新三板"在一段时期内处在一种比较尴尬的地位,在与区域性股权转让市场同台竞争中优势难以体现出来,因而发展步伐不如之前预期。但是,国务院决定发布之后,"新三板"作为全国性证券交易场所的地位得以确立,并且明确了区域股权转让市场的企业达到挂牌条件的可以申请在全国股转中心挂牌。这种转板机制安排即刻让"新三板"处在了高处,区域性股权转让市场只能望其项背。也就是说,之前热火朝天的区域性股权转让市场可能会有所降温，一些符合条件的企业将选择直接在"新三板"挂牌，以避免通过区域性股权转让市场转板至"新三板"的折腾。与此同时，目前在区域性股权转让市场挂牌的优质企业也可能选择转到"新三板"挂牌。当然，"新三板"与区域性股权转让市场两者在市场定位上存在较大差异，加之大多数"四板"企业并不具备挂牌"新三板"的条件，"新三板"扩容至全国对区域性股权交易市场的冲击也是有限的，同时也可能激发区域性股权交易市场的更大发展。

### （四）加大稽查执法

证券市场参与者众多，涉及利益广泛，为保证市场良性运行，必须切实维护公开、公平、公正的原则，保护投资者合法权益。这是监管部门的基本职能，是应该常抓不懈的核心工作。2013年，监管部门进一步强化了稽查执法工作，将保护中小投资者提升到全新的高度。

（1）监管要点

2013年8月1日，证监会主席肖钢在《求是》杂志发表署名文章，认为监管执法是资本市场健康发展的基石。他提出，资本市场监管要以十八大以来政府职能转变为契机，将"宽进严管"、加强监管执法作为当前我国资本市场监管转型的"着力点"，对违法违规行为，毫不手软地追究到底、处罚到位。他还提出构建符合国情的资本市场执法体制机制，包括"主动型"立法保障机制、"高效型"行政执法机制、"制约型"查审分离机制以及"紧密型"政府部门协同机制。

2013年8月19日，证监会专门召开全国证券期货稽查执法工作会议，出台《关于进一步加强稽查执法工作的意见》，对下一阶段证券期货稽查执法工作做出全面部署。从这些部署以及2013年

证券期货稽查执法实际情况来看,加强稽查执法工作具体体现在如下方面。

第一,转变稽查执法工作观念。从肖钢在《求是》杂志上发表文章论述监管执法,到在全国证券期货稽查执法工作会议上的讲话,再到监管部门关于投资者特别是中小投资者权益保护相关政策的出台,都可以看出,证券期货监管部门要求全系统高度认识稽查执法工作的重要性,将思想和行动统一到加强稽查执法这个监管重心上来。由于长期以来,证券业监管重心在事前审批,很多监管干部将稽查执法当作稽查处罚部门的事情,自身从事稽查执法工作的积极性不高,大有一种事不关己高高挂起的心态。因此,首先让监管干部在思想观念上重视起来,对于提升稽查执法工作成效至关重要。当然,转变观念从来就是相当困难的事情,但由于简政放权、注册制等市场化改革的推进,监管部门事前审批工作明显弱化,在一定程度上倒逼监管干部将稽查执法提升到更高地位。

第二,明确执法标准。"不以规矩,不成方圆"。稽查执法工作必须要依法依规,在线索移送、立案、认定、量罚等环节,如果一个部门一套标准、一个人一个做法,稽查执法工作就会陷入混乱状态。证监会缺乏有关稽查执法标准方面的规章类文件,将导致日常监管与稽查执法部门之间、调查部门与审理部门之间相互扯皮,严重影响案件办理进度和效果。2013年8月以来,监管部门印发了立案指引、调查终结报告编制指引、处罚权下放等文件以及相关规则,完善了稽查执法标准,规范了稽查执法程序。同时,明确了量罚过程中自由裁量权的掌握原则,即就高不就低,大幅提高违法违规成本。此外,还建立了案件限时办结制度,即案件的调查和审理原则上不得超过一年,且稽查执法的每个环节都有明确的时限要求,避免再出现积案压案现象。

第三，全面下放行政处罚权。长期以来，证券执法体制高度集中，导致派出机构稽查执法工作难以展开，难以发挥一线监管的优势，同时也加大了稽查总队以及证监会行政处罚委的工作负荷。目前，各类违法违规行为呈高发、多发态势，相对集中统一的证券执法体制已难以适应客观形势需要。按照简政放权、加强监管转型的总思路，2013年7月，证监会发布《关于印发〈中国证券监督管理委员会派出机构行政处罚工作规定〉的通知》，决定授予所有派出机构行政处罚权，自2013年10月1日起实施。2013年9月27日，证监会36家派出机构在其网站上统一发布了行政处罚听证规则，标志着派出机构行使行政处罚权工作即将正式启动。行政处罚执法权限部分下放，有利于提升派出机构辖区监管权威，落实辖区监管责任，也有利于形成更高效的证券行政处罚工作机制，加大对违法违规行为的打击力度和密度，提高执法的社会效果。当然，也需要警惕处罚权全面下放后，地方保护主义可能干扰各地派出机构的执法工作。

第四，加大稽查执法队伍建设力度。稽查执法工作任务艰巨复杂，对稽查队伍要求很高。随着证券期货市场的快速发展壮大，证券案件数量和案件难度都在急剧增加，而现有证券稽查执法框架形成于多年以前，已无法适应稽查执法工作的要求。2013年8月以来，证监会决心加大执法机构建设力度，充实执法力量。在执法机构方面，要求上海、深圳专员办分别与稽查总队上海支队、深圳支队合署办公，主要负责重大案件调查工作。在执法人员方面，从系统内人员、业内专业人员及应届毕业生中招聘600人，进入6个证券期货交易所、中登公司以及稽查总队沪、深支队等相关执法部门。新增600名稽查执法人员，证券期货系统稽查执法队伍比原有规模翻了一番，力度不可谓不大。与此同时，在稽查办案经费、稽查执法干部差旅住宿费用、稽查装备等方面也加大了投入，有助于

保障稽查执法工作的顺利开展。

第五,加大违法违规案件查处力度。2013年,监管部门强化了稽查执法工作规则,加大了对违法违规案件的调查和处罚力度,效果较为明显,捍卫了资本市场"三公"基本原则。公开数据显示,2013年前10个月,证监会各项主要执法数据均全面超越2012年全年水平,受理各类证券期货违法违规线索486件,同比增长44%;启动调查286起,同比增长25%;新办理涉外协查案件74起,同比增长35%;收缴罚没款14876.3万元,同比增长近2倍,罚没款执行率85.58%;移送公安机关案件34起,同比增长70%。特别是,从严查处了万福生科、新大地、光大证券、隆基股份等,对一批保荐机构及相关中介机构做出了行政处罚,对市场产生了很大的震慑作用。

(2) 稽查执法的发展趋势

第一,加大稽查执法力度是证券业监管的必然趋势。市场主体具有逐利的本性。正如马克思所说:如果有100%的利润他们就可以铤而走险,有300%的利润,就可以践踏人间一切法律。对于证券期货业这个名利场而言,信息欺诈、内幕交易、操纵市场等投机违法行为是常见的,是资本追逐高额利润的表现,是市场无法消除的伴生物。但是这些违法违规行为破坏了市场的正常秩序、损害了投资者的合法权益,因此监管部门必须加大打击力度,始终将之作为监管工作的重要内容。其实,多年来证监会都重视稽查执法工作,也取得了很好的成效。但是2013年以来加大稽查执法工作面临的背景却与之前大不相同,核心之处在于证监会将进行监管转型,转型方向为:扭转以前"重审批、轻监管"倾向,将"运营重心"从事前把关向事中、事后监管转移。事中、事后监管的关键之处就在于稽查执法,通过查处加大违法违规者的经济成本和法律责任。因此,加大稽查执法顺应了监管转型的趋势,也是在新的市场环境下履行"两维护、一促进"职责的根本保障。随着多层次资本市场体系的进一步完善以及资本市场双向开放力度的加大，稽查执法工作任务势必会越来越艰巨。

第二，加大稽查执法工作力度需要更大的执法权。稽查执法质量和效率长期以来问题比较突出，很多案件取证困难、调查时效低。这其中一个很大的制约因素在于证监会稽查执法权力很小，基本上局限于一般行政执法权，缺乏准司法权。虽然《关于进一步加强稽查执法工作的意见》提出，推动建立证券期货案件行政执法商请公安机关支持的工作机制，探索建立办案支持工作机制，有效解决涉案信息查询困难、当事人阻碍执法等突出问题。但是尚没有提及争取更大执法权力，这是一大遗憾。从国际情况看，美国证监会拥有一般行政执法权、准立法权、准司法权，而且近20年来美国证监会的执法任务还在加码，其拥有的权力超出了任何行政部门；中国香港证监会在东南亚金融危机之后也增加了多项权力，包括过去只有司法机构才可以行使的传唤权、搜查权、扣留权。虽然赋予证监会更大的稽查执法权力涉及更深层次的执法体系改革问题，但从国际经验以及我国证券期货稽查执法尴尬境况来看，这是以后的一大发展方向。

第三，需正确区分市场创新与违法违规的边界。近年来，多层次资本市场不断健全，金融机构日益混业化经营，金融产品和交易机制大大丰富，证券期货业创新进入一个蓬勃发展期。市场创新激发了市场活力，这也是证券期货市场长期稳健发展的力量源泉。市场创新往往萌发于监管空白地带，监管很难跟上市场创新的步伐，一些新型违法违规行为也可能随之出现。但是，不能因为出现违法违规行为而将市场创新一棍子打死，需要正确区分市场创新与违法违规的边界。对于市场创新应该给予鼓励、引导及密切跟踪，并根据创新发展情况进行监管；对于违法违规行为要坚决给予打击。当

前,需要密切关注三方面市场创新:一是互联网金融创新;二是跨证券、期货、基金市场的创新;三是跨境金融创新。

## 三 2014年证券业监管展望

### (一)2014年证券业发展的宏观环境

从全球经济来看,2013年虽然有所复苏,但当前复苏动能仍显不足,国家和地区之间的分化较为明显,预计2014年全球经济形势仍面临较大的不确定性。2013年,美国经济实现了加速复苏,第三季度GDP终值大幅增长4.1%,远远超出市场预期,并创下2011年第四季度以来的最高涨幅。美国经济强劲增长主要归功于企业部门盈利能力持续改善以及家庭部门消费支出不断增长,而这些因素有望在2014年得以持续,从而推动美国经济在2014年有更好的表现。2013年美联储公开市场委员会(FOMC)最后一次会议决定,于2014年1月1日起缩减其每月850亿美元货币刺激计划的规模,这可以看作美联储承认美国终于实现了可持续的经济增长。国际货币基金组织2013年10月公布的《世界经济展望报告》,预测美国经济2013年增长1.6%,2014年加速至2.6%。但美国财政、货币政策的不确定性,将继续给美国和全球经济带来冲击。欧元区经济在2013年第二季度摆脱了衰退,但第三季度经济增速仅有0.1%,经济复苏非常脆弱。同时,欧元区2013年10月失业率升至创纪录的12.5%,而通胀水平跌至近四年的新低,欧洲央行不得不利用宽松的货币政策以刺激经济。在欧元区内部,德国经济有望保持强劲增长,但法国经济下行压力较大,希腊、意大利和西班牙等外围国家经济继续处于挣扎之中,并很可能拖累2014年欧元区的经济增长。日本经济受"安倍经济学"刺激,2013年出现强劲反弹,但日本经济的内生动力仍显不足,特别是结构改革滞后可能阻碍日本经济进一步增长。新兴经济体2013年下半年以来已呈现出疲态,随着2014年美国逐步退出QE,新兴经济体可能面临资金外流、经济增速进一步下滑的风险。总体来看,2014年全球经济将延续缓慢复苏态势,大国货币政策、贸易投资格局、大宗商品价格的变化以及地缘政治风险等是重要的不确定性因素。

从国内经济看,2013年第三季度扭转了经济持续下滑态势,但经济筑底企稳主要是靠投资拉动,整体经济复苏动力仍较为疲弱。从2013年10月以来的宏观经济数据来看,第四季度经济增长难有起色,市场机构大多下调了第四季度经济增长预期。对于2014年的经济增长,市场机构也普遍认为不会有太好的表现。主要原因:一是受制于居民收入增速仍较为缓慢,加之公款消费将继续受到抑制,2014年消费难有明显增长;二是由于部分行业产能过剩问题严重,企业杠杆率较高,制造业投资将继续低迷,加之对地方债务的整顿规范,房地产价格增长乏力,预计2014年地方政府投资增速和房地产投资增速都将呈现稳中趋降的格局;三是受贸易保护主义、新兴经济体经济增速下滑以及人民币可能进一步升值的影响,虽然2014年美国经济可能强劲复苏,但对我国出口的提振作用不大,出口可能保持小幅增长;四是宏观政策方面,货币政策将继续维持稳健,在社会融资规模巨大和通胀压力加大的情况下,货币政策难以宽松,财政政策仍将维持积极,投资性支出有可能减少。此外,改革红利的释放需要一个漫长的过程,经济结构调整及发展方式的转变存在不确定性,经济发展中资源、环境约束不断增强,人口红利逐渐消退、老龄化压力加大,新的经济增长点尚未有效形成,经济潜在增长率有进一步下行的压力。

从证券期货市场自身看,其正处于一个机遇与挑战并存的关键时期。十八届三中全会决定为资本市场下一步改革创新指明了方向，监管部门可以借此大展拳脚。2013年底以来，监管部门推出了一系列重大改革举措，包括新股发行体制改革、优先股、"新三板"扩至全国等，这些改革举措顺应了长期以来市场的广泛期待，有利于资本市场长期可持续发展。但是资本市场改革已经进入深水区，改革必然带来既有利益格局的深刻调整，也势必遭遇既有利益集团的阻挠。这既包括外部利益集团的阻挠，也可能包括监管层内部执行部门的反对。与此同时，一些重大改革举措虽然有利于市场长期可持续发展，但在短期内却会给市场带来较大冲击。例如，新股发行体制改革推出，优先股的试点启动，有可能使新股发行数量和节奏加快，股票供给在短期内迅速增加，如果市场增量资金跟不上的话，可能给股票市场带来致命打击。2013年中国股票市场相对于主要发达市场落后很多，投资者怨言较多，如果监管部门不能继续维护资本市场稳定，不能增强投资功能，资本市场就可能面临着进一步被边缘化的风险。此外，2014年利率市场化、人民币汇率形成机制以及资本项目可兑换等金融改革将加快推进，都可能给资本市场带来较大的冲击。因此，2014年监管部门面临的内外部压力很大，使改革的力度、发展的速度与市场可承受度之间保持良性平衡，是对监管部门智慧和勇气的极大考验。

（2）2014年证券业监管的政策方向

2013年很长时期内资本市场没有重大政策举措出台，除了新任证监会主席需要一个熟悉工作和廓清施政思路的过程，恐怕也是等待十八届三中全会进行定调。资本市场改革已经处于深水区，面临的阻力也越来越大，需要党中央国务院层面的大政方针指导。十八届三中全会对全面深化改革进行了系统部署，《关于全面深化改革若干重大问题的决定》明确提出，要建设统一开放、竞争有序的市场体系，要使市场在资源配置中起决定性作用。资本市场天然就是高度市场化的，是有效配置资源的重要平台。对于资本市场改革发展，三中全会决定提出了"健全多层次资本市场体系，推进股票发行注册制改革，多渠道推动股权融资，发展并规范债券市场，提高直接融资比重"，"优化上市公司投资者回报机制"，"保护投资者尤其是中小投资者合法权益"等具体任务。这为资本市场下一步改革创新指明了方向，也提供了最为有力的政策支撑，增强了证监会在改革创新中的底气。

## （二）2014年证券业监管展望

当前，社会各方对资本市场期待颇多，资本市场面临难得的改革发展机遇。按照三中全会决定的要求，以及2013年证券业监管所体现出来的思路，2014年证券业监管可能在如下方面有所建树和突破。

### 1. 新股发行注册制改革

2013年11月30日，新股发行改革意见公布，明确改革后监管部门和发审委不判断发行人的持续盈利能力和投资价值，只对发行申请文件和信息披露内容的合法合规性进行审核。这为新股发行注册制奠定了一定的基础，但距离真正的注册制还有很长一段路要走。推进股票发行注册制改革，是十八届三中全会决定的明确要求。下一步，证券监管部门将朝着注册制改革方向不断迈进，修改有关法律法规，制定一系列的配套改革措施。当然，这需要一个循序渐进、不断深化的过程，注册制的真正实行可能还需要两三年的时间。

### 2. 证监会机构人事调整

2013年中秋节以后，证监会将进行机构人事调整的传闻不断发酵。根据目前流传出来的方案，证监会拟将发行部和创业板部合并，上市一部和二部合并，基金部、机构部和期货二部合并，新设再融资监管办、债券监管办、私募基金监管办和产品创新监管办。

不管这个方案最终是否能实行，但证监会机构人事调整已是板上钉钉的事情，这是从机构监管向功能监管转变的必然选择，也是适应注册制改革后监管重心向中后期转移的必然要求。目前，债券监管办已经成立，预计发行部和创业板部合并、上市一部和二部合并可能性很大，但其他机构调整可能会存在变数。

**3. 资本市场双向开放**

三中全会决定提出，"推动资本市场双向开放，有序提高跨境资本和金融交易可兑换程度"。近年来，资本市场双向开放取得了很大的成效，但总体来看资本市场仍是封闭市场，双向开放程度有限。下一步，随着利率、汇率市场化改革以及人民币资本项目可兑换进程的加快，资本市场也势必顺应全球经济金融一体化趋势，积极推进资本市场国际化。2014 年，境内外机构和个人跨境投融资的便利化水平将进一步提升，跨境、跨市场金融产品有望更加丰富，多样化挂牌方式和交易机制预计将推出，证券期货业外资准入限制将放宽，境内外证券期货经营机构将在更大的规模上实施差异化"走出去"战略。

**4. B 股市场改革**

2013 年 12 月 19 日，沪、深两市首单"B 转 A 第一股"浙能电力登陆 A 股市场。至此，学术界和市场持续讨论 B 股市场的三种主要解决路径——大股东回购、B 股转 H 股、B 股转 A 股——都有了实际样本出现，有望在 2014 年掀起 B 股改革大潮。B 股市场建立于 1992 年，设计之初的使命是筹集外汇资本、以多种方式充裕资本市场，但随着 QFII 规模不断扩大以及中国外汇储备的大幅攀升，B 股的历史使命早已完成。1999 年发行最后一只 B 股至今，B 股市场一直处于停滞状态，市场功能丧失，多年来改革 B 股市场的呼声日渐壮大。在 B 股市场改革日渐成熟的情况下，2014 年监管层有望出台 B 股市场指导意见或改革政策，与股权分置改革相类似，充分尊重市场主体自主意愿和自我决策，用市场化手段解决这个历史遗留问题。

### 5. 资本市场法制建设

证监会主席肖钢强调，加强监管执法是当前我国资本市场监管转型的着力点。2013年，证券监管部门在监管执法方面可谓使出了"钢腕"，效果也较为显著。但是，加强监管执法的前提是"法"，必须有法可依。特别是2013年底证监会推出了新股发行体制改革等若干重大改革举措，这些改革需要相应的配套法律法规。2014年，监管部门将进一步加大法制建设力度，推动《证券法》修改和《期货法》制定，出台上市公司监管、私募基金监管、资产证券化等方面的政策法规，同时对证监会部门规章和规范性文件进行全面的"立、改、废"，形成相对科学完备的法律实施规范子体系。此外，提高执法效率，加大执行力度，严厉打击证券期货违法违规行为。

附录　2013年中国证监会发布的部门规章、规范性文件

| 发布时间 | 法规名称 | 文号 | 实施日期 |
| --- | --- | --- | --- |
| 部门规章 | | | |
| 2月2日 | 《全国中小企业股份转让系统有限责任公司管理暂行办法》 | 证监会令第89号 | 2月2日 |
| 3月1日 | 《人民币合格境外机构投资者境内证券投资试点办法》 | 证监会令第90号 | 3月1日 |
| 3月15日 | 《证券投资基金销售管理办法》 | 证监会令第91号 | 6月1日 |
| 4月2日 | 《证券投资基金托管业务管理办法》 | 证监会令第92号 | 4月2日 |
| 6月26日 | 《关于修改〈证券公司客户资产管理业务管理办法〉的决定》 | 证监会令第93号 | 6月26日 |
| 9月24日 | 《公开募集证券投资基金风险准备金监督管理暂行办法》 | 证监会令第94号 | 2014年1月1日 |
| 12月13日 | 《证券发行与承销管理办法》 | 证监会令第95号 | 12月13日 |
| 12月26日 | 《关于修改〈非上市公众公司监督管理办法〉的决定》 | 证监会令第96号 | 12月26日 |

续表

| 发布时间 | 法规名称 | 文号 | 实施日期 |
|---|---|---|---|
| 规范性文件 | | | |
| 1月4日 | 《证券期货业统计指标标准指引》 | 证监会公告[2013]5号 | 5月1日 |
| 1月23日 | 《黄金交易型开放式证券投资基金暂行规定》 | 证监会公告[2013]6号 | 1月23日 |
| 2月18日 | 《资产管理机构开展公募证券投资基金管理业务暂行规定》 | 证监会公告[2013]10号 | 6月1日 |
| 2月21日 | 《关于期货公司风险资本准备计算标准的规定》 | 证监会公告[2013]13号 | 7月1日 |
| 3月1日 | 《关于实施〈人民币合格境外机构投资者境内证券投资试点办法〉的规定》 | 证监会公告[2013]14号 | 3月1日 |
| 3月15日 | 《非银行金融机构开展证券投资基金托管业务暂行规定》 | 证监会公告[2013]15号 | 6月1日 |
| 3月15日 | 《证券公司资产证券化业务管理规定》 | 证监会公告[2013]16号 | 3月15日 |
| 3月15日 | 《证券公司分支机构监管规定》 | 证监会公告[2013]17号 | 3月15日 |
| 3月15日 | 《证券投资基金销售机构通过第三方电子商务平台开展业务管理暂行规定》 | 证监会公告[2013]18号 | 3月15日 |
| 4月2日 | 《关于进一步完善证券公司缴纳证券投资者保护基金有关事项的补充规定》 | 证监会公告[2013]22号 | 4月2日 |
| 6月3日 | 《保险机构销售证券投资基金管理暂行规定》 | 证监会公告[2013]25号 | 6月3日 |
| 6月7日 | 《保险机构投资设立基金管理公司试点办法》 | 证监会公告[2013]27号 | 6月18日 |
| 7月18日 | 《关于加强证券期货经营机构客户交易终端信息等客户信息管理的规定》 | 证监会公告[2013]30号 | 7月18日 |

续表

| 发布时间 | 法规名称 | 文号 | 实施日期 |
|---|---|---|---|
| 8月2日 | 《基金管理公司固有资金运用管理暂行规定》 | 证监会公告〔2013〕33号 | 8月2日 |
| 8月21日 | 《证券公司参与股指期货、国债期货交易指引》 | 证监会公告〔2013〕34号 | 8月21日 |
| 9月3日 | 《公开募集证券投资基金参与国债期货交易指引》 | 证监会公告〔2013〕37号 | 9月3日 |
| 10月30日 | 《关于商业银行发行公司债券补充资本的指导意见》 | 证监会公告〔2013〕39号 | 11月6日 |
| 11月30日 | 《中国证监会关于进一步推进新股发行体制改革的意见》 | 证监会公告〔2013〕42号 | 11月30日 |
| 11月30日 | 《上市公司监管指引第3号——上市公司现金分红》 | 证监会公告〔2013〕43号 | 11月30日 |
| 12月2日 | 《首次公开发行股票时公司股东公开发售股份暂行规定》 | 证监会公告〔2013〕44号 | 12月2日 |

# B.5
# 保险业监管年度报告

张领伟 杨栋梁 龚华宗*

**摘　要：**

2013年保险业平稳健康发展，市场化改革贯穿全年。普通型人身保险费率定价机制改革、保险资金运用市场化改革、市场准入退出机制改革等诸多保险改革举措表明，监管与市场的关系继续改善。监管思路逐步向"放开前端，管住后端，加强事中管理"演变，全年保险业监管整体有效。十八届三中全会提出让市场在资源配置中起决定性作用，而保险作为一种惠民利民的市场化手段，应该成为发展中国经济的一个有机部分。2014年，保险业将深入贯彻落实三中全会就全面深化改革做出的战略部署，加快推进重点领域和关键环节的市场化改革，并在新型城镇化建设中积极贡献力量。

**关键词：**

保险业　机制改革　市场化　监管

## 一　2013年保险市场综述

2013年以来，面对严峻复杂的内外部形势，在党中央国务院

---

\* 张领伟，经济学博士，特华博士后科研工作站在站博士后；杨栋梁，北京师范大学管理学院；龚华宗，民商法学硕士。

的正确领导下，保监会党委准确把握了2013年保险业面临的形势与主要问题，领导全行业以科学发展观为指导，认真贯彻十八大及各次中央全会精神，坚持稳中求进，解放思想，改革创新，在一系列行之有效的改革措施推动下，保险市场运行稳定，年初确定的各项工作目标顺利完成。一是行业增速重回上升轨道，全年实现原保险保费收入1.72万亿元，同比上升11.2%，扭转了行业增速连续两年下滑的局面。二是整体实力进一步增强，行业总资产达到8.29万亿元，较年初增长12.7%。三是经营效益明显改善，保险公司预计利润总额为991.42亿元，同比增长112.5%。四是行业社会地位明显提高，保险在农业、养老服务业和健康服务业中的作用进一步彰显。总体来看，2013年行业发展取得了超出预期的良好成绩。

## （一）财产险业务持续较快增长，政策型险种成为市场亮点

2013年，财产险业务实现原保险保费收入6212.26亿元，同比增长16.53%，增幅较2012年同期上升1个百分点。受汽车销量平稳增长拉动，车险业务继续保持较快增速，同比增长17.87%。在宏观经济企稳回升的大环境下，商业非车险业务出现复苏迹象，企财险增速5.12%，工程险增速26.26%。随着各级政府日益重视保险的社会管理功能，农业保险、责任险等政策支持型业务快速发展，同比分别增长27.43%、17.88%。

## （二）人身险业务企稳回升，业务品质持续改善

受普通险费率定价机制改革带来的政策红利等因素影响，人身险业务企稳回升，结构持续优化。2013年，人身险业务实现原保险保费收入11009.98亿元，同比增长8.4%，增速较2012年同期

提升3.92个百分点。其中,寿险业务保费收入为9425.14亿元,同比增长5.8%,增速同比提升3.36个百分点,寿险公司人身险新单保费收入同比增长3.16%。寿险业务结构调整稳步推进,业务品质持续改善。从期限看,新单交易量占比进一步提升,达到29.43%,其中10年期以上占比57.67%,同比上升4.96个百分点。从险种看,风险保障程度较高的健康险、意外险发展情况较好,分别同比增长30.22%和19.46%。从渠道看,内涵价值较高的个人营销渠道保持了13.67%的增速,占寿险公司业务总量的51.17%,同比上升2.61个百分点,银保渠道占比降至36.68%。

### (三)受益于市场化改革,保险资金运用收益明显提升

2013年,上证指数下跌6.75%,债券市场创2002年以来年度最大跌幅。在严峻复杂的形势下,随着资金运用市场化改革的推进,保险资金投资渠道日益通畅,市场活力逐步增强,改革红利渐次释放,资金运用余额稳步增长,收益显著提升。截至2013年末,保险公司资金运用余额76873.41亿元,较年初增长12.15%。2013年,保险公司实现资金运用收益3658.32亿元,资金运用平均收益率为5.04%。

### (四)风险防范和监管工作进一步加强

2013年,保险监管机构开拓创新,稳步推进改革及监管各项工作。一是风险得到有效防范。通过跟踪分析宏观经济金融形势,及时调整监管政策,强化风险动态监测和预警,加强监管合作等一系列举措,保险业牢牢守住不发生系统性、区域性风险底线,几类重点关注的风险得到有效防范。寿险行业平稳跨越了满期给付与退保高峰,资金运用风险、偿付能力风险和案件风险得到较好控制。2013年,寿险公司退保金为1906.57亿元,退保率为3.8%。截至

保险业监管年度报告

2013年底，保险公司偿付能力全部达标。二是深入推进消费者权益保护工作。进一步深化治理销售误导和理赔难，规范销售误导行为的认定和执法标准，加快理赔服务标准化建设，健全保险纠纷调处机制，促进保险公司提高服务质量和水平。发布《保险消费投诉处理管理办法》，加快健全制度体系，发挥保险消费者投诉维权热线12378的积极作用。三是加大规范市场秩序工作力度。2013年，保监会以突出问题、重点领域和重点公司为抓手，采取依法严格及时处罚违法违规行为，强化对高管和上级机构责任追究等措施，使市场秩序有所好转，保险公司依法合规经营意识得到增强。四是深入开展保险稽查。对4家法人机构进行综合性检查，对60家公司的2000余项内审项目进行检查，不断强化反保险欺诈、反洗钱和打击非法集资工作。

## （五）保险业服务经济社会全局能力大幅提升

一是扎实推进大病保险工作。大病保险制度启动一年多来，呈现开局顺利、运行平稳、前景看好的态势。截至2013年末，保险业在全国27个省159个地市开展了大病保险，覆盖城乡居民3.5亿人，涉及保费收入68亿元。大病保险大幅提高了居民医疗保障水平，使参保群众得到了实惠。二是农业保险覆盖面不断扩大。2013年，农业保险实现原保险保费收入306.59亿元，同比增长27.43%；参保农户共计21376.13万户次，同比增长16.95%；赔款支出194.94亿元，同比增长48.42%。农业保险在支农、惠农方面发挥了重要作用。三是大力发展责任保险。保监会加强与环保部等部委合作，启动了环境污染强制责任保险试点。全年责任保险实现原保险保费收入216.63亿元，同比增长17.88%，进一步发挥了责任保险的社会管理功能。四是支持国家经济社会建设的力度逐步增强。随着资金运用市场化改革工作的不断推进，保险资金投

资范围和比例进一步放宽,有力支持了国家经济社会建设。五是支持和服务出口的能力不断提升。2013年,出口信用保险累计实现承保金额3274.4亿美元,同比增长11.5%,向企业支付赔款12.5亿美元。服务支持小微企业27800家,同比增长32.2%,帮助小微企业实现出口金额405.8亿美元。六是积极参与救灾,在维护社会稳定方面发挥重要作用。2013年,保险业全力参与四川芦山地震、黑龙江洪涝灾害、菲特台风等重特大自然灾害的救助工作,并推动地震和综合巨灾保险在云南、深圳等地开展试点。

**专栏1 2013年保险业热点**

2013年是保险改革年,这一年保险行业新政不断出台,从保险从业人员门槛提高,到人身险预定利率上限打破等,而保险业自身也不断产生有影响力的大事件,汇丰人寿关闭个性渠道、上海泛鑫事件、"三马"同台卖保险等。

一、保险销售人员学历门槛提高

1月,保监会下发《保险销售从业人员监管办法》(以下简称《办法》),将保险营销员参加资格考试的学历门槛由2006年规定的"初中以上文化程度"提高至"应当具备大专以上学历"。新规将于2013年7月1日起实施。但各地方保监局可以根据地区实际情况适当调整,分为全国通用和地方使用两种证书。报考学历为大专及以上者,可通过考试获取全国通用证书;报考学历为高中、中专及同等学力者,可通过考试获取地方使用证书,两种证书在销售地域上有所不同。

二、汇丰人寿关闭个险渠道

3月20日,网络上多名网友爆料,汇丰人寿在事前毫无通知的情况下,突然关闭个人营销渠道,损害了员工权益,侵害了客户的利益。这引起众多的员工聚集在汇丰大厦进行维权。此后,相关政府部门介入汇丰人寿裁撤个险渠道员工一事，并从中进行指导和协调。

### 三、开展保险公众宣传日活动

为提高全社会保险意识，保监会决定，将每年7月8日确定为"全国保险公众宣传日"，该宣传日的主题是"保险，让生活更美好"。2013年保险公众宣传日的年度主题是"倾听由心，互动你我"。7月8日还将举行首个全国保险公众宣传日启动仪式，播放专题宣传片，发布保险公众调查结果，开通保监会官方微博、微信公众账号等。

### 四、普通型人身险取消2.5%上限

8月2日，保监会发布《关于普通型人身保险费率政策改革有关事项的通知》，明确普通型人身保险费率改革试点将于8月5日启动。该类产品预订利率由保险公司按照审慎原则自行决定，不再执行长达14年的2.5%的上限。所谓预定利率，通俗地说就是保险公司提供给消费者的回报率，主要是参照银行（行情、专区）存款利率和预期投资收益率来设置的。国内的寿险预定利率上限为2.5%。

### 五、上海泛鑫事件

8月14日，上海泛鑫保险代理有限公司资金链断裂，公司总经理陈怡携款跑路加拿大。8月16日，各地保监局及各人身险公司收到保监会下发的紧急内部通知，要求对保险专业中介业务进行全面风险排查。8月19日，中国警方在斐济抓获陈怡。

### 六、另类保险走红网络

8月26日，安联财险与淘宝保险共同合作推出"赏月险"，只要被保险人在中秋之日因为天气原因不能在赏月城市看到月亮，保险公司就做出理赔。其实，"赏月险"的全名是"赏月不便险"，是一款人身意外险的附加险，赔付的是消费者不能赏月造成的心情

损失,类似民众熟悉的"航班延误险"。

七、众安保险公司开业

11月6日,注册资本仅10亿元的小型财险公司"众安在线财产保险"在上海举行启动仪式,在业内引起强烈反响,原因是该公司的前三大股东阿里巴巴的马云、腾讯的马化腾、中国平安(行情、股吧、买卖点)的马明哲"三马"齐聚启动仪式现场探讨互联网金融发展问题。而目前,众安保险首款产品"众乐宝"已经上线,该产品在其股东方阿里或腾讯的平台上发布,专为电商平台提供信用风险保障。

在国际环境复杂多变、经济下行压力较大的情况下,保险业之所以取得超预期发展成果,主要原因包括三个方面。一是始终坚持改革创新。2012年年中以来,保监会党委提出解放思想、改革创新,全面审视行业大势,积极进取,把握机遇,率先坚决有力地推进了资金运用、寿险产品定价、准入退出以及偿付能力二代等一系列改革,有效解放了行业生产力,改革成效初步显现,改革红利逐步释放。没有改革,就没有2013年的好形势。二是始终坚持底线思维,坚决防范系统性区域性风险。2013年是防范风险任务十分艰巨的一年。面临投资收益率较低、退保压力巨大以及满期给付高峰,保监会党委把加强风险防范作为重中之重,部署加强风险监测预警,提高风险处置能力。经过全行业的共同努力,坚决守住了风险底线。没有一个健康稳定的环境,就没有行业稳增长、调结构和促改革的基础。三是始终坚持服务经济社会大局。随着农险、大病保险、食品安全责任险、环境污染责任险等重点业务取得新的突破,保险业的功能作用进一步发挥,保险业在市场经济中的地位得到各方面的认可,行业发展的空间逐步打开,实现了服务全局和行业发展双促进。

## 二 2014年保险业工作重点

2014年保险业将坚持"稳中求进、改革创新",开好头,起好步,重点做好以下几方面具体工作。

### (一)推动建立巨灾保险制度

制定巨灾保险制度框架,推出城乡住房地震保险试点。协调相关部委制订建立我国巨灾保险制度的实施方案。评估保险业巨灾风险承受能力,提出全国城乡住房地震保险实施方案,研发完成全国城乡住房地震保险产品,总结各地巨灾保险试点经验,扩大试点范围。争取将《地震巨灾保险条例》列入国务院立法计划。推动建立全国城乡住房地震保险基金;推动建立全国城乡住房地震保险共保体;推动云南、宁波等有条件的地区开展巨灾保险试点。

### (二)完善农业保险制度

进一步贯彻落实《农业保险条例》,修改完善保险市场准入管理办法,建立适度竞争的市场格局。制定农业互助保险组织管理办法,鼓励发展多种形式的农业保险。修改完善农业保险产品管理办法,制定主要险种全国示范性条款。制定农业保险基层服务体系管理办法,规范完善农业保险基层服务网络。启动粮食作物、蔬菜、生猪价格保险试点,提高农业保险保障水平。启动地方特色优势农产品保险试点。规范农业大灾风险准备金管理,推动建立农业再保险共同体,推动建立中央财政支持的农业大灾风险分散机制。

### (三)发展商业保险完善社保体系

促进商业养老保险和企业年金发展,推动保险业积极参与养老服务业；加快商业健康保险和大病保险发展，推动保险业积极参与健康服务业。养老保险方面，协调相关部门联合出台鼓励养老机构投保责任险的文件，引导保险公司开发养老机构责任保险产品。完成住房反向抵押养老保险试点课题研究，开发老年人住房反向抵押养老保险产品，启动老年人住房反向抵押养老保险试点；出台《关于老年人住房反向抵押养老保险试点管理办法》；协调配合相关部门，尽快出台个人税延型养老保险政策。健康保险方面，协调相关部门，制定下发鼓励和规范商业健康保险发展的文件。配合相关部门完善大病保险制度，指导行业加强与各地有关部门的沟通协调，加快推进大病保险，进一步提高覆盖面。配合相关部门研究制定健康保险税收优惠政策；配合相关部门转变医保公共服务提供方式，引入市场竞争机制，积极推动由商业保险机构经办新农合管理服务。

### （四）推动建立环境污染责任保险制度

扩大环境污染责任强制保险试点范围。支持保险机构创新开发更有针对性的保险产品。加强基础制度建设，推动将环境污染责任强制保险内容写入相关法律法规。研究制定环境污染责任保险风险评估、风险损害标准等配套制度。

## 三 未来保险业改革方向

### （一）继续深化保险业服务体系改革

引领和指导保险业在完善现代金融体系中发挥作用，在完善社会保障体系中提供支撑，在完善农业保障体系中贡献力量，在完善防灾减损体系中发挥优势，在完善社会管理体系中有所作为，努力实现"保险让生活更美好"。

第一，建立巨灾保险制度，服务国家巨灾风险管理体系建设。总结各地巨灾保险试点经验，逐步建立城乡居民住房地震保险、洪水保险等制度；推动建立多层次负担损失保障机制，推动建立全国各类专项巨灾风险基金，探索开展巨灾风险证券化试点；推动出台《巨灾保险条例》，逐步建立以商业保险为平台，以多层次分级分担风险为保障，符合我国国情的巨灾保险制度。

第二，完善农业保险制度，服务国家农业保障体系建设。总结农业保险发展经验，进一步完善农业保险制度设计，夯实农业保险健康发展基础。加强农险经营主体管理，构建适度竞争的农业保险市场架构。协调完善补贴机制，推动农业保险产品创新。加快发展种植业、养殖业及渔业保险，推动发展特色农业保险，探索发展农产品价格指数保险，推进森林保险，稳步推进农村小额保险试点，积极开办农村外出务工人员意外伤害保险等业务。结合农村土地流转制度改革，探索保险业新的发展空间。制定农业保险承保理赔规范和基层服务体系管理办法，规范农业保险业务。

第三，发挥商业保险作用，服务国家多层次社会保障体系建设。推进个人养老保险税收递延试点工作。鼓励保险机构开拓企业年金业务。开展老年人住房反向抵押养老保险试点，研究制定相关监管制度，积极协调有关部门完善财税支持政策。鼓励保险资金投资养老服务业，出台促进和规范保险投资运营养老社区发展的指导意见，协助解决养老服务产业资金、技术、人才不足的问题。研究制定鼓励健康保险发展的指导文件，积极开发长期护理保险及与健康管理服务相关的健康保险产品，满足人民群众多层次、多样化的健康保障需求。推进基本医保个人账户结余资金购买商业健康保险试点，扩展个人账户保障功能。加快建立重特大疾病保障机制，全面推进城乡居民大病保险，提高服务能力和保障水平。建立和完善大病保险及与其相衔接的基本医保统计制度。加快完善大病保险行业监管、风险联动、制度衔接、人才培养、信息共享等方面的工作机制，促进大病保险事业健康可持续发展。

第四，创新责任保险产品，服务国家社会管理体系建设。将责任保险机制纳入国家食品安全、医疗保健、安全生产等战略框架。积极推行环境污染强制责任保险，支持生态环境管理体制改革。大力发展其他与公众利益密切相关的责任保险，充分发挥保险的社会风险管理功能，创新公共管理方式，保障人民生命和财产安全。

第五，拓宽保险服务领域，服务国家经济社会发展大局。大力发展科技保险，支持科技体制深化改革。大力发展文化产业保险，丰富完善文化保险产品，探索设立专业文化保险机构，支持社会主义文化强国建设。积极发展知识产权保险，促进知识产权运用和保护。开发军人保险，探索建立服务于军队、军人、军属、军备建造的商业保险保障制度。发展普惠金融，大力发展小额保险。发展综合治安保险，参与社会治安防控体系建设，加强社会治安综合治理。加快发展出口信用保险、国内贸易信用保险、贷款保证保险等业务，创新中小微企业保险服务模式，提高实体经济风险保障水平。推进航运保险专业化建设，发展壮大船运保险市场。

## （二）继续推进保险业市场化改革

进一步释放行业发展内在活力，破除束缚行业发展的各种障碍，从建立产品定价机制、完善市场体系、推进资金运用体制改革和健全准入退出机制等市场化进程中的关键问题入手，实现市场在配置资源中发挥决定性作用，逐步形成市场主导、政策推动、法律保障的中国特色保险业发展模式。

第一，完善保险产品市场定价机制。适应保险产品个性化、公司经营差异化、消费者需求多元化的要求，逐步推进保险产品费率市场化改革，建立有管理的费率市场化模式，形成既明显提升市场运行效率、充分发挥市场主体自主创造力，又有效保护社会公众利益和防止不规范竞争的运作机制。深化寿险费率市场化改革，在总结普通型人身险费率形成机制改革成效的基础上，进一步放开普通型寿险产品预订利率限制，研究制订分红险、万能险费率改革方案。改革人身险精算制度，落实总精算师履职责任，夯实人身险公司产品设计、经营核算的制度基础。坚持渐进式、分步走原则，积极推进商业车险市场化改革。完善商业车险行业示范条款，允许有条件的公司自主创新开发车险产品，推进条款标准化、通俗化。加快车险基础数据积累和纯风险损失率测算，建立费率充足性核算、追溯机制，形成有管理的费率市场化模式。切实加强保险公司产品定价能力建设，使风险定价能力成为保险公司的核心竞争力之一。研究建立区域费率制度，稳步推进交强险制度改革。

第二，深化资金运用市场化改革。切实减少行政审批，逐步将投资选择权完全交还给市场主体，增强市场活力。整合比例监管政策，取消不适应市场发展要求的比例限制，建立以保险资产分类为基础、多层次的动态比例监管体系。创新资金运用模式，健全资金运用方式，扩大资金运用渠道，推动保险资产管理产品创新。建立资产管理产品集中登记系统及相应的交易流通机制，实现资产管理产品集中登记和挂牌转让。支持保险资金投资城镇基础设施和保障房建设，促进完善城镇化融资机制。支持保险资金投资于新兴战略性产业，服务于国家经济转型和结构调整。积极参与符合保险资金特点的另类投资市场，满足保险资金以及养老资金投资需求。推动保险资金运用组织机构创新。围绕提高投资能力和风险防范能力，深化保险资产管理公司体制机制改革，提高综合竞争力，切实发挥金融市场重要机构投资者的作用。

第三，推进市场体系改革。进一步完善市场准入退出相关制度

和程序。鼓励并引导新设公司实施差异化经营、专业化发展。支持设立专业性和区域性保险公司，推动区域经济协调发展。引导保险中介市场规范发展。完善保险保障基金的风险救助体系。适应经济社会发展的新需求，扶持新型保险市场主体发展，促进保险功能作用的发挥和保险产业链条的延伸。探索建立延保公司。适当加快资产管理公司的发展。稳步扩大相互保险试点。规范和引导自保组织发展。支持社会资本参与保险交易市场、保单贴现服务机构、资产管理产品交易中心等新型主体建设。支持发展信用保证保险机构，发挥保险的融资增信作用。

第四，推进营销体制改革。准确把握金融业与信息产业结合日益深化的发展趋势，积极引入网络、云计算、大数据处理技术、智能化、移动互联等新技术和新模式驱动保险业销售渠道、销售模式、理赔服务创新和转型升级。大力发展电话直销、网络直销，积极探索在电商平台、社交网站、微信、微博等新型媒介上开展保险产品宣传和销售。支持发展保险超市、社区门店、交叉销售等模式。鼓励有条件的保险公司成立销售公司，逐步分离销售职能。鼓励保险公司与保险中介机构的合作，建立稳定的专属代理关系和销售服务外包模式。稳步理顺保险中介体制机制，建立健全保险中介规章制度。支持汽车企业、银行规范设立保险代理、经纪公司，逐步实现兼业代理的专业化。保持营销员队伍稳定，提升营销员队伍素质，在代理模式、用工形式、社会保障等方面进行积极探索，深化营销员体制改革。加强佣金制度的监督管理，探索改革佣金管理机制。

第五，积极培育再保险市场。深入研究提高我国再保险市场竞争力的制度措施，积极发展中资再保险主体，推动建立再保险交易中心，优化再保险市场结构。加大再保险技术引进力度，加快再保险业务创新发展，探索发展非传统再保险业务，提升风险管理水平。加快推动建立国家政策支持的农业再保险体系和地震、洪水等巨灾风险再保险体系。

### （三）继续深化保险监管体系改革

顺应国际金融业改革潮流和国内金融业发展形势，不断完善监管制度和方式，处理好监管和市场的关系，承担好监管引领发展、防范风险、规范市场和保护消费者利益的任务。

第一，完善监管制度。积极推动修订《保险法》，根据保险市场发展的新情况、新问题及时做出调整，提高制度的适用性和可操作性。健全保险消费者权益保护法规制度。积极推动与公众利益密切相关的强制责任保险立法工作。规范立法程序，健全规范性文件法律审查机制，提高立法质量和效率。加快建立既与国际接轨，又符合我国保险市场特点的监管制度体系。稳步推进第二代偿付能力监管体系建设，强化偿付能力监管刚性约束，建立更为市场化的资本补充机制。进一步完善市场行为监管，提高制度执行力。完善公司治理监管制度和标准，增强公司治理监管的操作性和有效性。简化高管任职资格核准制度，建立高管人员履职过程持续监管和责任追究制度。完善产品审批备案制度，加强产品监管。加强资金运用监管，健全资金运用风险监测指标体系，制定保险机构资金运用信息披露准则。不断完善互联网保险监管制度，规范互联网保险发展。

第二，创新监管方式。以放开前端、管住后端为方向，进一步改进监管方式，提高监管的针对性和有效性。强化全过程监管，健全事前、事中和事后监管体系。抓好分类监管、资产负债匹配监管，现场和非现场监管，强化公司治理和内控约束力，把偿付能力监管作为刚性要求，贯穿监管的全过程。加强信息披露，逐步向社会公开保险公司经营和服务状况，通过市场评价和社会监督，促进

保险公司提升经营服务水平。推进保险行业和保险监管信息化建设，完善监管方式和手段，提高监管的科学性和效率。强化监管合力，整合监管资源，加强上下联动，稳步推进属地监管试点。实现统一的市场监管，清理和废除妨碍全国统一市场和公平竞争的各种区域性监管要求和做法。

第三，完善监管机制。正确处理好监管和市场的关系，放松管制，加强监管，实现从主管到监管的角色转换，建立与市场化改革相适应的保险监管体系。深化行政审批制度改革，进一步简政放权，修订或废除不符合市场化改革方向的监管规定。坚持机构监管与功能监管相统一，形成分工合作、有效配合的监管机制。积极推动修订保监会"三定"方案，进一步优化机构设置、职能配置和工作流程。建立监管绩效考核机制，突出责任落实，确保权责一致。落实金融监管协调机制，加强与其他金融监管部门和宏观政策管理部门的沟通交流，实现信息共享，共筑金融风险牢固防线。

第四，夯实监管基础。加强监管队伍建设。探索建立专业技术类、行政执法类公务员和聘任人员管理制度。增强人才政策开放度，逐步建立境外优秀人才聘任制度。探索建立首席精算师、首席会计师等岗位的选拔机制。建立监管人员系统化在职教育培训体系，进一步提升监管干部专业化程度。加大监管文化建设力度，将保险监管核心价值理念贯穿到保险监管的各个环节。主动加强和改进舆论引导工作，持续加强行业正面宣传，建立行业声誉风险监管制度。建立健全保险业新闻发布制度，提高监管透明度。自觉接受新闻媒体和社会舆论监督，积极改进工作，完善服务。

## 四 当前保险业面临的重要机遇

保险作为一种高效的、市场化的风险转移机制和社会管理工具，对于完善社会保障体系，提升社会管理精细化水平，形成稳定的社会心理预期以及提高各类人群的生活质量有着无可比拟的优势。从社会保障属性看，保险业将有效增强社会保障"安全网"强度，减轻政府财政支出压力，促进进城务工农民真正融入城市，进一步完善社会保障体系；从金融属性看，保险资金具有大体量、长周期、高稳定性的优势，可以为城镇化建设提供稳定的资金支持，进一步完善现代金融体系；从风险管理属性看，保险业不仅能够在完善农业保障体系和防灾减灾体系中发挥重要作用，还可以运用市场化机制化解社会矛盾、分担政府责任，在完善社会管理体系中贡献力量。保险业将重点围绕这些方面，积极做好服务城镇化的各项工作。

## （一）支持产业集聚和新兴行业发展，促进城市经济转型升级

新型城镇化不仅是人口向城市集中的过程，更是产业向城市集聚的过程。保险业将加大对重点产业和新兴行业的服务力度，促进城镇产业转型升级。下一步，保险业将积极发展出口信用保险，服务开放型经济发展，支持企业实施"走出去"战略；发展小额信贷保险，缓解中小企业融资难问题；加快培育和完善科技保险市场，增强科技企业自主创新能力；增强保险资金与区域经济的互动，加快形成保险产品、保险投资与区域经济的良性协调发展机制。

## （二）完善多层次的社会保障体系，稳定社会预期

解决数亿农村转移人口的养老医疗保障问题，帮助新市民真正融入城市，是实现新型城镇化的关键。保险业要通过切实满足城乡居民多样化的养老医疗保障需求，稳定和改善新市民的预期，帮助

农村转移人口真正实现"心理进城"。下一步,保险业将努力扩大商业保险机构受托管理新农合、新农保、城镇职工和城镇居民等基本社会保障服务的渠道,提高社会保障体系第一支柱的运行效率;积极参与企业年金业务,拓展补充养老保险、补充医疗保险服务领域,促进社会保障体系第二支柱健康发展;大力发展商业养老保险和健康保险,为城乡居民提供高质量的养老、医疗保障,做大做强社会保障体系第三支柱。此外,要积极开发适合失地农民的保险产品,用好补偿款和财政补助资金,为其提供长期均衡养老、医疗等保障,确保农民"失地不失保障"。

## (三)发挥保险资金优势,为城镇化建设提供长期稳定的支持

新型城镇化的基础设施和公共服务设施建设任务繁重,资金需求巨大,给政府财政和现行的投融资体制带来显著压力。保险业将充分发挥自身优势,通过市场化机制和创新的融资手段为城镇化提供长期稳定的资金支持。保险业将进一步深化资金运用改革,放宽投资比例,拓展投资范围,引导保险资金加大对城镇化建设相关的各种股权债权的投资力度;完善投资保障性住房项目、棚户区改造的有效商业模式,为保障性住房等民生项目建设提供资金支持;拓宽债权投资计划行业范围,创新基础设施投资计划。据初步测算,到"十二五"末,保险业将直接或间接为城镇化提供超过7万亿元的建设资金。

## (四)优化城市治理水平,提升城镇化发展质量

随着城镇化的发展,公共服务、公共安全和生态环境问题将越来越突出,需要不断创新城市治理,提升城镇化发展质量。保险业将充分发挥防灾减损功能,创新保险服务,提升新型城镇化社会管

理水平。积极发展环境污染责任保险，将保险费率和企业环境风险管理水平挂钩，从激励机制上强化企业低碳转型发展的内在动力；发展食品安全责任保险，促进食品安全；发展医疗责任保险，提高医疗服务质量和水平；发展综合治安保险，促进平安建设；改革机动车责任强制保险制度，提升城市交通管理水平；探索建立巨灾保险制度，加强城镇化进程自然灾害风险管理。

## （五）健全农业保险服务体系，促进城镇化与农业现代化协调发展

提升农业现代化水平，增强农村发展活力，加大城乡统筹发展，是支撑城镇化健康发展的重要保证。下一步，保险业将加快健全农业保险服务体系，促进城镇化与农业现代化协调发展。努力扩大农业保险保障范围和覆盖区域，发展多形式的涉农保险，逐步提高保障程度，促进农业保险的长期可持续发展；重点发展种植业、养殖业保险，保障粮食安全和食品安全；创新农业保险经营组织形式，推动农村相互保险试点，丰富农村金融业态；推进基层服务网点建设，延伸服务内容，优化服务流程，为农村、农民、农企提供优质服务。

B.6
# 外汇管理年度报告

汤柳 王旭祥*

**摘 要：**

本文简要概括了2012年中国外汇管理政策的重要举措，在分析2013年国际收支情况的基础上，着重阐述了2013年我国外汇管理在外汇储备管理、资本项目可兑换、跨境资本流动以及外汇市场与汇率管理四个领域的主要改革措施。依照十八届三中全会的改革方针，展望2014年，我国外汇管理政策将按照"市场在资源配置中起决定作用"的要求，继续以服务于实体经济，提高外汇和国际收支风险防范能力为核心，进一步完善外汇管理的各个方面。

**关键词：**

外汇管理 国际收支

## 一 2012年外汇管理形势总结与 2013年国际收支情况

### （一）2012年形势总结

2012年，国内外形势复杂多变。国际方面，世界经济增长乏

---

\* 汤柳，中国社会科学院金融研究所国际金融与国际经济研究室副研究员；王旭祥，特华博士后科研工作站博士后。

力，量化宽松政策溢出效应的深刻影响和市场预期的不稳定，推动短期资本的往复流动，增加了新兴市场经济体资本流动管理的难度。国内方面，经济增速放缓，经济结构调整压力依然存在。国内外经济金融的复杂局面，引起我国国际收支主要项目出现波动，从而对国际收支状况的改善以及相关的风险管理提出挑战。总体来看，我国外汇管理在2012年面临的主要挑战如下。第一，跨境资本流动出现新情况。在过去相当长的时期内，我国国际收支状况多为经常项目和资本项目"双顺差"的局面。2012年，我国跨境资本流动出现了明显的双向流动局面，根据2012年国际收支平衡表，我国跨境资金流动经历了第一季度和第四季度的净流入，第二季度和第三季度的净流出，我国"热钱"流入和资本外逃的问题备受关注。第二，人民币汇率浮动幅度加大，要求外汇管理当局引导市场参与者提高对风险的认识，并提供更加充分的风险管理工具。总体而言，从外汇管理部门整年的管理手段来看，外汇管理当局在2012年的工作重点是：转变跨境资本流动的监管观念，依照均衡管理的要求，防范跨境资本的大进大出，维护国家经济安全；促进资本项目投资便利化，支持资本项目可兑换的改革实践。具体包括以下几个方面。在资本项目方面，启动RQFII投资活动，提高QFII的投资额度，进一步放松直接投资项下资金运用的限制；加快转变跨境资金流动的监管理念，整合有关跨境资本流动的相关数据，继续完善跨境收支及业务监测数据体系，为科学系统地监测分析提供证据。在外汇市场管理方面，配合汇率浮动幅度加大的改革措施，扩大个人本外币兑换特许业务试点范围，简化外汇掉期和货币掉期业务的市场准入管理。此外，为了加快转变外汇管理理念和方式，简化程序提高效率，服务实体经济，外汇管理局还在全国范围内实施货物贸易外汇管理制度改革。

## （二）2013年国际收支与人民币汇率情况

2013年全球各项经济指标进一步改善。根据IMF《世界经济展望》的预测，2014年全球GDP增长率为2.9%，尤其是美国的私人需求增长信号明显。① 但是，先进市场经济体的财政政策持续调整，量化宽松政策持续；以中国为代表的新兴市场国家的经济增长稳定，政策预期明确，这些因素导致资金流入对汇率形成上行压力。外管局数据显示，2013年我国国际收支状况回归"双顺差"格局，再次出现经常项目和资本金融项目顺差的情况，外汇储备继续增长。具体情况如下。

第一，我国经常项目顺差持续。国际收支平衡表显示，经常项目在经过危机前的快速增长和危机后的持续收缩之后，2012年与2013年的经常项目顺差呈现出相对稳定的局面。2013年度的经常项目顺差总额为1886亿美元，比2012年顺差总额下降45亿美元。其中，货币贸易的进出口总额比上年度均有所增长，顺差余额比上年度增加383亿美元。与此同时，服务贸易的进出口逆差差额继续扩大，较之上一年度，服务贸易的逆差总额达1218亿美元，比2012年度增长36%。

第二，我国资本和金融项目回归净流入趋势。在经历了上一年度的短暂的资本流动逆差现象之后，2013年度，我国资本项目再次回归顺差态势。在过去相当长的时期内，我国国际收支状况多为经常项目和资本项目"双顺差"的局面，而2012年度，我国跨境资本流动一度出现了明显的双向流动局面，这是国际总体环境和国内汇率预期变化共同作用的结果。2012年第四季度以来，我国资本项目重新出现资本净流入的局面，2013年资本和金融项目资金

---

① 参见IMF2013年10月《世界经济展望》。

净流入总额达2427亿美元。从2013年前三季度数据来看，与2012年资金流出的形势相比，净流入的产生除了证券投资的小幅增长，主要的变化仍然来自其他投资项目的资本流动变化。这一趋势与企业利用国内外汇贷款，降低购汇额度有关。2012年全年的其他投资差额为资金净流出2599亿美元，而2013年前三季度的差额为资金净流入504亿美元。①细究其中的子项目，最明显的是其他投资项目之中的"负债差额"的短期资本流动方向的变化，该指标可以看作涉外存贷款的变化额，这一部分与银行以及企业等私人部门对汇率的预期关系密切。2012年该项下为资金净流出284亿美元，而2013年前三季度该项下为资金净流入1352亿美元，尤其是在第一季度和第三季度资金净流入额分别达到709亿美元和667亿美元。随着美联储宣布将逐步退出量化宽松政策，汇率预期可能继续变化，故而存在短期资本流出中国并使得资本金融项目再次出现资金净流出的可能性。

第三，外汇储备再次显著增长。2013年，国际收支"双顺差"的回归，尤其是资本项目下的资金流入，使我国外汇储备增长4327亿美元。依照国际收支统计口径，较之上年度外汇储备986亿美元的增长，我国外汇储备增长近3.4倍，达到4327亿美元。回顾历史数据，可以发现，外汇储备的增长从危机前以经常项目巨额顺差为主逐渐转变为以资本项目巨额顺差为主。

在人民币汇率方面，2013年全年人民币兑美元汇率中间价的走势显示，人民币兑美元的汇率水平呈现升值趋势（见图1）。2013年1～3月，人民币对美元的汇率基本保持在1美元兑换6.27~6.28元人民币的水平上。自2013年4月之后，人民币汇率出现持续升值，直至6月上旬的1美元兑换6.16元人民币，

---

① 根据外汇管理局最新公布的数据推算，第四季度应当也是较大规模的净流入。

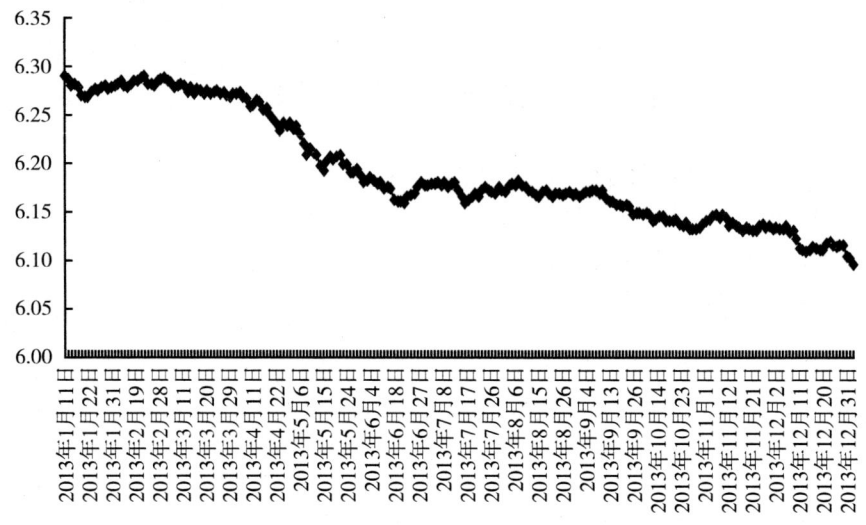

**图 1　2013 年人民币兑美元汇率走势**

资料来源：外汇管理局网站，www.safe.gov.cn。

较 2012 年末升值约 1.7%。国家外汇管理局数据显示，2013 年 6 月末，人民币对欧元、日元的汇率中间价分别为 1 欧元兑换 8.05 元人民币和 100 日元兑换 6.26 元人民币，较 2012 年末分别升值 3.3% 和 16.7%。2013 年下半年，人民币对美元汇率中间价呈现震荡并小幅升值的趋势。2013 年 12 月 31 日，人民币兑美元汇率为 1 美元兑换 6.09 元人民币，较 6 月末的水平升值约 1.1%，与此同时，人民币对欧元和日元的汇率中间价分别为 1 欧元兑换 8.42 元人民币和 100 日元兑换 5.58 元人民币，比 6 月末水平分别贬值 4.6% 和升值 11%。上半年人民币对美元、日元和欧元的升值，使得名义有效汇率和实际有效汇率显著上升，而下半年强势的欧元拉低人民币升值的幅度。最终，2013 年 11 月人民币名义有效汇率与实际有效汇率分别达到 113.39 和 117.8，比 2012 年同期增长 6% 和 7%。

## 二 2013年度外汇管理事件的发展状况

### （一）外汇储备管理的新变化

**1. 外汇储备的增长现状**

1996年我国外汇储备规模首次突破1000亿美元，在国际收支"双顺差"的格局驱使下，外汇储备开始出现连年加速的趋势，2011年我国外汇储备已经突破3万亿美元（见图2），占全球外汇储备总额的近三成。资本项目的逆差使2012年增速放缓，年度外汇储备增加了1304亿美元。2013年以来，国际收支"双顺差"的回归使得外汇储备出现跳跃性增长，截至2013年底，我国外汇储备总额已达38213.15亿美元。截至2013年7月底，美国财政部数据显示，以中国政府为主的中国投资者持有的美国国债规模已达1.28亿美元，位居外国投资者之首。巨额的外汇储备使我国成为全球最大的官方债权国。这样的对外金融结构存在着巨大的货币错配风险，也大大限制了我国货币政策的自主空间。外汇储备的继续增长和美元的持续下跌对我国货币当局如何优化外汇储备管理形成巨大的压力。2013年度，我国外汇储备管理表现出一些不同以往的政策变化。

**2. 外汇储备管理的改革措施**

根据管理当局的外汇储备经营管理原则和2013年外汇储备管理工作会议，2013年，除了继续把外汇储备资产安全放在首位，坚持多元化投资策略，进一步严格风险管理，健全危机应对方案以外，外汇储备管理在"积极配合国家总体战略，创新外汇储备运用方式，更好地发挥外汇储备支持国家经济社会发展的积极作用"方面，出现一些新的变化。具体而言，2013年我国关于外汇储备

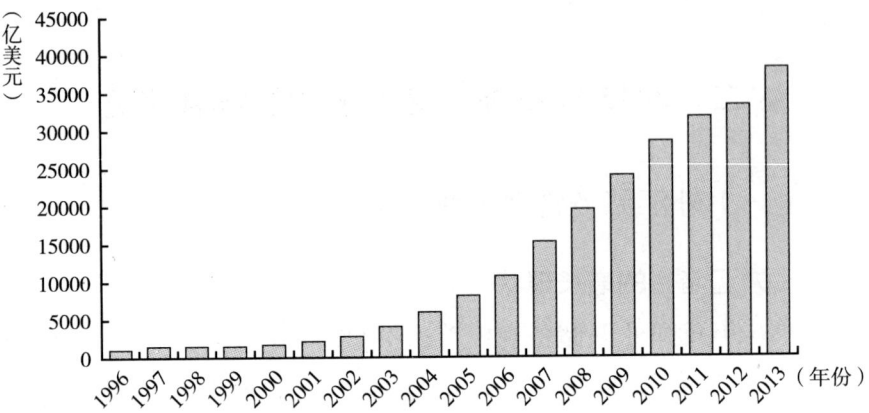

图 2　1996～2013 年外汇储备规模

资料来源：www.safe.gov.cn。

管理方面的措施包括以下几点。

第一，委托贷款与支持企业"走出去"。继推出委托贷款之后，2013 年 1 月，央行和外汇管理局在外汇储备经营管理机构内，成立了外汇储备委托贷款办公室（SAFE Co-financing），负责创新外汇储备运用。随后，国务院办公厅发布《关于金融支持经济结构调整和转型升级的指导意见》，要求"创新外汇储备运用，拓展外汇储备委托贷款平台和商业银行转贷款渠道，综合运用多种方式为用汇主体提供融资支持"，以支持企业"走出去"。对外投资采取"委托贷款"形式，由外汇管理局提供资金，委托国家开发银行向指定的贷款对象发放贷款，由国开行确定贷款利率、期限、金额，其风险一般由资金提供方也就是外汇管理局自行承担，主要贷款对象是"走出去"的中国企业。目前，外汇委托贷款的细则和条件均没有出台。

第二，与金砖国家的外汇储备合作。2013 年 8 月，央行领导表示，金砖国家巴西、俄罗斯、印度、中国和南非正在商讨，未来可能建立 1000 亿美元规模的联合外汇储备库，金砖国家在储备安排的规模、承担比例、运作机制、治理结构等问题上也已基本达成共识。中国将向此金砖应急储备安排（CRA）提供最大份额，"但不会超过50%"。在二十国集团圣彼得堡峰会期间进行的金砖国家领导人非正式会晤，继续讨论如何最终达成有关储备安排。

**3. 外汇管理改革的重要意义**

经常项目和资本项目的双顺差使得我国外汇储备不断增长，在出台了一系列支持"藏汇于国"向"藏汇于民"转变的措施之后，结合近年来国际金融形势的变化，2013年我国外汇储备管理的重点落在"如何战略性使用外汇储备"之上。

在上述的管理措施中可以看到，美元贬值对外汇储备限定性投资的理念提出质疑，从而促使外汇当局在外汇储备管理方面开展新的思路。

委托贷款的启动，反映出我国政府开始认识到控制风险基础上的外汇储备保值与增值的重要性。国际金融危机之后，先进市场经济体的投资市场出现了"价值洼地"，为中国企业的海外投资提供了良机。从各国跨国公司的海外投资的经验来看，母国通过开发性银行提供贷款支持的现象较为普遍，因此，通过委托贷款的方式支持中国企业的海外并购行为，尤其是支持关乎国家经济发展的重点行业投资，并通过支持企业"走出去"来进一步带动"藏汇于民"的转变，这样的创新具有战略性意义。尽管如此，"机遇与风险并存"的规律说明，海外投资的风险控制仍然是外汇储备管理面临的重要挑战，这也是外界颇为关心的问题。对此，外汇管理局表示："自推行这项委托贷款以来，通过调节外汇市场资金供求，为中国金融机构及外汇市场参与主体扩大对外经贸往来提供了良好的基础条件和融资环境，扩大了外汇储备投资范围与领域，促进了多元化经营管理；同时，始终把防范风险放在首位，实现了外汇储备保值增值。"①

就外汇储备合作而言,外汇储备的基本职能便是维护国家金融稳定,抵御国际资本流动对国家经济或金融形成破坏性的冲击。当前,无论是从为人民币国际化和资本项目开放提供保障的角度,还是从更高层次建立国际金融新秩序出发,在当前外汇储备充裕的情况下,加强与金砖国家的货币与监管合作,均具有重要的战略意义。

未来,降低外汇储备增速的任务仍显艰巨。从贸易的角度来看,降低外汇储备增速的根本在于世界经济再平衡的实现问题。金融危机之后,IMF等国际组织、先进市场经济体和新兴市场经济体均提出"经济再平衡"的主张,理论界也不乏关于如何实现经济再平衡的研究与讨论。例如,从国际经济合作的理论发展基础上,认为发达国家与发展中国家应当在平等互利的基础上建立经济合作关系,以实现经济再平衡②;再如,在实证分析基础上,增强国家间的货币协调与合作是缓解经常账户失衡的重要措施。③从现实情况来看,"经济再平衡"问题却显得既迫切又艰巨。从实体经济角度出发改变经济增长方式,刺激内需是实现经济再平衡的根本途径。经济结构调整和增长方式的转变显然不是一朝一夕的事情。经济的再平衡与外汇储备的下降应当是以主动的经济增长平稳过渡的方式来实现的。而美国正在积极制定国际贸易的新规则,在亚太地区积极推进"跨太平洋伙伴协议"(TPP)的谈判,并与欧盟积极商讨签署"跨大西洋贸易与投资伙伴协议"(TTIP),试图"把失

---

① 周子勋:《保值增值已成为外汇储备管理第一要务》,《上海证券报》2013年2月5日。
② 刘航等:《国际经济合作思想及其对世界经济再平衡的启示》,《经济学家》2012年第6期。
③ 刘骞文:《全球经济账户失衡调整困局:基于货币政策的探讨》,《国际金融研究》2013年第3期。

去的国际贸易控制权再抓回来",这就使中国的经济再平衡存在了被动纠正的可能性。从资本项目的角度来看,以美元为主导的国际货币体系对新兴市场经济体的汇率定价产生重要影响,改革国际货币体系,建立国际金融新秩序以及建立对发达国家债务约束机制的主张,被量化宽松政策的巨大溢出效应所淹没,新兴市场经济体仍然担心全球资本流动对本国经济和金融的冲击与影响。因此,基于国内外的严峻形势,我国确实需要加快国内市场化改革,密切关注国际动向,争取经济再平衡的主动权,在保持经济稳定发展的基础上,逐步实现外汇储备增速的下降。

对于优化外汇储备管理的问题上,理论界出现新的讨论。这是因为基于目前的形势,安全性原则已经不能满足当前外汇储备管理的复杂性,量化宽松政策下的美元贬值对外汇储备限定性投资的理念提出质疑。目前关于保值与增值的讨论主要集中在如何实现多元化的资产投资组合问题上。除了对"走出去"企业的资金支持以外,学者们提出了货币多元化、购买有关美元国债风险对冲产品以及增持权益产品等多种建议。

## (二)加快资本项目可兑换的制度准备

### 1. 目前我国资本项目的可兑换程度

自2003年党的十六届三中全会提出"逐步实现资本项目可兑换"之后,经过近十年的改革发展,目前我国资本项目可兑换水平确有明显的提高。在直接投资方面,无论是外国直接投资(FDI)还是对外直接投资(ODI)都基本实现了可兑换。在跨境证券交易方面,2002年开始实施合格境外机构投资者(QFII)制度,2006年推出合格境内机构投资者(QDII)制度,机构数量和投资额度逐步增加。在跨境信贷方面,2009年允许企业在限额内向境外放款,2010年放开中资企业借用短期外债。根据国际货币基金组织（IMF）的资本项目交易分类标准（共7大类40项），目前人民币资本项目实现部分可兑换的项目为17项，基本可兑换的项目为8项，完全可兑换的项目为5项，合计占全部交易项目的75%。①

尽管如此，我国对资本项目下的交易和汇兑行为仍然采取较多的管制。通过对有关外汇管理文件的整理，可以发现资本管制限制较多的方面包括以下三个方面。一是外债限制。目前我国外债管理主要依照2003年制定的《外债管理暂行办法》以及2004年的《外资银行外债管理方法》，企业和金融机构在境外借债方面仍然受到严格控制。尽管2010年国家外汇管理局放开中资企业借用短期外债，但是对于短期外债的借用的机构、额度、期限以及运用等各方面还是做了严格规定。二是居民购买境外证券的管制。目前除了QDII，以及2012年刚刚发布的允许个人境内合法资金参与境外股权激励计划以外，我国居民海外购买证券在交易方面或是汇兑方面，均受到较严格的管制。三是非居民在华除了FDI之外的投资，目前只有QFII、B股交易以及RQFII，属于资本项下比较有限的开放。

**2. 我国资本项目可兑换的改革历程**

回顾历史，我们发现，伴随国际经济金融形势的不断变化，我国的资本项目可兑换改革也在不断深化。2003年，党的十六届三中全会提出"逐步实现资本项目可兑换"，2007年，党的十七大报告提出"完善人民币汇率形成机制，逐步实现资本项目可兑换"。自十八大以来，人民币跨境使用的主题开始贯穿资本项目对外开放的改革之中。对比十七大报告与十八大报告的有关表述，发现由"逐步实现资本项目可兑换"调整为"逐步实现人民币资本项目可

---

① 胡晓炼：《资本项目可兑换与人民币跨境使用》，《第一财经日报》2012年11月29日。

兑换"。尽管其中的内容并无实质变化，但是这一更改更加强调和突出了从本币视角规划改革大计，把大力发展跨境人民币业务作为推进资本项目可兑换的重要实践。

自十八届三中全会以后，根据周小川行长关于《全面深化金融业改革开放 加快完善金融市场体系》的署名文章，今后资本项目的改革方向是"加快实现人民币资本项目改革"，具体内容是"转变跨境资本流动管理方式"，"推动资本市场双向开放，有序提高跨境资本和金融可兑换程度"，"研究建立境内外股市的互联互通机制"，"有序提升个人资本项目可兑换程度"等。

**3. 支持资本项目对外开放的外汇管理措施**

第一，简政放权延伸资本市场管理领域，资本项目管理便利化。例如，对合格境外机构投资者（QFII）、人民币合格境外机构投资者（RQFII）和合格境内机构投资者（QDII）行为的制度化，相关规定包括《合格境内机构投资者境外证券投资外汇管理规定》和《外国投资者境内直接投资外汇管理规定》。再如，《关于境外上市外汇管理有关问题的通知》以登记管理为核心，大幅简化业务手续和审核材料。企业按要求办理了境外上市相关登记手续后，即可通过银行办理账户开立、资金汇兑等手续，无须再经外汇管理局核准。

第二，QFII 的继续增容与 RQFII 的推进。继 2012 年 5 月，国务院批准将 QFII 投资总额度提高到 800 亿美元之后。2013 年 7 月 12 日，中国证监会新闻发布会披露，证监会、央行及外汇管理局决定新增 QFII 投资额度至 1500 亿美元。① 截至 2013 年 12 月 25 日，外汇管理局累计核准 QFII 机构 228 家，共计 497 亿美元的投资额度，而截至 2012 年 9 月 19 日，外汇管理局累计核准 157 家

---

① 参见人民网，http://www.people.com。

QFII 机构共计 308.18 亿美元投资额度。① 继我国推出跨境人民币贸易结算、直接投资业务的有关规定之后，2011 年 12 月 16 日，证监会、央行、外汇管理局联合发布《基金管理公司、证券公司人民币合格境外机构投资者境内证券投资试点办法》，允许符合条件的基金公司、证券公司的香港子公司作为试点机构开展 RQFII 业务。截至 2013 年 12 月 25 日，外管局批准的 RQFII 累计额度达 1575 亿美元。据悉，人民币合格境外机构投资者（RQFII）试点在新加坡、伦敦等地进一步拓展。②

第三，在上海自贸区的资本项目开放改革试点。2013 年 12 月 2 日，央行出台《关于金融支持中国（上海）自由贸易试验区建设的意见》，改革的核心内容是在资本项目可兑换、人民币跨境使用、利率市场化等方面先行先试，并建立与自贸区相适应的外汇管理体制。此次试点涉及对企业跨境直接投资、资本市场的双向开放、人民币跨境使用等多项有关资本项目对外开放的重要内容。

**4. 资本项目可兑换领域改革的重要意义**

从 2013 年的各项外汇管理措施可以看到，目前外汇管理正在积极为进一步加快资本项目可兑换而准备和过渡。按照周行长关于"资本市场双向开放"的改革方针，未来将"推动资本市场双向开放，有序提高跨境资本和金融交易可兑换程度"。"条件成熟时，取消合格境内机构投资者、合格境外机构投资者的资格和额度审批，将相关投资便利扩大到境内外所有合法机构"。近两年我国 QFII 和 RQFII 投资额度不断扩大的趋势表明，我国关于进一步对外开放资本市场的改革思想并非一朝一夕。此外，2013 年，外汇管理局集中推出了有关资本项目对外的若干制度化规定，为进一步

---

① 数据引自国家外汇管理局网站，www.safe.gov.cn。
② 马婧妤：《证监会：RQFII 试点扩至新加坡伦敦》，《上海证券报》2013 年 7 月 13 日。

加快资本项目开放做好资金监控和外汇管理的准备。

从学术界的相关反应来看,加快资本项目对外开放的改革方向有些出人意料。自金融危机以来,资本项目的开放与管理问题受到热议。这是因为,国际金融危机的爆发与跨境资本的自由流动对金融稳定的冲击不无关联。之后,为了平复危机的影响,尽快实现经济的复苏,以美国为首的发达经济体先后采取量化宽松政策,接着,量化宽松政策退出的预期开始影响市场,跨境资本周而往复,对新兴市场经济体形成一定的冲击,甚至出现了"全球金融周期"这一概念。在此背景下,资本项目自由化的主流观点受到冲击,包括 IMF 在内的国际社会与国际经济学界关于资本管制的观点开始发生转变,资本管制方法及其有效性成为各国政府和经济学界重新思考的问题。在中国,人民币国际化需要更加自由的资本账户和资本市场,而国际金融危机以来的全球形势似乎说明了资本项目管理的重要性,因此,如何定调 2013 年以来的资本项目开放的改革,成为理论界热议话题。早些时期,有专家推测,由于金融危机形势下资本流动冲击加剧,在接下来的几年内,包括中国在内的这些国家可能会放慢资本账户自由化的步伐[①];也有学者支持资本项目尽快开放,并呼吁给出明确的时间表的主张[②];然而,更多观点认为目前复杂的金融和国际形势必然让外管局更加谨慎,显然不是资本项目放开提速的好时机。[③] 其中,余永定等在阐述各国应对资本冲击的经验基础上,明确表达了加强短期资本流动管理的重要性,也暗示了需要谨慎对待未来进一步开放资本项目。[④] 因此,尽管这两

---

[①] 河合正弘等:《资本流动管理:亚洲新兴经济体近期的经验教训》,《国际经济评论》2012 年第 5 期。
[②] 《央行货币政策委员:资本账户开放应在 2015~2020 年完成》,《中国证券报》2013 年 5 月 26 日。
[③] 李蕾:《外管局简政放权,市场讳言管制放松》,《中国经营报》2012 年 11 月 12 日。
[④] 余永定、张明:《支持资本账户开放的理由有效吗?》,《观察者》2013 年 6 月 9 日。

年QFII和RQFII投资额度不断扩大,但是明确强调"加快实现人民币资本项目可兑换",并明确提出具体内容与方向,多少还是有些出乎意料。

从近年来的外汇管理改革的发展过程来看,管理当局正在完善应对进一步开放资本项目的准备,完善资金流动的管理制度框架和监管手段。首先,尽管推进人民币国际化改革十分迫切,管理当局仍然遵循渐进、谨慎、有序、可控的开放原则。在关于如何加快实现人民币资本项目可兑换改革的表达中,我们看到"有序推动""条件成熟时""研究建立""逐步允许""有序提升""在有管理的前提下推进"等词语,充分表达了管理当局对当前国际形势的认识和改革开放的谨慎态度,也意味着资本项目对外开放仍然以维护经济与金融稳定为前提,遵循审慎、渐进、可控、有序的原则。其次,加快资本项目可兑换意味着我国将进一步加强对跨境资本的监控。从近两年的外汇管理活动中可见,管理当局非常重视有关跨境资本监控的制度建设以及监测手段和能力的提升。2012年11月,央行胡晓炼副行长曾明确表示,"一国实现可兑换后,仍可从短期资本流动的宏观审慎管理、外债管理、反洗钱和反恐融资管理等方面对跨境资本流动进行监测和必要的管理,当资本流动大幅动荡时,仍可采取临时性特别措施,以维护国家经济金融稳定"[1],在周行长的文章中也可以发现类似的语句。再次,"加快"的含义包括去除不必要的管制,保留真正需要的监管部分,体现了市场在资源配置中的决定性作用。最后,从改革历史来看,外汇管理当局在改革和变化中积累了重要的经验,监管手段也日趋完善。2007年以来,我国资本项目对外开放的进程一直处于加速态势,接着又经历了国际金融危机的考验。目前通过上海自贸区进行真实的试

---

[1] 胡晓炼:《资本项目可兑换与人民币跨境使用》,《第一财经日报》2012年11月29日。

验,并提出"成熟一项、推动一项",有利于稳妥地提升管理当局管理资本项目活动的能力。因此,对于加快资本项目对外开放,我们有理由认为管理当局基本做好了应有的准备,监管能力也将不断提高并趋于完备。

### (三)跨境资本流动管理的继续完善

**1. 跨境资本的流动态势**

自亚洲金融危机以来,国际游资在新兴市场经济体内频繁往复,对其经济安全与金融稳定造成了不小的冲击。亚洲金融危机之后,2002~2007 年,流向新兴市场经济体的资本大幅度增加。而雷曼兄弟倒闭之后,以美元为主要交易媒介的特性导致国际资本迅速回流美国,使发展中国家出现流动性短缺、信贷紧缩和经济衰退;危机过后,先进经济体为主的量化宽松货币政策导致全球流动性泛滥,这又使包括中国在内的许多新兴市场经济体遭受资本流入冲击;2011 年 9 月之后,欧债危机的恶化引起国内资本的需求增加以及投资安全性的需要,国际资本回流美国和欧洲,新兴市场经济体又出现短期的流动性短缺。

在我国,根据上文所述,在过去相当长的时期内,我国国际收支状况多为经常项目和资本项目"双顺差"的局面,而 2012 年,我国跨境资本流动一度出现了明显的双向流动局面。2012 年第四季度以来,我国资本项目重新出现资本净流入的局面,这是国际总体环境和国内汇率预期变化共同作用的结果。未来,随着美联储宣布将逐步退出量化宽松政策,汇率预期可能继续变化,故而存在短期资本流出中国,并使得资本金融项目再次出现资金净流出的可能性。

**2. 跨境资本流动的主要改革措施**

第一,加强外汇资金流入管理,防范违规外汇资金跨境流动。继 2010 年 11 月和 2011 年 3 月两次启动应对预案,加强银行

结售汇头寸、出口收结汇、短期外债等外汇业务管理，为了遏制违规资金流入，外汇管理局在2013年以金融机构、大型企业为重点，开展资本金结汇、短期外债等专项检查，集中力量查办重大违规案件，打击"热钱"等违法违规资金流入等问题。主要措施如下。①

2013年4月28日，有关地区人民银行与外汇管理部门联合发文，进一步强调各银行要压缩跨境本外币套利贸易融资规模，重申需要暂停办理的高风险贸易融资业务。

2013年5月5日发布《关于加强外汇资金流入管理有关问题的通知》，将银行结售汇头寸下限与其外汇贷存比挂钩，强化进出口企业货物贸易外汇收支分类管理，加大核查检查和处罚力度，以及打击虚假转口贸易的力度。

2013年12月7日，发布《国家外汇管理局关于完善银行贸易融资业务外汇管理有关问题的通知》。主要内容包括：一是督促银行完善贸易融资真实性、合规性审核；二是强调企业贸易外汇收支应具有真实合法的交易基础；三是加大对银行、企业违规行为的处罚力度。

第二，整合数据和系统资源，以经济主体为单位加强跨境资金流动监测，逐步转向主体监管。主要措施如下。

2012年12月，外汇管理局下发《国家外汇管理局关于资本项目信息系统试点及相关数据报送工作的通知》，要求各境内银行自2013年1月14日开始向国家外汇管理局报送外汇账户内结售汇、账户信息和银行资本项目数据（含QFII、RQFII、QDII、股权激励计划等银行代客业务和银行月度资产负债信息），将原本独立的三个系统合并成一个统一的资本项目信息系统。

为进一步推动资本项目便利化，加强跨境资本流动统计监测和

---

① 参见国家外汇管理局网站（www.safe.gov.cn）的外汇管理文件。

风险防范，国家外汇管理局决定，自2013年5月13日起在全国推广资本项目信息系统，国家外汇管理局及其分支局和境内银行应通过资本项目信息系统为境内主体办理各类资本项目业务。除2013年外商投资企业年检仍通过直接投资外汇管理信息系统进行外，外汇管理局不再使用直接投资外汇管理信息系统、外债统计监测管理系统、高频债务监测预警系统、外汇账户管理信息系统为境内主体办理各类资本项目业务。境内银行不再在直接投资外汇管理信息系统中进行信息备案。①

2013年5月，外汇管理局发布了《国家外汇管理局关于发布〈外债登记管理办法〉的通知》，在简化外债登记管理的同时，外汇管理局将依托资本项目信息系统，强化外债统计监测分析和非现场核查，积极防范外债风险。

第三，规范跨境资金的申报制度，将各类主体纳入监管范围。主要措施如下。

2013年11月，国务院公布《国际收支统计申报办法》，该办法于2014年1月1日起实施。较之原办法，主要的修订内容如下。第一，将中国居民的对外金融资产和负债状况（存量）纳入统计申报范围，规定"国际收支统计申报范围为中国居民与非中国居民之间发生的一切经济交易以及中国居民对外金融资产、负债状况"，而根据原办法，国际收支统计申报范围为"中国居民与非中国居民之间发生的一切经济交易（即流量）"。第二，参照国际做法，将申报主体由中国居民扩大到在中国境内发生经济交易的非中国居民，规定"中国居民和在中国境内发生经济交易的非中国居民应当按照规定及时、准确、完整地申报国际收支信息"②。对于

---

① 参见国家外汇管理局网站（www.safe.gov.cn）的外汇管理文件。
② 胡晓炼：《资本项目可兑换与人民币跨境使用》，《第一财经日报》2012年11月29日。

如何申报对外金融资产存量，国家外汇管理局表示："将来会视形势发展，本着抓大放小、尽可能减轻申报负担的原则出台相关细则。"①

外汇管理局发布《对外金融资产负债及交易统计制度》（以下简称《制度》），采用最新国际统计标准，全面修订1996年发布的《金融机构对境外资产负债及损益申报业务操作规程》。《制度》自2014年9月1日起正式施行。《制度》在申报主体、申报内容和申报频度等方面做了大幅改进，主要包括：一是申报主体涵盖境内银行业、证券业、保险业和其他从事金融中介业务的机构法人，境外金融机构境内主报告分支机构和其他指定机构；二是申报内容从以往仅涵盖对外金融资产和负债存量，扩展为全面涵盖对外金融资产和负债存量及流量，并涵盖其他相关国际收支交易；三是申报频度从目前的季度提高至月度。②

### 专栏1 银行结售汇头寸管理

银行结售汇差额可以反映出外汇市场的供求关系变化，银行结售汇头寸管理是我国外汇管理当局调节跨境资金流动的工具之一。

据外汇管理局有关文件，2005年，国家外汇管理局调整了对外汇指定银行的外汇结售汇头寸管理办法，将原有的结售汇周转头寸管理调整为结售汇的综合头寸管理。此后，在2010年对相关管理方法进行了梳理和完善。银行结售汇综合头寸（以下简称头寸）是指外汇指定银行（以下简称银行）持有的因人民币与外币间交易形成的外汇头寸，由银行办理符合外汇管理规定的对客户结售汇业务、自身结售汇业务和参与银行间外汇市场交易所形成。国家外

---

① 人民网，www.people.com.cn。
② 胡晓炼：《资本项目可兑换与人民币跨境使用》，《第一财经日报》2012年11月29日。

汇管理局及各分局、外汇管理部（以下简称外汇局）负责核定银行头寸限额并进行日常管理。除了法人统一核定、按日考核和监管、头寸余额应定期与会计科目核对等原则，头寸管理的核心管理原则是限额管理和按权责发生制原则管理。其中，限额管理是指外汇局根据国际收支状况和银行外汇业务经营情况等因素对头寸采取核定限额的管理模式；按权责发生制原则管理是指银行应将对客户结售汇业务、自身结售汇业务和参与银行间外汇市场交易在交易订立日（而不是资金实际收付日）计入头寸，而原来的收付实现制是指交易在资金实际收付日计入头寸。

结售汇头寸管理的调整，其最初意义在于增强银行办理结售汇业务与外汇资金管理的灵活性和主动性，为外汇衍生品的发展预留空间。近几年来，对银行结售汇头寸余额的下限管理措施逐渐成为国家外汇管理局实现跨境资金流入管理的手段之一。2010年以来，受国际金融危机以及量化宽松政策的影响，人民币升值预期加强，境外资金流入压力增大。2011年11月和2012年3月，外汇管理局发布临时性文件，要求银行按照收付实现制原则计算的头寸月实行下限管理，通过银行对远期结售汇报价的调整，对客户远期结售汇需求形成约束。2013年5月，鉴于企业利用银行的国内外汇贷款替代购汇，企业和个人等非银行部门结售汇顺差大幅回升。为此，外汇局调整对银行结售汇综合头寸的管理，将银行结售汇综合头寸限额与外汇存、贷款规模挂钩，对于银行外汇贷存比（境内外汇贷款余额/外汇存款余额）超过参考贷存比的银行，要求其在规定的时限内将综合头寸调整至下限以上。银行结售汇头寸管理措施具有宏观审慎政策工具的特点，注重宏观总量和逆周期调节效果，具有灵活性和突出市场机制的特点。①

---

① 参见《2013年上半年中国国际收支报告》。

### 3. 跨境资本流动管理改革的重要意义

对跨境资金的有效监管是加快资本项目可兑换的重要保证。学术界对于我国加快人民币资本项目可兑换的改革的担忧，主要在于短期跨境资本将对我国监管能力提出挑战。国际金融危机以来，我国在应对"热钱"流入方面，采取的监管手段主要包括：运用银行结售汇头寸管理手段平滑跨境资金流动，建立跨部门联席工作制度，对重点企业进行分类管理以及加大违规处罚等综合性手段。其中，自2010年以来，外汇管理当局多次使用银行结售汇头寸管理手段，对市场交易主体的结售汇规模形成约束，应对跨境资金异常的流入。因此，从人民币多年升值的背景来看，我国在应对短期跨境资本流入的经验和手段方面，正在不断成熟。然而，随着人民币升值空间的进一步缩小，以及美国量化宽松政策退出的到来，国内经济结构的调整和未来经济增长速度放缓的趋势基本确立。这些因素都将影响短期资本流动的变化，如何应对短期资本的流出将是监管当局需要面对的重要任务，尽管可以借鉴的类似的国际经验和资本管理手段并不缺乏，但我国在此方面的经验累积仍然较为缺乏。正如外汇管理局表示："建立健全本外币跨境资金流动监管框架是一项长期性的工作。"[1]

我国进一步加快资本项目开放的改革方向的确定，跨境资本流动规律与管理的理论将继续成为重要的研究课题。当前，关于跨境资本流动的有关理论探讨日渐丰富。有关资本流动产生的影响及应对工具的有效性的研究较为丰富，IMF关于一国经济金融特性对于缓冲资本流入影响的研究值得关注。[2] IMF近期对智利、马来西亚、捷克的资本流动情况的分析结果表明，抵御能力更强的新兴市场经济体有以

---

[1] 牛娟娟：《加强跨境资本流动监控有助于改善宏观调控维护国家金融安全》，《金融时报》2012年3月7日。
[2] 国家外汇管理局：《建立健全本外币跨境资金监管，维护国家经济金融安全》，2012年2月27日。

下特点：①财政政策更具逆周期性、货币政策更健全；②体制更完善；③汇率机制更灵活；④金融调整力度加大。这些经济体更多地对资本流入进行私人而非官方缓冲，因而净资本流动更稳定。这项研究表明，在研究针对性的管理工具的同时，可以考虑将增强资本流动抵御能力纳入经济改革目标，建立更加富有弹性的、稳健的、灵活的经济特质。总体而言，目前研究主要集中在外汇资本流入方面，尤其是短期资本流入的讨论较为丰富，而关于外汇资本流出以及本币资本的跨境流动的影响及其相应的政策建议还比较缺乏。

从实践来看，我国如何建立对跨境资本流动的逆周期管理，充实以逆周期调节为主的政策预案，是未来工作的重点。对此，各方的讨论与建议主要集中于以下几个方面。第一，加强对资本流出入的监测与预警能力。包括分析市场集中度的情况，及时发现异常资金流动，建立适合中国的情景分析和压力测试，制定应急预案；建立核心的监测指标，深入研究跨境收支影响渠道和传导机制，寻找并确定与跨境资金流动走势关联性强的核心指标，提高对资本流动的监测能力。第二，按照宏观审慎原则的要求，实现跨境资金流动监管。跨境资本流动具有顺周期性，从防范系统性风险的角度，需要重视金融机构外汇净头寸、杠杆率和货币错配，关注汇率、利率变化等宏观货币政策与监管政策相互协调。第三，转变监管思路，提高系统性管理监控能力。包括促进各监管部门的相互配合，建立外汇管理局、央行以及商务部、海关等多家监管机构的信息共享和联合工作机制，建立以交易方为主体的全方位监测，提高系统性管理监控的能力等。

### （四）外汇市场与汇率管理的深化

**1. 外汇市场与汇率管理的改革进程**

第一，人民币汇率形成机制的改革历程。自 2005 年 7 月 21 日起，我国开始实行以市场供求为基础、参考一揽子货币进行调节的、有管理的浮动汇率制度。实行银行间市场浮动区间管理。银行间即期外汇市场人民币兑美元交易价在中国外汇交易中心对外公布的当日美元兑人民币中间价上下0.5%的幅度内浮动，人民币对欧元、日元、港币和英镑四种非美元货币交易价在中国外汇交易中心对外公布的当日该货币兑人民币中间价上下3%的幅度内浮动。

随着我国外汇市场深度与广度的不断扩大，加之政策当局认为人民币汇率的单边升值与预期已经结束，在此背景下，扩大汇率浮动区间，增强汇率弹性的改革条件已经具备。2012年4月16日，央行发布公告，决定扩大外汇市场人民币兑美元汇率浮动幅度。银行间即期外汇市场人民币兑美元交易价浮动幅度由0.5%扩大至1%，即每日银行间即期外汇市场人民币兑美元的交易价，可在中国外汇交易中心对外公布的当日人民币兑美元中间价上下1%的幅度内浮动。外汇指定银行为客户提供当日美元最高现汇卖出价与最低现汇买入价之差，不得超过当日汇率中间价的幅度由1%扩大至2%。

第二，外汇市场的建设与发展历程。为了完善人民币汇率的形成机制，我国一直积极致力于外汇市场的建设、管理与改革。早在2005年汇率制度改革之前，我国已经着手发展外汇市场。之后，为了配合人民币汇率形成机制的改革，人民银行和外汇管理部门及时出台一系列政策促进外汇市场发展。目前，外汇市场交易主体、交易币种、交易方式均比2005年改革之前显著扩大。在交易主体方面，非银行金融机构和非金融公司可以申请成为银行间市场的会员，交易会员规模不断扩大；在交易币种方面，除了建立与美元、欧元、日元、英镑、澳元等主要货币的交易机制，开办人民币对马来西亚林吉特和俄罗斯卢布等促进边贸发展的交易机制；在交易产品方面，不断促进银行间外汇市场以及银行对客户市场的外汇衍生品发展，推出了相关人民币外汇的远期、掉期和期权业务等。

截至2012年底，我国外汇市场累计成交9.14万亿美元，持续稳步增长的趋势。2013年上半年，人民币外汇市场累计成交5.26万亿美元（日均465亿美元），同比增长17.3%。① 远期、外汇和货币掉期交易均呈现不同程度的增长，而期权业务持续迅速增长势头，比上年同期增长4倍。我国外汇衍生品交易规模迅速扩大的事实，反映了我国人民币汇率弹性正在增强；与此同时，我国企业和银行等市场主体对衍生产品的认识也正在趋于成熟，市场交易者规避汇率风险的需求增强。

第三，未来人民币汇率与外汇市场的改革方向。2013年11月，央行行长周小川在《十八届三中全会辅导读本》上发表的《全面深化金融业改革开放　加快完善金融市场体系》提出："要继续完善人民币汇率市场化形成机制，发挥市场供求在汇率形成中的基础性作用。"为了实现这样的改革目标，需要"发展外汇市场，丰富外汇产品，扩张外汇市场的广度和深度，更好地满足企业和居民的需要"；"根据外汇市场发育状况和经济金融形势，有序扩大人民币汇率浮动区间，增强人民币汇率双向浮动弹性，保持人民币汇率在合理均衡水平上的基本稳定"。首次提出"央行基本退出常态式外汇市场干预，建立以市场供求为基础、有管理的浮动汇率制度"。

## 专栏2　人民币均衡汇率

理论界主流所接受的有关均衡汇率的概念，最初是由Nurkse于1945年所提出的，他提出在贸易不受特别限制，资本流动没有额外的干预，并且实现充分就业的前提下，当国际收支实现均衡时

---

① 数据来源：外汇管理局网站，www.safe.gov.cn。

的汇率就是均衡汇率。之后，Swan（1963）提出宏观经济均衡分析方法的理论，均衡汇率理论体系开始逐渐形成。目前，主要的均衡汇率理论包括：基本要素均衡汇率理论（FEER）、行为均衡汇率理论（BEER）、国际收支均衡汇率理论（BPEER）、自然均衡汇率理论（NATREX）以及均衡实际汇率理论（ERER）等，这些理论的共同点是建立在宏观基本经济要素的分析基础上，将影响汇率的长期因素，甚至是中期和短期因素纳入分析框架，构建均衡汇率的估计函数。因此，可以看出，均衡汇率具有动态的特征，它是随着宏观基本经济要素以及观察期的长短等因素的变化而变化的。

研究文献显示，1997年以来，随着各界对人民币汇率问题关注的升温，学术界关于"人民币均衡汇率"的研究成果开始不断增加。对人民币均衡汇率的研究主要是为了论证有关人民币是否被低估这一问题，而低估的主要争议在于人民币汇率市场化程度和央行干预程度。总体而言，在国外主流均衡汇率理论的基础上，研究者们尝试运用反映中国经济运行规律的变量，解释人民币汇率的变化，测算人民币均衡汇率，推动了人民币均衡汇率理论的形成，并为我国汇率政策的制定和人民币汇率制度改革提供依据。

在理论研究的基础上，随着人民币汇率市场化进程的推进，均衡汇率逐渐被纳入政策制定者的视野范围。近年来，随着人民币升值空间的下降和我国人民币汇率形成机制的推进，货币当局开始强调，"人民币已经接近均衡汇率"，"央行大幅减少市场干预，市场供给和需求大致匹配"①。十八届三中全会做出的《中共中央关于全面深化改革若干重大问题的决定》提出："加快实现人民币资本项目可兑换"，"只有加快资本项目双向开放，才能有助于人民币

---

① 万荃：《人民币汇率接近均衡汇率水平》，《金融时报》2012年7月28日。

均衡汇率的实现"。由此可见，在政策层面，人民币均衡汇率的表现更多强调人民币供求关系的市场化程度。此外，人民币均衡汇率概念的使用，也反映了货币当局政策更加重视结构模型的使用，为科学决策提供辅助性支持。

**2. 外汇市场与汇率管理的改革措施**

2013年12月，为了促进外汇市场发展，完善人民币外汇衍生产品市场，国家外汇管理局发表了《关于调整人民币外汇衍生产品业务管理的通知》（以下简称《通知》）①，《通知》主要内容包括：一是简化外汇掉期和货币掉期业务准入管理，对客户远期结售汇业务资格的银行及其分支机构，可自动取得外汇掉期、货币掉期业务资格，无须再次申请备案；二是增加货币掉期业务本金交换形式；三是支持银行完善期权业务定价和风险控制，银行可以自主选择合理、适当的方法和参数计量期权Delta头寸，并纳入结售汇综合头寸统一管理；四是鼓励银行在符合风险管理的原则上，适当销售外汇衍生产品，审慎、合规地开展有关业务。

2005年底，为了配合人民币汇率形成机制改革的需要，国家外汇管理局开始尝试在银行间外汇市场引入做市商制度，在银行间市场推出即期询价交易方式。此后，随着市场成熟度的提高，2010年外汇管理当局对《银行间外汇市场做市商指引》进行修订。2013年4月，外汇管理局再次发布最新修订的《银行间外汇市场做市商指引》。较之2010年修订的"旧版指引"，新规对做市商资格认定方面进行了重新修订，主要的变化表现在：第一，取消了做市商资本充足率、外币资产负债情况、与境外关联金融机构的重大事件的报送要求，改为"按照外汇局要求定期报告外汇市场运行和做市情况"；第二，在申请尝试做市资格方面，取消原有的资产

---

① 胡晓炼：《资本项目可兑换与人民币跨境使用》，《第一财经日报》2012年11月29日。

充足率的要求,更加强调申请机构的"外汇业务风险管理系统、内部控制制度、内部资金和结售汇转移定价机制和较强的本外币融资能力";第三,引入了《银行间外汇市场评优方法》,替代原有的《银行间外汇市场优秀做市商评选办法》作为评优的客观指标,体现了业务水平优先的原则;第四,修改了综合做市商的基本条件,将原来"成为即期做市商5年(含)以上并成为远期掉期做市商1年(含)以上"的标准降低为"取得银行间外汇市场即期、远期掉期做市商资格3年(含)以上"。

2013年8月,上海市出台的"沪42条"明确提出,未来将加强银行间外汇市场净额清算等基础设施建设,争取扩大银行间外汇市场净额清算的参与者范围。据悉,该措施已由上海清算所、中国外汇交易中心负责,2013年底已完成系统开发和调研工作,并将于2014年上半年实施。①

**3. 人民币汇率形成机制日趋完善**

外汇市场的管理和建设与人民币汇率机制改革、资本项目可兑换进程以及人民币国际化进程是相互配合、相互联系的关系。从近两年的外汇管理措施来看,外汇管理当局非常重视有关外汇市场的管理改革,有意识地促进外汇市场的广度与深度,引导参与主体树立市场与风险的观念,外汇管理方式也在不断优化之中。例如,简化衍生品交易手续,简化准入管理,体现了简政放权的管理原则,而在2010年和2013年先后两次对《银行间外汇市场做市商指引》进行修订,取消资本充足率的要求,修改做市商评优标准,提高违规成本等监管措施,既体现了管理当局对衍生品业务性质的深入理解,也反映了监管当局明确监管责任与权限,减少交叉管理的意识。此外,做市商门槛的降低、风险管理的强调和违规成本的提高,为外汇市场

---

① 李侠:《推出外汇期货条件基本成熟》,《金融时报》2013年3月8日。

未来的"理性繁荣"打好基础。故而,这些外汇市场的新政一经推出,便获得有利于"进一步推进人民币汇率形成机制的完善,能够进一步促进人民币汇率形成机制向市场机制主导转变"的好评。①

尽管管理当局并无明确暗示,但在推出远期人民币外汇交易、外汇和货币掉期交易和外汇期权交易之后,有关何时推出外汇期货的讨论受到关注。在对我国外汇衍生品发展的讨论中,认为需谨慎对待外汇期货的推出,理由是外汇远期市场的存在在一定程度上阻碍了外汇期货交易量的增长,并且,研究显示外汇期货和期权交易在全球期货交易所中并非主要品种。② 而目前呼吁尽快推出外汇期货的观点认为,目前的场外市场交易规模有限,非标准合约、询价交易机制和双边清算等使场外市场缺乏足够的流动性,涉外企业对于外汇风险的主要避险工具仍然是远期结售汇。

整体来看,外汇市场的发展与管理需要具有前瞻性、系统性的理论研究加以指导,而我国相关的理论研究较为贫乏。在理论研究方面,汇率制度改革以及人民币升值问题一直是我国国际金融学科的重点研究课题。比较而言,我国外汇市场方面的理论研究比较薄弱。这是因为,由于我国外汇市场发展还不够成熟,加之人民币汇率单边升值预期的长期存在,微观主体没有规避风险的动机与行动,有关理论研究缺乏实践的基础和深入的动力。随着外汇市场的深度与广度的扩大,以及人民币汇率波动的增加,外汇衍生品市场的研究开始受到关注。例如我国外汇衍生品市场发展对贸易活动影响的研究③,外汇市场参与主体的行为研究等。④

---

① 孙红娟:《外汇局修改外汇做事商指引,强调宽进严出》,《第一财经日报》2013年4月18日。
② 高扬、何帆:《中国外汇衍生品市场发展的次序》,《财贸经济》2005年第10期。
③ 斯文:《我国外汇衍生品市场发展对出口影响的实证分析》,《世界经济研究》2013年第2期。
④ 郑莉莉等:《我国上市公司使用外汇衍生品的影响因素研究》,《财贸经济》2012年第6期。

但是，有关国际衍生品交易的监管规则与实践对中国的适用性以及我国外汇衍生品的风险监控与管理等问题的研究还比较缺乏。

## 三 外汇管理前景展望

### （一）2014年度国际收支展望

基于中国当前经济形势和当前国际经济环境，我们认为，2014年经常项目顺差将延续近年来的缩小趋势，跨境资本流动存在不确定性，但跨境资本双向流动的长期趋势仍存在。尽管全球经济失衡格局正向经济再平衡转变，但是，东亚（包括中国）与美国在储蓄率和贸易结构方面的差异仍然存在，稳定的政治环境、廉价高效的劳动力和广阔的市场前景仍然是贸易顺差以及国际直接投资流入的主导因素，经常项目的顺差趋势在短时间内不容易发生重大变化。与此同时，以运输与旅游为主的服务交易逆差增加将继续成为平衡经常项目的主要因素。在资本项目方面，尽管由于短期资金供求的逆转，我国在过去的一年重新出现资本项目的净流入增大，但是，鉴于美国经济复苏势头明显、量化宽松政策退出机制即将启动，资金存在重新回流发达经济体的可能性。此外，未来我国将"进一步发挥市场汇率的作用，央行基本退出常态式外汇市场干预"，市场供求决定的扩大人民币汇率将更富有弹性，这将使得跨境资本双向流动成为常态。

### （二）2014年度外汇管理展望

回顾过去，推进主体监管、推进贸易便利化、简政放权等各项外汇管理措施充分说明，外汇管理当局对如何处理政府与市场的关系方面的认识日趋充分，重视资金流动应当促进实体经济发展这一

外汇管理年度报告

规律。此外，外汇管理局不断完善有关外汇管理制度，努力提高跨境资本流动监测和管理能力，在简政放权的同时强调有效监管。《中共中央关于全面深化改革若干重大问题的决定》提出，要让市场在资源配置中起决定作用。我国外汇管理改革将更加深入地贯彻并执行这一核心思想，继续简政放权，推进贸易便利化，减少对市场不必要的干预和管理。在此背景下，展望2014年，我国外汇管理政策将继续以服务于实体经济，提高外汇和国际收支风险防范能力为核心，按照"市场在资源配置中起决定作用"的要求，转变外汇管理方式的改革思路，进一步完善外汇管理的各个方面。正如2014年全国外汇管理工作会议所提出的：一是围绕发挥市场决定性作用的要求，加快推进外汇管理改革创新；二是围绕促进国际收支基本平衡的要求，加快完善跨境资金流动监管体系建设；三是围绕更好发挥政府作用的要求，加快外汇管理职能转变；四是围绕实现外汇储备保值增值的要求，加快完善大规模外汇储备经营管理体制。

## 参考文献

高扬、何帆：《中国外汇衍生品市场发展的次序》，《财贸经济》2005年第10期。

斯文：《我国外汇衍生品市场发展对出口影响的实证分析》，《世界经济研究》2013年第2期。

郑莉莉等：《我国上市公司使用外汇衍生品的影响因素研究》，《财贸经济》2012年第6期。

刘航等：《国际经济合作思想及其对世界经济再平衡的启示》，《经济学家》2012年第6期。

刘骞文：《全球经济账户失衡调整困局：基于货币政策的探讨》，

《国际金融研究》2013年第3期。

孙红娟：《外汇局修改外汇做事商指引，强调宽进严出》，《第一财经日报》2013年4月18日。

牛娟娟：《加强跨境资本流动监控有助于改善宏观调控维护国家金融安全》，《金融时报》2012年3月7日。

李侠：《推出外汇期货条件基本成熟》，《金融时报》2013年3月8日。

国家外汇管理局网站，www.safe.gov.cn。

## 附录

**附表 2014年外汇管理的主要法规措施**

| 发布时间 | 法规名称 | 主要内容 |
| --- | --- | --- |
| 2013年2月 | 《国家外汇管理局关于境外上市外汇管理有关问题的通知》 | 简化业务手续和审核材料，规范境外上市企业资金汇兑等业务，完善境外上市项下数据采集及统计监测 |
| 2013年5月 | 《国家外汇管理局关于发布〈外债登记管理办法〉的通知》 | 简化外债登记管理环节，完善外债的登记和统计监测 |
| 2013年5月 | 《国家外汇管理局关于加强外汇资金流入管理有关问题的通知》 | 将银行结售汇综合头寸限额与外汇存、贷款比率挂钩；加强对进出口企业货物贸易外汇收支的分类管理 |
| 2013年5月 | 《国家外汇管理局关于印发〈外国投资者境内直接投资外汇管理规定〉及配套文件的通知》 | 简化、整合直接投资外汇管理法规，促进投资便利化 |
| 2013年8月 | 《合格境内机构投资者境外证券投资外汇管理规定》 | 规范境内机构境外证券投资外汇管理，促进投资便利化 |
| 2013年11月 | 《国务院关于修改〈国际收支统计申报办法〉的决定》 | 增加了"拥有对外金融资产、负债的中国居民个人，应当按照国家外汇管理局的规定申报其对外金融资产、负债的有关情况"的规定 |

# 专题研究

Special Topics

# B.7
# 系统性金融风险度量与预警研究的新进展

刘 亮*

**摘 要：** 系统性金融风险的事前预警、事中判断和事后总结关系到金融危机蔓延的范围及其对实体经济的冲击程度。系统性金融风险涉及金融体系的流动性、杠杆、关联性等问题。与金融危机的爆发不同，系统性金融风险可以表现为一个可观测的连续变量，其评估和预警方法可分为时间维度和空间维度等方法，可以从单个金融机构、金融机构间的相互关系以及整个金融系

---

\* 刘亮，经济学博士，中国社科院金融研究所博士后研究人员，苏州大学商学院副教授，研究方向为金融监管理论与政策。

统网络等几个角度去研究。总体而言，系统性金融风险的度量和预警研究仍处于初级阶段。

**关键词：**

系统性风险　系统重要性　风险监管

本轮美国次贷危机和欧洲主权债务危机是金融体系系统性风险的集中展示。系统性风险的爆发呈现出负和特征，对实体经济造成了极大的冲击。危机过后的金融监管制度改革紧密围绕如何提供金融稳定的这一社会公共品来防范系统性金融风险。因而，对系统性金融风险的识别和估计成为当今迫切需要研究的课题。

## 一　系统性金融风险的界定

对系统性金融风险的准确定义是解决金融失衡的先决条件。学者对系统性金融风险的界定大体包括两类。

一类从现象入手，描述系统性金融风险爆发时的状态。Borio（2009）认为当一国出现许多银行倒闭或需要救助以及存款保险的扩大范围等现象，则该国面临较高的系统性风险。Billio 等（2010）认为只要出现影响公众对金融体系信心的不利因素或威胁到整个金融体系稳定的风险就是系统性风险。欧洲中央银行（2010）认为一些影响范围很广、损害金融体系功能，进而影响经济增长、导致金融不稳定的因素是系统性风险。国际货币基金组织、国际清算银行和金融稳定理事会（2011）认为由金融机构的破产而引起，并对实体经济产生严重的负面冲击，从而产生金融服务失效的风险是系统性风险。Trichet（2010）认为系统性风险是一种金融不稳定，其影响金融体系基本功能，并导致经济增长和福利受到重大损失。

另一类从成因入手，阐明系统性金融风险爆发的触发因素，包括宏观经济的不确定性（Chari & Jagannathan，1988）、金融对实体经济的溢出效应（Group of Ten，2001）、脆弱性（Dungeyetal，2007）、失衡（Caballero，2009）、金融市场信息中断（Mishkin，2007）、流动性螺旋（Brunnermeir & Pedersen，2009）、反馈模式（Kapadia，Drehmann，Elliott & Sterne，2012）、负外部性（Financial Stability Board，2009）、资产泡沫（Rosengren，2010）、传染（Moussa，2011）、风险暴露的相关性（Puzanova & Düllmann，2012）、小概率系统性事件（Natalia Puzanova & Klaus Düllmann，2013）。

综上所述，系统性金融风险由金融体系内外部因素共同交织、相互影响而催生，涉及流动性、杠杆、相互关联等问题，在金融体系内相互传染并导致金融系统的崩溃或丧失功能的可能性发生。

## 二 系统性金融风险的内因及其演变

### （一）金融体系内在演进的不稳定机制

第一，金融创新及金融体系的复杂性。竞争使得传统金融产品的利润不断下降。新产品、新业务在较少监管的领域以及非传统金融机构中快速扩张。金融创新将风险转移到少受监管的领域或部门。有证据表明，虽然银行业采取了各种手段来弥补20世纪80～90年代市场份额的下降，但非银行机构仍然得到了快速发展，其市场份额从1980年的不到10%增长到2005年的45%（Feldman & Lueck，2007）。资产规模、员工数量、薪酬水平、人均利润等指标都证实了银行业在整个金融业市场份额的下降。此外，随着金融创新的深入、电脑技术的发展、全球化程度的快速提高等，金融体系变得越来越有效率的同时也更加复杂。金融风险在分散的同时也变得更加隐蔽，并给市场参与者造成风险降低的假象。当金融创新的程度超过监管当局的监管能力时，系统性风险没有得到有效控制，并最终以金融危机的形式爆发。

第二，信息不透明。金融业的数据被认为是高度专有的，是金融机构的核心竞争力，不能充分披露，但这种不透明也造成金融机构和金融消费者及金融机构和监管者之间的信息不对称。如在本轮次贷危机中，市场参与者从AIG购买了CDS保险，但却无法知道AIG对其他人的所有担保风险而使其面临错向风险。此外，雷曼通过回购105交易隐瞒了其自身的高杠杆；交易公司为了获利而隐瞒了其投资组合的风险等。金融网络的不透明使得市场机制无法解决这一问题，将来信息披露到底能到什么样的程度仍然没有结论。

第三，道德风险。金融安全网或显性，如央行的贴现窗口、存款保险制度；或隐性，如政府的隐性担保以及"太大而不能倒"等的建立使得金融业出现监管的反射性倾向，也被称为"佩兹曼效应"。该效应说明安全保护程度越高就越容易增加金融机构的道德风险。

第四，合成谬误。在系统性金融风险的传播和扩散中，金融系统在整体上会表现出单个金融机构所完全没有的特性，其市场动态行为并不等同于市场参与个体行为的简单加总。在微观金融机构层面看似审慎合理的行为，其总体可能在宏观层面存在系统性风险。

第五，非理性因素。金融系统服从蝴蝶效应和分叉规律，服从混沌规律。金融系统不仅受到外部随机的无规律的扰动影响，而且不可预测性可能就是宏观经济系统自身固有的内在本质（Tvede，2002）。金融市场自身具有正反馈机制。此外，"繁荣情绪的社会传染"是造成系统性金融风险的又一因素（Shiller，2008）。

## （二）系统性金融风险的演变与扩散

系统性金融风险的演变非常复杂，并且有较长的"潜伏期"，可以在较长时期内积累而不对金融体系产生明显影响，但要充分理解系统性风险就必须了解系统性风险的累积过程（Borio，2003）。

系统性金融风险的演变过程通常起源于技术创新、宽松的货币财政政策等正向冲击事件，进而引致市场主体对未来的乐观预期。当这种乐观预期被大众传媒不断传播和放大，虚假繁荣的情绪会在市场中呈现螺旋形上升，市场主体表现为风险偏好强度加大并增加财务杠杆以扩大投资头寸，金融体系的脆弱性不断攀升，以致金融体系的稳定状态越来越难以维系。当风险不断累积并达到一定的临界值时，某些突发事件，如突然从紧的货币政策等，便会成为系统性风险爆发的导火索。系统性金融风险外在表现为资产价格上升、政府债务负担加剧等。

系统性金融风险通常通过三个渠道进行扩散。首先，资产负债表效应。对于金融机构而言，系统性风险的爆发会使其资产缩水。金融机构在面临资本监管比率的约束下有资产甩卖的压力。与此同时，系统性金融风险会使金融机构的资金来源渠道减少，进而面临流动性危机甚至是破产的困境。对于非金融企业而言，系统性风险会使其经营模式从"利润最大化"转为"负债最小化"（Koo，2008），进而使得系统性风险在微观主体间不断扩散。其次，系统性风险的爆发会使金融产品的市价严重偏离其实际价值，但由于盯市计价的交易规则迫使金融机构需要根据市价来调整资产负债表，进而推动了系统性风险的进一步蔓延。最后，系统性风险的爆发引致市场参与者信心的崩溃，加剧了资产抛售行为以及流动性兑付压力，进而最终演绎成系统性危机"自我实现预言"（Shiller，2008）。此外，系统性危机还可能通过资本流动、国际贸易等渠道

实现跨区域传染（Kaminsky & Reinhart，2000）。

上述诸多因素交织在一起，决定了系统性风险的复杂性、危害性以及自放大性。系统性金融风险会迅速从一个机构传递到众多机构，从局部市场传递到全部市场。资产价格快速下降，流动性瞬间枯竭，市场信心丧失殆尽，金融机构大量倒闭，最终演变为金融危机。

## 三 系统性金融风险的衡量和预警

与金融危机不同，系统性金融风险可以表现为一个连续变量，可以持续观测和预警。系统性金融风险应对的理想措施是找到预警指标体系，通过建立一个合适的政策框架，以便市场监管者及时采取补救措施。

### （一）时间维度方法

系统性金融风险随着时间的推移演变，放大了经济周期波幅，并可能导致蔓延型的金融危机和宏观经济资源错配，这也被称为金融体系的亲周期性。金融演变周期的高峰通常伴随金融危机（Drehmann 等，2012）。时间维度的预警方法主要有模型法、预警指数法和预警信号法。预警指标可以选择基于资产负债表和宏观经济数据的低频指标，也可以选择基于市场价格和利率的高频指标。

第一，系统性金融风险预警模型法。通常选择面板数据，使用多元 Logit 回归等方法，同时考虑多个变量，将各变量所表示的金融脆弱性加总为一个概率，从全局上把握金融危机压力。但由于存在一些缺点，如每个模型只能包括有限变量；有的模型噪声信号比率（Noise-to-Signal）较高，需要动态试错各变量的预测；需要较大的样本规模，取样工作繁杂、艰巨等，因而在实践中应用较少。

第二，系统性金融风险预警指数法。通过选取指标，利用一定的加权方法，如等方差加权等，构建一个预警指数。Illing 和 Liu（2006）使用 11 个金融市场变量，为加拿大金融体系构建了一个日常金融压力指数。欧洲系统风险委员会（ESRB）自 2012 年 9 月起，每季度发布一次系统性风险仪表盘，提出金融体系的系统压力复合指数（CISS）。该指数根据相关性、可得性、前瞻性等原则选取一系列指标，构建分部门的指数，并将最核心的五个金融部门（金融中介、货币市场、股票市场、债券市场以及外汇市场）的次级指数加总，强调了压力在若干金融市场部门同时出现的情况，用于实时测量金融系统的风险压力。

第三，系统性金融风险预警信号法。通过找到一系列指标来提前发出预警信号，其方法简单，结果可靠性有时候不比模型法差，故而在监管实践中应用较多。

首先，单一指标预警信号法，如广义信贷/GDP 指标，广义信贷包括银行贷款、委托贷款、信托贷款、企业债券（非金融企业发行的各类债券，包括企业债、公司债、中期票据等）、资产证券化余额等，代表了非金融部门的总体债务，用来作为系统性金融风险单一指标预警的效果较好。国际清算银行（2010）利用 30 个国家和地区近 40 年的数据，对比了三大类指标（GDP 增长、广义信贷增长、广义信贷/GDP、股价、房价等宏观经济金融指标，银行业利润和损失等业绩指标，以及信贷利差等融资成本指标）在近 40 年历次严重、中度和轻度的全球和区域性危机中的表现，结果表明广义信贷/GDP 与其长期趋势值的偏离度（GAP）作为分析系统性风险状况的指标最为合适。英格兰银行（2011）将广义信贷/GDP 及与其长期趋势的偏离度用作判断系统性风险的重要指标。加拿大、比利时等国在该国的《金融稳定报告》中分析广义信贷/GDP 的表现。此外，惠誉（2013）、穆迪（2013）等信用评级机

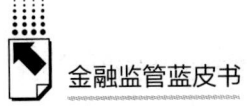

构,摩根士丹利(2012)、野村证券(2013)、瑞士信贷(2013)等金融机构都利用该指标来判断实体经济的杠杆程度和系统性金融风险状况。

其次,多个指标预警信号法。Kaminsky等(1998,1999)选取了一个发生多次金融危机的时间段,并选取了若干个样本国家,并将整个时间段划分为平静期和危机期。对样本国家相关宏观经济指标在危机前若干个月内的表现与在平静期的表现进行比较。对每个指标选取一个阈值,如果某指标数值在某时刻超过了这个阈值,则被认为发出了一个"危机信号"。在接下来的若干个月内,如果真出现危机,则被认为是一个正确的"信号",否则被视为一个"噪音"。阈值的选择标准一般是使指标的噪音信号比最小化或危机预测数量的最大化。亚洲开发银行金融危机预警系统从60多个宏观经济金融指标中筛选出40个先行指标作为预测指标,发现其中最好的9个先行指标在危机"窗口"期内发出的预警信号概率至少是在危机"窗口"期外的2倍。Reinhart和Rogoff(2009)比较了宏观经济指标,如资产价格指数(股票、房产等)、经济增长率及公共负债等在多次金融危机中的不同表现,进而找到一些共同模式。Borio和Drehmann(2009)、Alessi和Detken(2009)等使用18个工业化国家1970~2007年的数据,将极端值作为阈值,通过校准以选择最好的触发警告的信号阈值,并根据一类错误和二类错误计算的最优噪音比率,通过网格搜索来筛选,选择同时出现极端值的指标,结果发现预测能力最好的组合是:信贷缺口超过6%,股权缺口超过60%以及资产缺口超过15%~25%。

## (二)空间维度方法

从空间维度看,系统性风险的生成是因为金融机构之间、金融机构与金融市场之间具有相互关联性而导致金融体系的脆弱性,体现为金融机构之间共同的风险敞口，以及金融机构之间通过股权投资、发行和持有金融债券、金融衍生性产品等互为交易对手，形成的高度关联的网络关系，因而一些研究者（Goodhart 等，2006；BIS，2008，2009；IMF，2008，2009）将整个金融体系看作各个金融机构构成的投资组合，并以此作为评估系统性金融风险的基础。与此同时，每个金融机构需要模型化交易对手网络图，模拟自身在金融网络中的节点及与其他金融机构的连接关系，以评估其面临的风险全貌。

第一，从系统相互关联的视角，系统性风险的重要表现就是财务危机在金融机构（市场）间的相互传染。首先，Hesseetal（2009）利用广义自回归条件异方差模型来分析发达经济体的金融危机对新兴市场的金融市场的溢出效应。其次，主成分分析（PCA）和格兰杰因果关系检验被用来捕捉对冲基金、银行、券商和保险公司回报间的相互关联。这四个行业的回报间的统计关系可以产生关于系统性风险累积的有价值的间接信息。Maria Rodriguez-Moreno 和 Juan Ignacio Pena（2013）利用2004～2009年欧洲和美国的银行同业拆借利率、股价和信用衍生品价格的数据，使用格兰杰因果检验和 Gonzalo-Granger 等方法来研究关联性。Kritzmanetal（2010）通过计算吸收率（Absorption Ratio），即资产回报的集合的总方差被特征向量的固定数目解释或吸收的比例，作为衡量系统性风险的指标。Billioetal（2010）通过将吸收率进行标准化转换，来分析资产价格变化和金融市场动荡之间的联系。最后，违约强度模型（DIM）被国际货币基金组织等用来研究金融机构之间的直接和间接的系统性联系。Giesecke 和 Kim（2011）假设违约率服从某个类似利率方程的扩散方程，也即违约率的变化量是危机发生前违约率的函数。他们通过估计系数来确定违约率，并通过汇总的违约距离来度量系统性风险。实证结果显示该方法在预测美国系统性极端事件和发现系统性事件前夕的拐点方面效果显著。Harada 等（2012）利用日本的数据，计算了违约距离，并能有效地监测银行的违约风险。

第二，从系统性风险的边际贡献的视角，测度一家金融机构的倒闭给其他金融机构或金融体系带来的溢出效应。Elsinger 等（2006）采用一家银行发生危机时系统内其他银行的期望损失来测度该银行的系统重要性。条件在险价值（CoVaR）可以反映目标金融机构以外的其他金融机构已经处于较高风险的条件下目标机构所面临的风险。Girardi 和 Ergun（2013）采用单变量和双变量模型用三步骤方法估计 CoVaR，将金融机构的系统性风险贡献定义为金融机构在危机时的条件在险价值与标准的条件在险价值的差值（△CoVaR）。他们利用 2000 年 6 月至 2008 年 2 月和金融危机前 12 个月的数据，得出银行机构是最大的风险贡献者，接下来是证券经纪公司、保险公司和非银行机构。但条件在险价值不能加总得出整个系统性风险，而 Huang 等（2009）提出用"困境保费"（Distressed Insurance Premium，DIP）作为测度总的系统性风险的指标，通过计算四个参数（风险中性违约概率、违约损失率、资产回报相关系数和权重），进而描述出单个金融机构的系统性风险边际贡献的函数。该分析框架的优点在于使用的是市场高频数据，因而时效性很强；分析对象广泛，可用于任何有 CDS 合约的上市金融机构。但缺点是需要假设单个银行的违约概率（PDs）是风险中性的以及金融市场是充分有效的。实证分析表明，2008 年金融危机中美国银行业系统性风险所造成损失的保险价格达到银行业负债的 15% 以上。

第三，从系统重要性的视角，单个金融机构需要内部化其对金融稳定造成不利影响的全部成本。Incremental VAR 方法可以测度单个银行在系统性风险爆发后引致损失的贡献度；而 Conditional

ES方法则是考察单个金融机构倒闭给其他金融机构带来的风险增加程度。但上述两种方法均没有考虑金融机构之间的相关关系而低估了其系统重要性程度。Shapley（1953）利用博弈论的视角，提出一种方法对银行在每一个子系统中的系统性风险的边际贡献赋予一个权重，较好地消除了相互关联的影响。该方法计算出来的每个金融机构的Shapley值（Koyluoglu & Stoker，2002；Tarashevetal，2010；Garratt，2012）都与其在系统性风险中的贡献大小成比例，单个机构的Shapley值加总也等于系统性风险。因而Shapley值法特别适用于评估金融机构的系统重要性程度。在实践层面，国际货币基金组织、金融稳定理事会和国际清算银行（2009）从规模、可替代性和相互联系三个维度来评估各个金融机构的系统重要性。一些学者（如Acharya & Richardson，2009）提出需要对系统重要性金融机构征收庇古税。在一些国家的监管实践中，已经提出针对系统重要性银行需要计提资本附加费。

第四，从风险传染的视角评估系统性风险在金融体系内的传播和反馈。网络分析法通过构建金融系统内各机构间的金融联系矩阵，模拟外界冲击（系统性事件）在网络中的传播及多米诺骨牌效应。该方法既能够捕捉整个系统中的违约事件和流动性短缺的影响，又能够度量金融机构应对金融危机引发多米诺效应的弹性。Muller（2003）、国际货币基金组织（2009）利用该方法识别出不同银行类型的不同网络结构，进而根据其不同的网络结构，利用神经网络模拟测算出系统性金融风险。Boss（2006）通过采用银行间双边头寸矩阵的网络模型来模拟银行间市场传染效应。Castren和Kavonius（2009）利用最大熵方法估算宏观经济体系中部门间的资金往来矩阵，进一步推算得到部门间金融资产负债关联的网络模型。但该方法的缺点是需要利用金融机构的内部风险数据，而这些数据在公开渠道很难取得。Gray和Jobst（2010，2011）使用未定权益分析方法（Contingent Claims Analysis，CCA）来衡量系统性风险市场隐含的预期损失，与眼前实际应用的分析隐含的政府或然负债，即担保。此外，该框架还有助于量化个别金融机构在整体的系统性危机事件中的或然负债。这种系统性金融风险计量框架可以估计市场隐含的政府支持的联合或然负债。这种方法并不只量化潜在的风险转移给政府的幅度，也有助于指出个别机构或然负债随着时间推移的贡献。该方法综合了财务报表数据和股票市场数据，能获得周期性更新的时变风险指标点估计值，因而能动态且系统地反映系统性风险。

### （三）其他方法

第一，压力测试法。在当前金融危机的背景下，国家部门越来越多地在金融系统中使用压力测试以重新获得公众信任。2009年美国政府通过SCAP项目首先引入了危机压力测试，此后很多国家运用了这一方法并得出不同结论。由于压力测试中专家评价是必不可少的，因而压力测试更像是一种艺术。而系统性金融风险管理中压力测试的使用给这门艺术增加了其他维度。危机压力测试的公共性意味着它们的设计能够接受严格审查。因此，设计的某些因素，如测试时间、测试管理、测试目标、用于结果解释所提出的措施计划和披露的本质可能会与标准的监管压力测试有所不同。Schuermann（2012）探索了压力情况的一些细节以及在对损失、收入和平衡表建模中的应用。从美国、欧盟和爱尔兰的经验来看，这些都是宏观压力测试的关键因素。他还比较了不同经验中的披露策略。相关其他实证和政策相关的文献主要关注SCAP的有效性（Bernanke，2010；Matsakh等，2010；Peristian等，2010；Tarullo，2010）以及欧盟经验（Onado & Resti，2011）。Ali和Daly（2010）比较了在相同的宏观压力情景下澳大利亚和美国的不良贷款率，发现澳大利亚的表现优于美国。Ong 和 Pazarbasioglu（2012）认为监管当局如果要进行危机压力测试必须有明确的目标，并且当估值降到某一水平以下时立即采取行动，公开采取对银行体系进行全面系统检查的措施和手段。否则结果可能适得其反，所有努力只会使得市场信心丧失。

第二，认知神经学方法。金融体系的演化是人类策略互动的结果，与人类自身行为紧密相关。虽然人类面临的环境（包括金融环境）发生过巨大变化，但人类的行为在漫长的时间长河里变化很小。现代经济学假定的理性预期仅仅是现代人经济交易的一种可能性。而认知神经科学的研究旨在阐明认知活动的脑机制，即人类大脑如何调用其各层次上的组件去实现各种认知活动，这为经济学思想提供了神经生物学基础。这里面还包含监管者和金融参与者的某种"博弈"。演化过程中，一方面正是人们对"规律"的发现和利用改变了"规律"；另一方面却是因为人们相信存在某个"规律"并据此采取行动就真的可能导致"规律"涌现。因此，金融体系的参与主体的行为模式是造成系统性风险的来源。Bossaerts（2009）认为认知神经科学的最新进展，为金融决策提供更正式、更具体的人类行为及其影响的基础。这对系统性风险测量的影响可能是重大的。Lo（2011）使用认知神经科学的视角评述本次金融危机，风险认知与现实风险存在较大偏离，而风险认知是行为决策的基础，因此金融危机是自由市场不可避免的一个结果。通过更好地理解这种行为模式的认知基础，我们有可能建立起系统性风险更翔实的衡量方法以及更迅速的政策反应来促进金融稳定。

第三，经济物理学方法。经济系统（主要是金融市场）是一个彼此间具有复杂相互作用的大量个体组成的系统，而且是一个良好的实验系统，因为每年都有海量的经济金融数据被保存，可供研究使用。经济物理学（Econophysics）最早由 H. E. Stanley 在 1995 年提出，是利用统计物理、复杂系统理论等概念和方法研究经济活动的机制，理解并预测市场行为。它将金融市场看作一个复杂系统，其中的各种数据（如股价、房价等）看作物理实验数据，力图寻找和阐释其中的物理规律。常用的物理学模型具有很高的准确性，而金融学模型误差则大得多，物理学的部分理论和方法能应用于与系统性风险相关的研究。一些物理学理论（如相变理论、自组织临界性理论等）也被尝试引入用来对尾部风险进行预测。Mantegna 和 Stanley（2000）认为对数周期性幂律模型是基于交易者之间的相互模仿，这些局部相互作用可形成正反馈，从而导致泡沫的产生。

第四，计算金融学方法。本次金融危机表明，对于因巨量异质个体的适应性交互而具有高度复杂性特征动态的现代金融市场网络体系，亟须计算实验方法来寻求其复杂的规律性。随着计算机技术，特别是人工智能技术的飞速发展，对金融市场的定量仿真与实验成为可能。计算实验金融学通过应用计算技术来模拟实际金融市场，研究市场微观层次代理人（Agent）的行为来揭示市场宏观特性。基于代理人的模拟方法（Agent-based Model）通过模拟状态，经济主体可以相对简单自由地交互，可以在模拟中研究经济主体交互的动态属性。该方法可以追溯到20世纪40年代人称计算机之父的冯诺曼（John von Neumann）提出的"细胞自动机"。Axelrod（1997）、Farmer 和 Foley（2009）等认为，尽管近些年计算机计算能力大幅提高，但对现实中过于复杂且数量众多的经济主体间的相互作用直接进行计算分析仍不可行，而使用模拟的方法来研究系统性金融危机是目前可选的方案。

## 四 评述

系统性金融风险是金融稳定研究的前沿问题。时间维度和空间维度的系统性风险是目前理论界研究的重点。物理学、计算机科学、神经科学等学科的理论方法也被用来分析金融系统,但仍处于初级阶段。总体而言,研究视角呈现出点(金融机构)、线(相关关系)、网(系统网络)的特点。

### (一)模型层面

系统性风险的测量非常复杂。首先,迄今为止没有系统性风险的测量方法能够测量"样本外",即已经发生的金融危机之外的危机。尚无某种方法可以同时处理时间维度和空间维度的系统性风险测量。事实上,很多方法仅能解决时间或截面某一种风险,但同时会对另一层面的预测产生干扰。Rose 和 Spiegal(2010,2012)利用非结构性 MIMIC 方法对超过 100 个国家的相关数据进行测度,结果发现即使经过大量的数据分析和研究,还是很难找到一个可靠的预警机制。单靠可靠的预测并不能解决监管政策问题,因为,没有单一的指标或指数可以捕捉复杂而多面的金融体系的全貌。特别是在金融危机时期,总是会有噪音和相互矛盾的信号。在决策环节中,迫切需要有一种技术能够筛选这些相互矛盾的信号。当预警用于政策决策,计量经济模式的预估结构可能不起作用。其次,影响系统性风险的一些因素可能不太容易参数化,例如政治、制度和文化的变迁。事实上,系统性风险的概念本身就是不稳定性的一个很好的例证。20 年前,信用违约互换、债务抵押债券、交易所买卖基金(ETFs)和高频交易等不会成为系统性风险理论研究和实证分析的一部分。系统性风险研究还面临数据处理方面的维数灾难问题。涉及系统性风险的因素很多,随着维数的增加,相应的计算量呈指数倍增长。Lo 和 Newey(2011)认为如果一个时间序列是平稳的,随着样本量的增加,参数估计仍不会收敛,而将继续随机波动。这表明,即使经济情况稳定,用指数权重估计的系统性风险预警方法仍可能产生误报问题。最后，与金融机构内部风险管理一样，在系统性风险的量化中同样存在模型风险问题，即利用理论模型进行风险监管导致结果与理想目标偏差的不确定性。因此，系统性风险监管当局需要仔细评估模型结构以及所采用的参数估计。

### （二）数据层面

为减少数据清洗的时间和成本，在二十国集团峰会的倡导下，金融稳定理事会牵头，国际监管界紧密合作，创制了全球统一的法律实体标识（Legal Entity Identifier）体系的治理框架，降低了金融数据汇总和校验的难度。该体系已于2013年3月开始推行，是宏观审慎监管及沟通的一项重要基础性工程，统一了全球监管对象的标识，但仍有以下问题。

首先，系统性风险事件属于小样本事件。不同于货币政策传统所观测的诸如通货膨胀、失业等问题，宏观审慎监管关注尾部风险，即防止少数严重影响经济金融活动的风险事件，减轻其严重程度。而"少数风险事件"意味着我们很难取得统计所需的大样本来进行推断估计和样本外数据的检验。这不仅引发了关于宏观审慎政策机制设计可靠性的问题，还使检验金融稳定性理论及所提政策的任务更为复杂。

其次，金融业的私有信息与公开披露之间的矛盾。宏观审慎监管关注金融产品和金融机构间关联的首要前提是知晓金融产品和金融机构的业务流程。而金融业的数据被认为是高度专有的。一方面，金融消费者的财务数据属于客户隐私；另一方面，金融机构的业务流程是其商业机密，也是其核心竞争力之一。如果强制金融业公开披露所有信息，会在很大程度上阻碍金融创新。因而，采用一定的算法对单个金融机构的私有数据进行加密处理是急需突破的难题。

最后，利用金融市场数据来估计系统性风险具有及时性和有效性的优点，但其假设前提是市场必须有效，在实际应用中有可能出现系统偏差。而利用金融机构财务数据来进行分析预警，比较适用于金融市场不太发达的国家和金融业务不太复杂的金融机构，但由于财务数据的滞后性和时效性，评估结果具有明显的滞后特征，很难进行准确的前瞻性预警。

## （三）监管层面

系统性风险的事前预警、事中判断以及事后总结都十分重要。事前能得到预警对决策者来说最为有利；而事中尤其是当危机已经开始显现，反应时间很重要；事后的评估可以对监管部门的决策效果进行评价，并且形成系统性事件的总结性评价。

需要强化对系统性风险监管的事后问责制度。监管错误的损失函数在一类错误（过早关闭）和二类错误（监管宽容）上是极其不对称的。监管机构如果过早关闭一家有偿付能力的公司可能会被谴责或起诉。与此相反的错误，等到该公司未能履约时，监管者此时再来履行稳定器职能，可能受到的惩罚要小得多。这种损失函数的不对称会激励监管当局采用"等"的方式来印证决策，造成所谓的"监管姑息"。在实践中，监管行动在面临金融机构不安全、不稳健的行为时，通常需要中断正在进行的业务活动，如通过停止并终止（cease-and-desist）命令或关闭一家机构。这样的决定很难轻易做出，因为其机会成本很高，而等待更明确的证据又会纵容风险的累积，因而不论是监管机构还是管理层都将赌注压在了环境的重大逆转上（Benston & Kaufman，1997）。Boot 和 Thakor（1993）构建了一个模型来说明这一现象。监管者的声誉将会受到过早关闭某家机构的影响。模型结果是"不对称的过早关闭的声誉成本"与"采取容忍并相互模仿的监管行为"的混合均衡。

## 参考文献

亚洲开发银行编著《金融危机早期预警系统及其在东亚地区的运用》,张健华、王素珍、徐忠、洪波译,中国金融出版社,2006。

Acharya, V., Richardson, M. *Restoring Financial Stability: How to Repair a Failed System.* Inc: New Jersey, 2009.

Ali, A., Daly, K. Macroeconomic Determinants of Credit Risk: Recent Evidence from a Cross Country Study. *International Review of Financial Analysis*, 2010, 19 (3): 165 - 171.

Axelrod, R. M. *The Complexity of Cooperation: Agent-based Models of Competition and Collaboration.* Princeton University Press, 1997.

Billio, M., Getmansky, M., et al. Econometric Measures of Systemic Risk in the Finance and Insurance Sectors. *National Bureau of Economic Research*, 2010.

Boss, M., Krenn, G., Puhr C, et al. Systemic Risk Monitor: A Model for Systemic Risk Analysis and Stress Testing of Banking Systems. *Financial Stability Report*, 2006, 11: 83 - 95.

Bossaerts, P. What Decision Neuroscience Teaches us about Financial Decision Making. *Annual Review of Financial Economics*, 2009, 1 (1): 383 - 404.

Caballero, R. J. The "Other" Imbalance and the Financial Crisis. *National Bureau of Economic Research*, 2010.

Claeys, A. S., Cauberghe, V. Crisis Response and Crisis Timing Strategies, Two Sides of the Same Coin. *Public Relations Review*, 2012, 38 (1): 83 - 88.

Danielsson, J., Shin, H. S. *Endogenous Risk.* Risk Books, 2003.

European Central Bank, Financial Networks and Financial Stability, *Financial Stability Review*, 2010, 155 - 160.

Farmer, J. D., Foley, D. The Economy Needs Agent-based Modeling.

*Nature*, 2009, 460 (7256): 685-686.

Feldman, R., Lueck, M. Are Banks Really Dying This Time?. *The Region*, 2007 (9): 6-9, 42-51.

Financial Stability Board, Guidance to Assess the Systemic Importance of Financial Institutions, Markets and Instruments: Initial Considerations, Report to G20 finance ministers and governors, *Financial Stability Board*, 2009.

Flood, M. D. The Great Deposit Insurance Debate. *Federal Reserve Bank of St. Louis Review*, 1992, 74.

Giesecke, K., Kim, B. Risk Analysis of Collateralized Debt Obligations. *Operations Research*, 2011, 59 (1): 32-49.

Group of Ten, Report on Consolidation in the Financial Sector: Chapter Ⅲ. Effects of Consolidation on Financial Risk, Working Paper, International Monetary Fund, 2001.

Illing, M., Liu, Y. Measuring Financial Stress in a Developed Country: An Application to Canada. *Journal of Financial Stability*, 2006, 2 (3): 243-265.

Kapadia, S., Drehmann M, Elliott J, et al. Liquidity Risk, Cash-flow Constraints and Systemic Feedbacks//Quantifying Systemic Risk. University of Chicago Press, 2012: 28-61.

Lo, A. W. Fear, *Greed, and Financial Crises: A Cognitive Neurosciences Perspective.* by J. Fouque, and J. Langsam. Cambridge University Press, Cambridge, UK, 2011.

Mantegna, R. N., Stanley H E. *Introduction to Econophysics: Correlations and Complexity in Finance.* Cambridge university press, 2000.

Mishkin, F. Systemic Risk and the International Lender of Last Resort. *BIS Review*, 2007, 109: 1-7.

Moussa, A. Contagion and Systemic Risk in Financial Networks. Columbia University, 2011.

Puzanova, N., Düllmann K. Systemic Risk Contributions: A Credit Portfolio Approach. *Journal of Banking & Finance*, 2012.

Rose, A. K., Spiegel, M. M. Cross-country causes and Consequences of the 2008 Crisis: Early Warning. *Japan and the World Economy*, 2012, 24 (1): 1 – 16.

Rosengren, E. S. Asset Bubbles and Systemic Risk//Remarks to the Global Interdependence Center's Conference on Financial Interdependence in the World's Post-Crisis Markets, Philadelphia. 2010.

# B.8 我国互联网金融服务的发展现状及监管建议

王 刚*

**摘 要：** 近期，以余额宝、人人贷为代表的各类互联网金融业务快速发展，成为财经类媒体的热点话题。本文对新型网络金融业务在我国的发展情况和对商业银行的影响进行了研究，并综合考虑业务涉及主体的广泛性和对金融秩序与社会稳定的影响等因素，重点分析余额宝业务和网络信贷平台的发展情况和风险状况。

**关键词：** 互联网金融 余额宝 网络贷款

## 一 互联网金融服务的主要发展、特征与影响

### （一）主要类别与核心特征

互联网金融，又称网络金融，是指金融服务提供商借助于互联网技术、移动通信技术实现资金融通、支付和金融信息中介等金融服务的新兴金融模式。伴随近年来互联网用户数量的激增、移动通信技术

---

\* 王刚，中国社科院金融研究所博士后研究人员，副研究员、高级经济师。

的突飞猛进，商业性应用快速发展，互联网金融业务呈现参与主体日益广泛、业务规模不断扩大、商业模式不断创新等特点。根据金融服务提供商的不同，可以将互联网金融业务分为两类：一类是由商业银行、信托公司、证券期货公司、保险公司等传统金融机构通过网上银行等平台提供的金融服务；另一类是由第三方支付机构、网络借贷平台等新兴机构提供的金融服务，主要包括网络借贷、支付结算等服务。

### （二）主要表现形式

近年来，非传统金融机构提供的互联网金融服务在以下领域快速发展，我国互联网金融的发展主要表现为以下几种形式。一是移动支付业务快速发展，对信用卡、银行汇款等传统支付业务形成一定替代。移动支付业务是由移动运营商、移动应用服务提供商和金融机构共同推出的一项服务，它通过移动支付系统为每个移动用户建立一个与其手机号码关联的支付账户，其功能相当于电子钱包，为移动用户提供了一个通过手机进行交易支付和身份认证的途径。2012年我国移动支付市场全年交易规模达到1200亿元，同比增长151.2%。二是大型电子商务企业开始提供电子商务金融服务，如支付结算和借贷服务等。最典型的是阿里巴巴金融冲击传统信贷模式。2011年6月，阿里巴巴在杭州成立小额贷款公司，成为全国首家面向电子商务领域小微企业提供融资服务的企业。该公司为阿里巴巴、淘宝网、天猫网等电子商务平台上的小微企业、个人创业者提供持续性的、方便快捷的电子商务金融服务。三是P2P网络贷款平台大量涌现。据统计，截至2014年2月底，全国P2P网贷平台共626家，平均每家注册资本为1360万元。

### （三）互联网金融服务的特征及其对商业银行的挑战

互联网金融有三方面的核心特征。一是在支付方式方面，以互联网移动支付为基础。证券、现金等金融资产的支付和转移通过移动互联网络进行，支付清算以电子化方式完成。二是在信息处理方面，以云计算为保障，资金供需双方信息通过社交网络揭示和传递，被搜索引擎收集和标准化，最终形成时间连续、动态变化的金融市场信息序列。三是在资源配置方面，资金供需信息直接在网上发布并匹配，供需双方可以不经过银行或交易所等中介实现直接联系和交易，信息透明，定价完全竞争，因此效率很高。

与商业银行传统业务模式相比，这些新型网络金融服务具有支付快捷、资金配置效率高、交易成本低等优势，对商业银行的冲击不仅针对支付、贷款等核心业务领域，而且还覆盖从产品设计、产品定价、市场营销到风险控制等各个业务环节，对商业银行的经营方式和盈利模式都将产生深刻影响，主要表现在以下四个方面。

**1. 挑战商业银行传统金融中介地位**

一是降低市场交易成本。在互联网金融模式下，资金供求双方运行完全依赖于互联网和移动通信网络进行联系和沟通，并可以实现多对多同时交易，客户信用等级的评价以及风险管理也主要通过数据分析来完成，交易双方的信息收集成本、借贷双方信用等级评价成本、双边签约成本以及贷后风险管理成本等都很小。二是降低信息不对称性。在互联网金融模式下，交易双方之间信息沟通充分、交易透明，定价完全市场化，风险管理和信用评级完全数据化。三是加速金融脱媒。随着第三方支付机构的发展壮大，第三方支付机构已不满足于只做银行的网关支付平台即银行网络系统和互联网网络之间的接口，而是借助其数据信息积累与挖掘的优势，开始直接向供应链融资、小微企业信贷融资等领域扩张，这将加速金融脱媒的进程。

**2. 改变商业银行盈利模式**

商业银行的传统客户主要为对贷款有稳定需求的大企业客户以及

高端零售客户，安全、稳定、低成本和低风险是客户的基本诉求，银行的盈利模式主要是向客户提供安全、稳定、低成本和低风险的金融产品与服务。在互联网金融模式下，市场参与者更为大众化和普及化，客户主要是追求多样化、差异化和个性化服务的中小企业客户及年轻消费者，方便、快捷、参与和体验是其基本诉求。传统商业银行为客户提供的基于密集知识和复杂技术的金融产品的优势将被大大削弱。

**3. 银行支付中介功能受到冲击**

互联网金融模式下的支付方式以移动支付为基础，通过移动通信设备、无线通信技术来转移货币价值以清偿债权债务关系。互联网金融的发展会进一步加速金融脱媒，使商业银行的支付中介功能面临被边缘化的威胁，并使其中间业务受到替代。迄今为止，央行已为200多家第三方支付企业颁发了支付业务许可证，其中包括阿里巴巴、腾讯、盛大、百度和EBay等互联网巨头。支付宝、财付通、易宝支付和快钱等产品已经能够为客户提供收付款、自动分账以及转账汇款、机票与火车票代购、煤水电费与保险代缴等结算和支付服务，对商业银行形成了明显的替代效应。

**4. 对现有融资格局产生影响**

凭借掌握客户的交易数据和信用记录，互联网金融在服务中小企业融资及个人消费贷款等方面较银行具有独特的优势，包括贷款审批流程简单、放款速度快、产品类型丰富多样等。例如，专注于小微企业融资服务的阿里信贷，其淘宝商户贷款流程包括：3分钟申请、无人工审批、1秒到款到账。自2010年成立以来，已累计为超过13万家中小企业提供融资服务，贷款总额达280亿元，2012年上半年就累计发放贷款130亿元，新增获贷企业4万家，不良贷款率仅为0.72%。

## （四）商业银行积极提供互联网金融服务

面对互联网的冲击与挑战，商业银行也在进行调整和转变，力求紧跟互联网的节奏，积极开发自身产品，主要表现在以下四个方面。

**1. 加速发展手机银行，抢占移动支付高地**

面对互联网的冲击，各家银行都在加速发展自身网上银行、手机银行服务。据统计，目前有17家主要商业银行以让利方式推广手机客户端，其中不少银行客户端转账服务全免费。此外，各家银行还加快了平板电脑等其他移动终端客户端的开发与升级，移动客户端的功能逐渐完善。根据上市银行2012年年报，各家银行手机银行客户数量都有大幅增加。截至2012年末，工行手机银行客户数量比上年末增长54.5%，全年交易量增长近16倍。

**2. 积极打造银行自己的电子商务平台**

银行涉足电子商务平台的动力不是为在短期内获得大规模盈利，而是为抢占市场，并掌握客户交易数据。形象地说，就是"一攻一守"。攻，是在银行业内抢占先机，争取将其他银行有电子商务信贷需求的客户挖过来；守，就是防住以支付宝为代表的第三方支付公司对银行业务的侵蚀。以建设银行为例，自2012年6月推出涵盖企业商城、个人商城、房e通三大模块的"善融商务"平台以来，截至2012年底入住商户已超万家，累计成交35亿元，线上融资更是达到近10亿元。

**3. 与电子商务平台开展合作，实现强强联合**

虽然商业银行与第三方支付平台有部分业务重叠，但目前双方的合作仍多于竞争。一是第三方支付减轻了银行处理大量交易的负担；二是沉淀在第三方账户上的备付金需要由银行托管，为银行提供了可观的存款；三是与第三方支付公司合作能够给银行客户带来便利，有助于丰富客户体验、增强客户黏性。2012年7月23日，交行与阿里巴巴合作推出"交行淘宝旗舰店"，所提供的服务内容包括贵金属、基金、保险、个人/小企业贷款、贵宾客户服务、借记卡6个频道。光大银行前不久也将银行最主流的金融产品搬至淘宝销售，开办光大网上营业厅。

**4. 积极开发线上供应链金融**

供应链金融指银行围绕核心企业，管理上下游中小企业的资金流和物流，通过全方位获取各类信息，将风险控制在最低的金融服务。深圳发展银行早在2009年即推出线上供应链金融服务，以支持金融危机之后部分企业整合供应链的行动。这些企业试图联合核心企业及其物流伙伴，帮助上下游配套企业融资，以优化供应链整体财务表现，保持供应链整体的稳定性。截至2012年11月底，已有150多家大企业采用平安银行线上供应链金融服务，支持了3400家上下游配套企业获得供应链融资。

### （五）商业银行与互联网金融的关系

尽管互联网金融在客户基础、支付职能、信贷供给等几个方面对商业银行的基本职能构成一定冲击，但互联网金融企业的客户群小微企业是商业银行客户群的子集，而且第三方支付企业所有资金渠道都要通过银行，因此，银行业与互联网金融之间的关系相当于"主动脉"和"毛细血管"。回顾历史，20世纪90年代初，随着网络银行的兴起，商业银行积极嫁接网上银行业务，成功地应对了网络银行给商业银行带来的挑战。互联网金融的发展会进一步延伸银行业服务的深度和广度。在金融服务产业链中，银行相当于"主动脉"，互联网金融企业相当于"毛细血管"，这种主辅互补关系将在中长期奠定银行和非银行互联网金融企业之间的共生关系。

## 二 余额宝业务

自2013年6月13日阿里巴巴旗下的第三方支付机构——支付

宝与天弘基金联合推出余额宝以来，该产品受到社会广泛关注，被认为将成为互联网金融发展中的一个标志性事件。7月1日支付宝与天弘基金联合发布的数据显示，自2013年6月13日上线以来，余额宝累计转入资金规模达66.01亿元，累计用于消费的金额达12.04亿元。截至6月30日24时的存量转入资金规模达到57亿元（含周四15时后至周日已申购未确认的金额），累计用户数达到251.56万。由此，名不见经传的天弘基金为余额宝定制的增利宝货币基金已成为中国用户数量最大的货币基金，超过2012年国内客户数前十大货币基金的用户总和。截至2014年2月末，余额宝开户人数已超过8100万，资产规模超过5000亿元。

## （一）余额宝的业务模式

余额宝为支付宝客户搭建了一条快捷、标准化的理财流水线，包括转入、确认、消费（支付）、转出四个关键环节，全部采用网络线上操作模式。具体而言，支付宝客户把支付宝账户内闲置的备付金余额转入余额宝，如果客户支付宝账户内余额为零，可以通过储蓄卡快捷支付付款。各种转入方式转入单笔最低金额为1元，为正整数即可。转入余额宝的资金在第二个工作日由基金公司进行份额确认，对已确认的份额开始计算收益，收益每日计入客户的余额宝总资金。客户购买商品可以使用余额宝实时支付，享有与支付宝余额支付一样的便利。

## （二）对商业银行的影响

余额宝的推出对银行存款、理财产品和基金代销业务会造成一定冲击。短期来看，整体影响不会太大，长期影响有待进一步观察。一是余额宝的收益远超银行活期存款利息，以2013年6月28日为例，余额宝的7日年化收益率为6.084%，而银行活期存款利

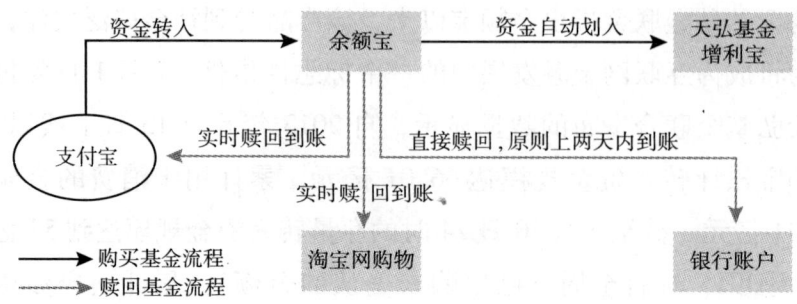

**图1 余额宝资金运作流程**

率仅为0.35%,至2014年2月底,余额宝的7日年化收益率仍逼近6%。收益率的显著差异不可避免地会对银行存款产生一定分流作用。二是与银行理财产品相比,余额宝不仅能因持有货币基金得到较高收益,还能随时赎回基金用于消费支付和转出,其流动性与活期存款相当,而且余额宝对用户的最低购买金额没有限制,一元钱就能购买,让广大支付宝用户通过"存零花钱"方式就能获得增值机会,可能对银行理财产品销售构成一定冲击。三是随着未来支付宝公司引入更多的资产管理公司,推出更多的金融产品,加上其他第三方支付公司纷纷效仿的聚集效应,很可能对商业银行的基金代销业务造成一定影响。

长期来看,如果国内监管环境进一步放松,余额宝限制因素减少,产品线继续丰富,其对商业银行的影响可能会加大。图1是余额宝资金运作流程。

### (三)风险特征

**1. 资金性质模糊,导致监管主体不明确**

余额宝作为一种创新型金融产品,同时具备支付与投资的双重功能,与中国人民银行现有的法规制度存在一定冲突,资金性质模糊,导致监管主体不明确。具体而言,天弘基金本身并不具备非金融机构支付资格。所以,余额宝账户资金不能对外进行支付,只能依托支付宝的非金融支付业务资格来实现。因此,投资与支付的双重功能使得余额宝资金性质模糊,既可以视为基金公司管理的资金,又可以视为支付宝的资金。相应的,余额宝的业务监管部门既可以是证监会,也可以是央行。

**2. 客户备付金存在挪用风险**

余额宝的赎回方式有三种,目前已开通的两种方式可以实现资金实时到账。第一种是将余额宝账户资金转入支付宝。第二种是直接用余额宝账户的资金在淘宝网购物。第三种赎回方式是资金可直接赎回到银行账户,需两天到账。按照现行的《非金融机构支付服务管理办法》和《支付机构客户备付金存管办法》,支付机构接收的客户备付金必须全额缴存至支付机构开立的专用存款账户。但余额宝作为客户购买的基金产品,不属于客户备付金的缴存范围。如果用户利用余额宝账户购买基金,支付宝公司就不必为转存的资金缴存备付金,这在一定程度上规避了监管层对第三方支付机构的管理规定。在以转出或支付的形式赎回基金的过程中,支付宝公司只有利用本公司的自有资金或者客户备付金垫付,才能实现基金赎回实时到账。一旦出现扎堆赎回基金,或者基金公司出现流动性风险,无法支付事先垫付的赎回资金时,客户的备付金就存在被挪用的风险。

**3. 风险提示不充分**

余额宝是一个跨行业的创新产品,但营销中对投资风险提示不足,投资者保护措施有待落实。余额宝在宣传中称该产品收益稳定、风险极小,但货币市场基金也有亏本可能,并非没有风险。鉴于支付宝公司没有对余额宝产品可能存在的风险向投资者充分提示,一旦客户本金发生损失,客户很有可能将对基金产品的不满转嫁至支付宝公司,金融产品的风险有可能向外蔓延。

金融监管蓝皮书

## 三 互联网信贷业务

互联网信贷最初是指"人对人"贷款（person-to-person lending，以下简称 P2P 贷款），主要以网络信贷平台为载体和媒介，为个人与个人之间的借贷提供中介服务，资金汇划主要通过第三方支付机构完成。目前国内规模较大的网络信贷平台公司有宜信、拍拍贷、红岭创投、畅贷网、团贷网、人人贷等，客户人数已达数百万。近年来，互联网信贷业务呈现快速发展势头，其原因有两点。一是与正规的金融渠道和传统民间金融相比，网络平台受空间和时间约束小，交互性和参与性较强，具有广泛的传播性、高度迅捷性和极大的便利性，且手续简便、门槛和渠道成本低。二是正规金融渠道难以完全满足现有金融服务需求，使得互联网信贷在一定程度上可以拾遗补缺。

值得注意的是，近期网络信贷平台公司的业务范围不断扩大，已不再仅作为借贷双方的信息中介平台和交易平台，近来不断通过发行非标准化或标准化的金融产品归集使用投资人的投资，同时还为借款人提供担保、抵押和垫款等金融服务，实际上已转变为网络金融平台公司形式的金融中介机构，需要引起重视。

### （一）业务模式

分析现有业务运作模式，目前网络信贷平台主要有四种业务类型。

一是信息服务。这是网络信贷平台的传统业务模式。借贷双方发布消息，自助成交，网站仅充当撮合平台，没有线下审贷环节，不对贷款提供担保。目前国内完全遵守这一模式的有拍拍贷和人人贷公司，其盈利主要来自每笔贷款的中介费和管理费。

二是信贷中介模式。网络信贷平台与放贷人签订委托协议，平台根据放贷人的指令，将资金借给借款人。借贷合同的当事人为放贷人和借款人，可能要求通过平台的账户进行资金出借和偿还，并由平台提供资信评估、资金管理和债务催收等服务，如长沙的点点贷和怀化贷款网等。

三是担保赔付模式。平台事先承诺，当借款人延迟还款时，在一定条件下平台限期垫付本金和利息。宜信公司、红岭创投等以这种模式为主。平台赔付金的来源一般是从佣金中提取相当于贷款金2%的风险准备金。另一种做法是提出某种形式的赔付计划，向参与该计划的投资者收取一定的担保费，保证本金安全。

四是线下复合模式。目前除少数平台恪守网上中介角色外，多数平台注重线下业务以期增强盈利，使网络信贷平台业务快速发展的同时，其合法性日益受到质疑。例如，大量平台开始发售理财产品、信托产品并承诺高收益率，其实质是非法吸收公众资金再放贷。如宜信先将资金借给借款人，然后从金额和时间上拆细债权，通过理财产品的方式在线下由业务人员转让给真正的资金出借人。此外，宜信平台近期推出贷款转让业务，当某笔资金出借6个月后，可以向平台申请将该笔债权转让给他人，平台将协助寻找合适的债权受让人，以便投资人提前收回资金。还有的平台开始走"创业投资"之路。例如，红岭创投先后以借款和入股的方式扶持一家淘宝网商铺。近期，央行对重庆5家涉嫌非法集资的人人贷公司进行了整改，这些公司非法聚集资金的方式包括以下三种。一是向出资人担保并承诺固定收益、参与借贷、销售理财产品；二是以入股投资公司形式私下承诺年固定收益；三是发行销售附固定收益回报的商业预付卡聚集资金，吸收的资金并未直接进入借款人账户，而是进入公司或其法定代表人账户，再向不特定对象放款。央行注销了1家公司，并责成其余4家公司逐笔清退现有的债权债务，共计4.86亿元。

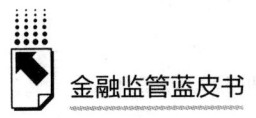

## （二）业务属性

网络信贷的本质是民间借贷。当前，我国还没有专门规范民间借贷的法律，司法实践中适用的法律规范散见于《民法通则》《合同法》《关于人民法院审理借贷案件的若干意见》《关于如何确认公民与非金融企业之间借贷行为效力问题的批复》《贷款通则》等民事基本法律、行政法规、规章和司法解释中。借贷双方通过网络渠道发布借贷款信息，缔结电子合约，完成本金和利息的转移支付，只是民间借贷的行为方式从传统的口头、书面形式到网络化的转变，并没有改变其民间借贷的本质。目前的网络信贷平台亟待规范引导。具体而言，网络信贷平台尚未纳入金融监管体系，无论人民银行、银监会还是地方政府金融办，都缺乏对其实施监管的法律依据。从业务性质分析，网络信贷平台的初衷是撮合放贷人和借款人之间的借贷交易，提供的是"订立合同的媒介服务"，属于《合同法》上的居间行为。但是，网络信贷平台提供的是货币资金的居间服务，其本质是金融服务的一种，应当接受恰当的监管。

## （三）存在的风险隐患

### 1. 没有法律法规规范其业务发展

一方面，网络信贷通过互联网平台开展信贷业务，与传统民间借贷存在诸多差别，特别是突破了传统民间借贷的地域和熟人圈子等界限。同时，网络信贷平台作为中介经营信贷业务，从事开立第三方账户、保管用户资金、代收款项并向特定用户支付、退付款和信用担保等具有金融属性的业务，实质上就是在提供金融服务。而我国现行法律在信贷平台是否应取得相关金融业务许可证、资金监管、借贷双方信用管理、个人信息保护、平台开立第三方账户是否属于第三方支付平台的业务范围等领域并没有做出明确具体的规定，容易出现基于网络信贷的诈骗、非法套现等纠纷。主要包括：一是某些网络金融平台公司发布虚假信息以创造虚假的资金供求；二是未实施实名制，借贷双方提供虚假信息进行欺诈；三是公司治理不健全、内控缺失，负责人卷钱跑路；四是存在严重的网络安全漏洞、个人隐私泄露等。由于网络平台公开面向社会公众，上述欺诈、跑路、个人隐私泄露或滥用事件极易引发社会群体事件，影响社会稳定。一旦出现上述问题，平台和客户双方的权利很难根据现有法律规范得到有效保护。

### 2. 监管主体、准入标准和监管职责不明确

目前，网络信贷面临监管缺位的问题。电信部门负责对平台网站进行 ICP 登记，但不监管其具体业务；工商部门只对平台运营商进行工商登记，同样不了解和掌握平台的具体业务；开立第三方账户的网站平台是否属于第三方支付平台、经营网络信贷业务的公司是否需要颁发支付业务许可证、人民银行是否需要按照第三方支付机构对其进行监管也并未确定；信息产业部门对平台网站从事的经营性互联网信息服务是否应按行政许可管理，也缺乏明确规定。归根到底网络信贷平台从事的是金融业务，但目前尚未受到金融监管当局的监管。除纯粹信息中介和借贷中介外，许多网络金融平台公司所提供的担保、资金募集使用等服务都属于金融服务，目前尚未纳入监管，其操作模式和运行方式很不规范，极易演变为非法吸收公众存款、非法集资以及非法发行公司企业债等违法行为。如部分网络金融平台公司推出的理财模式并承诺高收益，部分网络信贷利率超过同期银行贷款利率的 4 倍，存在高利贷嫌疑。

### 3. 多重风险值得关注

一是信用风险。网络信贷平台提供的担保、资金募集使用等服务客观上使该类公司承担了信用风险。与此同时，难以有效评估借

款人真实信用状况以及缺乏相应的抵押品,导致难以有效控制借款人的信用风险。二是容易引发流动性风险。某些网络金融平台公司通过非标准化或标准化的金融产品来归集和使用资金,导致资金借贷双方存在较为严重的期限错配,容易引发流动性风险。同时,网络金融平台公司都要求投资人通过平台本身来转让标准化的金融产品,其转让渠道相对受限且二级市场容量规模较小,同样容易引发流动性风险。三是风险传染性高。目前,不少网络金融平台公司担保倍数较高,高杠杆运作,不同业务之间缺乏明确的风险隔离,经常需要拆东墙补西墙以满足流动性要求,一旦发生风险事件,风险容易波及其他机构甚至整个行业。

**4. 缺乏有效充分的风险管控机制**

风险管理是信贷业务流程的重要环节,但网络贷款平台发展初期更看重规模扩张,风险管理水平远远跟不上业务发展的扩张,具体表现在四个方面。一是风险管理人员数量及其能力不足。拍拍贷等5家公司从业人员总数不足1000人,大部分人员没有金融行业从业经验,水平和能力很难达到有效管控风险的要求。二是缺乏信用风险管理能力。网络贷款平台没有资本充足率、存贷比等量化监管指标,风险管理方式粗放。例如你我贷赔付资金池总量1500万元,截至2012年底已赔付800万元,占比过半。三是线上审核难以确保真实性。在我国信用体系建设薄弱的大环境下,线上交易的特殊性是相关审核不够严密,有发生骗贷的可能,且网络信贷情况未纳入征信系统。四是第三方支付平台资金管控能力不足。2011年9月,银监会下发《关于人人贷有关风险提示的通知》后,各商业银行均不愿为网络信贷公司提供资金监管、收付服务,而第三方支付平台又不具备对网络信贷公司资质和操作合法性进行充分审核、甄别的能力,极易发生资金被挪用甚至卷款潜逃事件,近年来已有多家网络贷款公司发生此类事件,如淘金贷、优易网等。

## 四 对互联网金融的监管

较之传统金融业务，互联网金融业务开展时间不长，并不存在统一的商业模式，且业务创新与时俱进，国际上对各类互联网金融业务的监管也处在摸索研究阶段。

### （一）互联网信贷监管的国际经验

从国际经验看，多数国家没有针对互联网借贷的特别立法，而是通过规范一般信贷业务的法律法规来对网络信贷进行规制。对于由谁主导对网络信贷平台公司的监管，各国做法有所不同。

**1. 英国和澳大利亚**

这两个国家在对网络信贷的监管方面存在相似之处，都将网络信贷纳入消费信贷范畴。英国明确由公平交易管理局根据《消费者信贷法》对网络信贷进行监管，澳大利亚由证券与投资管理委员会根据《消费者信贷保护法》进行监管。此外，英国还成立了行业自律组织，提出网络信贷融资协会成员应满足的九项基本原则，包括公司治理、资本金、客户资金与自有资金隔离、应急机制与 IT 系统等。

**2. 欧盟**

欧盟与网络信贷相关的立法主要是消费者信贷、不公平商业操作和条件等指引性文件，这些指引对广告中及信贷合同缔约前应向消费者提供的信息范围、信息披露方式等做了规定。具体而言，一是只有注册的信贷提供者才有权通过网络发布信贷广告。二是对通过网络发布的信贷广告有额外的披露要求。例如，网上应显示发布广告或提供信贷的机构的名称、地址和注册号。三是对网络信贷规定了比其他信贷更严格的披露要求。包括：主要条款和条件（包

括信贷成本）应在同一页面以醒目方式显示；监管者或申诉仲裁员的联系方式应醒目地在同一页面及网站主页公示等。四是消费者在签订信贷合同前应有充分时间考虑合同信息及相关的解释说明，可以带走信息资料并与其他产品进行充分比较。五是规定了借款人的撤销权。欧盟立法规定借款人可以在14天内享有无须说明理由的撤销权，该规定适用于网络信贷。

**3. 美国**

目前，美国对网络信贷的监管框架比较复杂，涉及多家监管机构、多部联邦和州法律。一是在监管主体上，放款人通过购买网络信贷平台的贷款份额参与放贷的行为被美国证券监管机构认定为与证券投资行为相类似，应接受美国证监会监管。证监会主要通过要求网络贷款平台执行证券法下的信息披露要求来保护放款人。二是注重金融消费者保护。此次金融危机后美国日益注重对网络信贷的消费者权益保护，明确由消费者金融保护局来保护借款人合法权益。三是未设定市场准入门槛。除少数州有放贷机构执照要求外，在市场准入方面对网络信贷平台公司基本没有限制。

## （二）政策建议

一方面，网络信贷对弥补当前正规金融覆盖广度和深度的不足、促进经济发展有一定的积极作用。另一方面，网络信贷也存在一定的风险，恶意欺诈和卷款潜逃事件时有发生，带来广泛的社会影响。应当引导其规范发展，在监管层面可采取"宜疏不宜堵"的方针，通过法制化、阳光化和规范化渠道，在"管什么""谁来管""如何管"等方面做出相应的制度安排，推动网络金融业务持续健康发展。

**1. 出台规章制度，明确性质与定位**

应尽快出台专门的网络信贷管理办法或完善现有民间借贷法律

法规，对各类不吸收存款但以放贷为业的组织和机构的市场准入、监管与退出机制做出统一规定，明确网络信贷机构的性质和法律地位，对其组织形式、资格条件、经营模式、风险防范和监督管理等做出规范。

**2. 明确监管主体，加强监管引导**

根据国际监管实践，考虑到我国网络金融服务行业的实际情况以及现有监管框架安排，建议建立一行三会统筹协调，省级政府主管部门监管，各司其职、相互配合的监管机制。其中，一行三会根据法律授权，负责制定相关的规章制度。央行负责对网络金融市场实施监测；对涉及银行、证券、保险业务的，分别由银监会、证监会和保监会制定规章制度予以规范。日常监管由省级政府明确主管部门来负责，可以考虑由金融办监管。

**3. 按照区分存量和增量的思路，依法开展清理整顿**

在出台法规和确立监管安排的同时，应对网络金融平台公司依法清理整顿。一是对存量网络金融平台公司进行清理整顿和登记管理，对增量实施准入管理。明确规定网络信贷机构申请牌照的注册资本要求以及对申请人资格、运营规则和内控制度建设方面的标准，以此限定经营主体范围、防止网络信贷平台盲目无序发展。同时，建立市场退出机制，实现市场自然整合与优胜劣汰。在此基础上，允许满足监管要求的存量机构继续经营，不满足监管要求的勒令整改，整改合格的可以继续经营，不合格的依法予以取缔。新设立的网络金融平台公司按照监管要求实施审批管理，合格的允许开展经营，不合格的不得经营。二是明确要求网络金融平台公司拿到地方主管部门（政府金融办）的批文后，才能并且必须在银行开立资金账户，且要求自有资金账户和客户资金托管账户独立封闭运行。

**4. 规范网络金融平台公司运作，有效防范和化解潜在风险**

可考虑从以下几方面采取措施。一是明确网络金融平台公司的

性质与定位，促使其回归本位。明确网络金融平台公司应回归金融信息中介机构的本质，不得以任何形式对客户资金进行归集使用，不得开展吸收存款和发放贷款等类金融业务。二是要求网络金融平台公司客户管理全部采用实名制，对借贷双方的信息承担保密义务，网站不得进行任何虚假不实信息披露，不得披露预期收益率，不得人为创造虚假的供给需求信息。三是不得为借贷双方提供任何形式的增信，包括垫付、抵押、第三方担保等。四是可以考虑对借贷双方的借贷额度设置适当的限额。五是督促网络金融平台公司加强网站硬件、软件建设。平台公司应加强定期检查，防范黑客入侵，建立应急预案。监管部门和信息产业部门可参照商业银行网上银行的相关技术标准，出台网络信贷平台的技术安全监测认证制度。

**5. 严格与商业银行的风险隔离**

部分网络信贷平台为增强自身吸引力与可信度，在宣传中夸大自身与银行的关系。建议银监会督促商业银行落实监管要求，加强声誉风险管理，警觉和防范网络信贷平台对银行声誉的不法利用，严格规范员工利用网络平台宣传业务的行为，严肃查处信贷人员充当资金掮客的违规行为，结合自身情况开展对第三方支付平台托管账户资金风险管理的研究，严防网络信贷风险跨界蔓延。

# B.9
# 金融监管协调机制：国际经验与中国路径

钟 震*

**摘 要：**

金融监管协调机制是完善金融监管体制的重要环节，是防范系统性金融风险的重要措施，其制度化建设直接关系到金融业整体的安全和稳定。本文以本次金融危机为界，对比分析了危机前后国际金融监管协调机制的演进历程，在总结国际经验及启示的基础上，结合我国前期探索历程和存在的问题，对推进我国金融监管协调机制建设提出建议。

**关键词：**

金融监管协调　金融监管　部际联席会议

金融监管协调机制是完善金融监管体制的重要环节，是防范系统性金融风险的重要措施，其制度化建设直接关系到金融业整体的安全和稳定。本次金融危机凸显了金融监管协调的重要性，危机以来加强金融监管协调机制建设已成为国际共识和发展趋势。近年来，我国不断完善金融监管协调机制，但仍面临来自法律、制度、目标、信息、执行五个层面的现实问题。2013年8月15日，经国

---

* 钟震，经济学博士，中国社会科学院金融法律与金融监管基地特约研究员。

务院批准，由人民银行牵头，银监会、证监会、保监会和外汇管理局参加的金融监管协调部际联席会议①制度正式建立，我国金融监管协调体制建设开启了新的篇章。党的十八届三中全会也进一步明确提出完善金融监管协调机制的要求。在此背景下，如何借鉴国际成熟经验，推进我国金融监管协调机制建设是一个值得深思的问题。本文以本次金融危机为界，对比分析了危机前后国际金融监管协调机制的演进历程，在总结国际经验及启示的基础上，结合我国前期探索历程和存在问题，对推进我国金融监管协调机制建设提出建议。

## 一 危机前后国际金融监管协调机制的演进历程

此次金融危机前，主要经济体都在不同程度上构建了各种形式的金融监管协调机制，但本次危机充分暴露出了原有体系的缺陷。危机以来，为更有效地防范系统性金融风险，主要经济体相继修复了原有体系的制度性缺陷。

### （一）危机前各国金融监管协调机制的基本情况

美国"双层多头"金融监管体制相对较为复杂，涉及联邦和州两个层面的多个监管主体，自然面临多重目标的协调问题。为统筹协调各监管主体开展监管工作，美国早在1978年通过《金融机构的监管和利率管制法案》②，并于1979年3月10日成立美国联邦

---

① 《国务院关于同意建立金融监管协调部际联席会议制度的批复》（国函〔2013〕91号），中国政府网，http://www.gov.cn/zwgk/2013-08/20/content_2470225.htm。
② "The Financial Institutions Regulatory and Interest Rate Control Act"，https://ia600302.us.archive.org/31/items/financialinstitu951115unit/financialinstitu951115unit.pdf。

金融机构检查委员会（Federal Financial Institutions Examinations Council，FFIEC），主要成员包括货币监理署（OCC）、美联储（FED）、联邦存款保险公司（FDIC）、储蓄机构监管署（OTS）和国家信用社管理局（NCUA）。该委员会主要负责制定统一的监管准则和报告格式，如制定"骆驼评级体系"（CAMEL）、《外包技术服务的风险管理指引》①等。但是，这种监管协调体制的最大问题在于没有一个获得法律授权的牵头者对系统性金融风险负责，导致面对危机时各机构间的协调没有法律约束力，延误了防范和救助时机，最终带来灾难性后果。

英国自1997年起建立由英格兰银行、财政部和金融服务局（FSA）组成的"三方"（Tripartite）金融监管体制，协调机制主要通过签订"谅解备忘录"（MOU）来实现。此次危机显示"三足鼎立"的局面带来的问题是应对危机时没有明确分工，也没有任何一个主体能够具备足够的权威和手段来负责宏观审慎管理，即从整个金融体系角度实施监测、识别潜在风险以及采取协同措施。英国财政部于2010年7月发布的《金融监管改革的新方法：判断、焦点及稳定性》白皮书②指出"三方"体制存在固有不足和缺陷：FSA被赋予所有的金融监管职责，小到商业街金融顾问的客户行为监管问题，大到全球大型投行运行的安全与稳健问题；英格兰银行虽然名义上有维护金融稳定的责任和义务，但并没有授予其履行职责的工具和手段；财政部拥有维护总体法律和制度框架的职责，但未明确其在危机中有效防范数百亿英镑的公共资金处于风险的具体

---

① "Outsourcing Technology Services Booklet"，http：//ithandbook.ffiec.gov/ITBooklets/FFIEC_ ITBooklet_ OutsourcingTechnologyServices.pdf.
② "A New Approach to Financial Regulation：Judgment，Focus and Stability"，https：// www.gov.uk/government/uploads/system/uploads/attachment _ data/file/81389/consult _ financial_ regulation_ condoc.pdf.

安排。

欧盟金融监管危机前是在莱姆法路西框架（Lamfalussy Framework）下展开的，因不存在统一监管机构，具体监管由各成员国来实施，欧盟委员会负责各成员国的金融监管协调工作。在应对金融危机时，欧盟监管协调主要依靠四个谅解备忘录。第一个谅解备忘录签署于2001年，主要用于在处理银行流动性或偿付能力问题时，加强各国银行监管者和中央银行之间的信息交流和传递。第二个谅解备忘录签署于2003年，仍旧是用于各国银行监管者和中央银行之间，目的是确保欧盟和国家层面上建立系统性危机的早期评估体系，包括制定原则、程序和信息要求等。第三个谅解备忘录签署于2005年5月，范围扩大到各国银行监管者、中央银行和财政部，目的是促进危机管理的合作和信息共享。第四个谅解备忘录签署于2008年6月，进一步将2005年谅解备忘录的内容扩展至跨境系统性金融危机的处理和解决方面的协调合作。谅解备忘录对于原本分散的欧盟金融监管体系的约束力不强，不利于识别和解决系统性风险；分工不够明细和协调范围不够广泛也不利于欧盟整体的监管与协调。

德国自2002年5月成立联邦金融监管局（BaFin）后，德央行和BaFin之间的监管协调主要依靠高层会谈机制，银行业监管方面多由BaFin主导。除了在制定资本和流动性的原则时需要双方达成一致意见，其他监管政策层面，德央行更多的是行使参与协商权。直到2008年2月德国才出台指导原则[①]用以厘清央行和BaFin之间的监管分工和协作关系。

---

① "Guideline on the Execution and Quality Assurance of the Ongoing Supervision of Credit and Financial Services Institutions by the Deutsche Bundesbank", http://www.bafin.de/SharedDocs/Aufsichtsrecht/EN/Richtlinie/rl_130521_aufsichtsrichtlinie_en_ba.html?nn=2690730#doc2684268bodyText4.

金融监管协调机制：国际经验与中国路径

法国于2003年设立金融市场监管局（AMF），由证券交易委员会（COB）、金融市场理事会（CMF）和金融管理纪律理事会（CDGF）合并而成，AMF为证券市场的统一监管机构。① 法国银行业由法兰西银行（央行）负责监管，同时对一般监管事务共同协调工作起牵头作用。

俄罗斯银行（央行）监管银行业，俄金融市场局对证券商、保险公司、小金融组织、交易所投资和养老基金等非信贷金融机构进行监管。② 俄罗斯自2003年以来一直试图推行统一金融监管的改革，但直至此次金融危机后才成功。

巴西自20世纪60年代起开始采用分业监管模式，由国家货币委员会（CMN）牵头，负责协调4个机构对金融市场实施监管：巴西央行（BCB）监管银行业，证券交易委员会（CVM）监管资本市场，私营保险监理署（SUSEP）监管保险业，补充养老金秘书局（SPC）监管私人养老金。③ 2006年，巴西成立了金融、证券、保险和补充养老金监管委员会（COREMEC），以央行为核心，进一步加强各监管机构间的协调配合。由于多头监管在应对混业经营时的弱势逐渐显现，巴西金融监管协调机制仍在不断完善中。

印度根据1934年的《印度联邦储蓄银行法》和1949年的《银行管理法》，实行分业监管体制。印度储备银行（RBI）作为央行，执行货币政策的同时对银行业、非银行金融机构、外汇市场进行监管，证券交易委员会（SEBI）和保险监管及发展局（IRDA）分别对证券业和保险业实施监管。④ 印度监管协调体系是以央行为核心构建的，除了金融监管委员会（BFS）负责协调银行业监管行

---

① 孙爱林、尹振涛：《法国的金融监管改革》，《中国金融》2009年第17期。
② 莫万贵、崔莹、姜晶晶：《金砖四国金融体系比较分析》，《中国金融》2011年第5期。
③ 莫万贵、崔莹、姜晶晶：《金砖四国金融体系比较分析》，《中国金融》2011年第5期。
④ 莫万贵、崔莹、姜晶晶：《金砖四国金融体系比较分析》，《中国金融》2011年第5期。

动外，金融资本市场高层协调委员会（HLCCFCM）专门负责资本市场的协调，该委员会由 RBI 行长担任主席，成员包括 SEBI 和 IRDA 的负责人以及财政部秘书。

南非依据 1990 年的《银行法》和 1993 年的《互惠银行法》，由南非储备银行（央行）和金融服务局分别负责银行和非银行金融机构的监管。[①] 危机前南非金融监管框架内没有一个统一协调的机构。

### （二）危机以来各国金融监管协调机制的改革情况

美国总统奥巴马于 2010 年 7 月 21 日签署颁布《多德 – 弗兰克华尔街改革和消费者保护法》[②]，明确设立金融稳定监督委员会（FSOC）。FSOC 的主要职能是识别和监测系统性风险，促进金融稳定。FSOC 由美国财长担任主席，其余 15 名成员包括 9 名来自美联储、货币监理署、联邦存款保险公司、新成立的消费者保护局等联邦层面监管机构的负责人；5 名不具有投票权的成员来自金融研究办公室、联邦保险办公室以及州层面的银行、保险和证券监管部门代表；1 名独立成员由总统任命作为监督副主席，来自美联储董事会成员。

英国废弃了原有三方监管体系，撤销 FSA，在英格兰银行内部设立负责宏观审慎管理的金融政策委员会（FPC），新设隶属于英格兰银行的审慎监管局（PRA）和隶属于财政部的金融行为监管局（FCA），分别负责微观审慎监管和行为监管。英国相继出台《2012 年金融服务法草案》[③] 等一系列法案确立了以央行及其附属

---

① 刘萍、张韶华：《南非的非吸收存款类放贷人法律制度》，《金融研究》2008 年第 6 期。
② "Dodd-Frank Wall Street Reform and Consumer Protection Act", http：//www. sec. gov/about/laws/wallstreetreform – cpa. pdf.
③ "Draft Financial Services Bill 2012", http：//www. publications. parliament. uk/pa/jt201012/jtselect/jtdraftfin/236/236. pdf.

机构 FPC 为核心的协调机制，协调内容主要包括：英格兰银行和财政部之间、PRA 与 FCA 之间、FPC 与 PRA 和 FCA 之间、英格兰银行与 FCA 之间、英格兰银行与 PRA 之间的协调。

欧盟 2009 年颁布《欧洲金融监管体系改革》法案①，于 2011 年 1 月 1 日生效，从超国家层面成立了两大金融监管机构分别负责宏观审慎管理和微观审慎监管，即欧洲系统性风险委员会（ESRC）和欧洲金融监管体系（ESAS），同时这两大超级机构之间的协调主要依靠信息共享和及时预警的方式，ESAS 将所收集的微观信息和发现的问题共享给 ESRC，ESRC 结合欧盟整体宏观经济形势将潜在的系统性风险通过预警传递给 ESAS。2013 年 10 月，欧洲理事会批准设立欧洲银行单一监管机制，建立协调小组（Mediation Panel），由各成员国派代表组成，旨在解决成员国之间的意见分歧。

德国于 2012 年 5 月通过《金融监管体系改革法案》②，决定成立德国金融稳定委员会，维护金融市场稳健性和促进金融监管协调性。该委员会由德国财长担任主席，9 名有投票权的成员组成"三三制"，即财政部、央行和 BaFin 各三名；1 名无投票权成员来自联邦金融市场稳定署（FMSA）。

法国于 2008 年 8 月出台《经济现代化法》③，将原有银、证、保分业监管机构统一合并为审慎监管局，隶属于法央行。法央行被赋予更多的协调职能，由危机前的一般监管事务的牵头者提升到负责全面监管事务、防范系统性风险和维护金融稳定的地位。

俄罗斯于 2013 年 7 月 24 日通过《将金融市场领域调节、监督

---

① 李翔、樊星：《各国金融监管改革的比较分析》，《国家行政学院学报》2011 年第 3 期。
② 《德国实施新银行业监管改革法案》，亚太财经与发展中心，http://afdc.mof.gov.cn/pdlb/wgcazx/201205/t20120510_650209.html。
③ 孙爱林、尹振涛：《法国的金融监管改革》，《中国金融》2009 年第 17 期。

和检查职能转交中央银行的若干有关法规修正案》，明确俄央行取代原金融市场局对非信贷金融机构的监管权，进而成为唯一的统一金融监管者。同时，俄央行还接管了财政部和政府的金融市场监管标准、会计标准、相关监管法律等制定的权力。[①] 俄央行设立相关内部部门行使上述职权，俄央行原有的与原金融市场局、财政部和政府之间需要外部协调的事宜转变为央行内部事宜。

巴西于2011年5月在央行内部设立金融稳定委员会（COMEF），专司宏观审慎政策功能，负责巴西央行内部协调各部门之间的职责。此外，巴西拟对原有COREMEC进行升级，将金融监管机构、信用保障基金和财政部纳入新的协调框架内，央行仍居核心地位。

印度于2010年12月成立金融稳定和发展委员会（FSDC），由财政部部长任主席，成员包括RBI行长以及SEBI、IRDA、养老金监管和发展局的负责人。RBI仍居核心地位，负责FSDC的日常工作。

南非财政部于2011年2月发布文件"A safer financial sector to serve South Africa better"，宣布南非金融监管体制转为"双峰式"模式，并于2011年成立金融稳定监督委员会（FSOC），财政部部长担任主席，成员来自南非储备银行、金融服务理事会和财政部，负责监管协调工作。

## 二 金融监管协调机制改革的国际经验及启示

总体来看，国际金融监管改革实践重点从法律、体制、目标、信息和执行五个层面强化金融监管的协调性。

---

① 《俄罗斯央行将统一监管金融市场》，新华网，http：//news.xinhuanet.com/fortune/2013-07/24/c_116674902.htm。

### （一）法律协调：明确监管协调机制的地位

美国颁布《多德－弗兰克华尔街改革和消费者保护法》，明确设立金融稳定监督委员会；英国出台《2012年金融服务法草案》等一系列法案确立了以央行及其附属机构金融政策委员会为核心的协调机制；欧盟颁布《欧洲金融监管》和《欧洲银行业单一监管机制法案》，成立了包括欧洲系统性风险委员会、欧洲金融监管者体系和银行业单一监管机制在内的跨国协调机制；德国通过《金融监管体系改革法案》赋予金融稳定委员会协调职能；法国出台《经济现代化法》，增加了法兰西银行（央行）在危机处置和防范系统性风险中的协调职权；俄罗斯通过法案明确俄央行为统一金融监管者，将监管协调内部化；巴西、印度、南非等国也从立法层面明确相应的监管协调机制的制度安排。

### （二）体制协调：设立专门机构负责监管协调

从体制层面上可以分三种方式。一是建立跨部门的协调机制，美国的金融稳定监督委员会、德国的金融稳定委员会、印度的金融稳定和发展委员会、南非的金融稳定监督委员会等，其成员包括财政部、央行和主要监管者。二是以央行或其内设机构为核心，如英国的英格兰银行及其附属机构金融政策委员会，法国、俄罗斯、巴西等国的央行负责监管协调。三是成立超主权的协调机制，在联盟范围内统一监管规则和防范系统性金融风险，比如欧洲系统性风险委员会、欧洲金融监管者体系以及近期建立的银行业单一监管机制。

### （三）目标协调：注重各监管主体的目标统一

一是宏观审慎管理和微观审慎监管的协调。除由跨部门机构负责宏微观审慎监管协调外，一些国家央行为宏观审慎管理和微观审慎监管统一监管者，使二者的协调内部化，降低协调成本，提升监管效率，如英国、俄罗斯、法国等。而另一些国家将宏观审慎管理和微观审慎监管职责纳入统一监管体系，赋予宏观审慎管理部门更多的权利以减少监管摩擦，如监督权、建议权、信息获取权等，如美国。二是货币政策与金融监管政策协调。特别是那些同时肩负金融监管职责的央行，更需要重视将货币政策与金融监管政策结合使用，如美国、英国、俄罗斯、法国、巴西等。三是中央和地方金融监管协调。美国财政部下设国家保险办公室，为联邦层面牵头者，与各州共同监管保险业，从而改变过去由州牵头监管保险业的局面。

### （四）信息协调：保障信息共享途径的畅通

信息共享是金融监管协调的基础。建立畅通的信息共享途径不仅能够提高监管效率，降低监管成本，而且能解决因信息不对称引发的监管冲突。一些国家通过法律直接就信息共享机制做出安排。德国明确规定：必要时，德联邦金融监管局和金融机构必须向德央行提供数据和信息；美国财政部下设金融研究办公室，为金融稳定监督委员会及其成员收集数据和提供分析；部分国家通过签署联合谅解备忘录（MOU），促成信息交流机制；英国的财政部与英格兰银行共同制定《金融危机管理备忘录》来明确各自职责。

### （五）执行协调：突出央行的牵头作用和特殊地位

在系统重要性金融机构监管、金融消费者权益保护、危机处置、事前协商以及紧急、冲突协调机制的具体执行过程中，各国均不约而同地明确央行牵头者地位或强化央行的特殊地位。美国金融稳定监督委员会授予美联储对具有系统重要性金融机构和非银行金融机构的监管权，金融消费者权益保护也由美联储下设消费者保护局具体实施；英国央行负有维护金融稳定的责任以及在危机时对某家金融机构行使"暂时国有化"的权力；欧央行负责监管资产规模较大和接受救助的银行①，并在必要时对其他中小银行实施直接监管。

## 三 我国金融监管协调机制建设的探索历程和主要问题

### （一）我国金融监管协调机制建设的探索历程

与以往联席会议不同，近期国务院设立的金融监管协调部际联席会议制度是正式的制度安排，能较为有效地融合"一行三会"的监管职能，开启了我国金融监管协调的新篇章。根据国务院规定，金融监管协调部际联席会议重点围绕金融监管开展工作，不改变现行金融监管体制，不替代、不削弱有关部门现行职责分工，不替代国务院决策，重大事项按程序上报国务院。联席会议通过季度例会或临时会议等方式开展工作，落实国务院交办的事项，履行工作职责。联席会议建立简报制度，及时汇报、通报金融监管协调信息和工作进展情况。可以看出，新的部际联席会议机制具有较为完备的职能、程序及运作机制。

回顾我国金融监管历程，此次建立部际联席会议已是第三次重启监管协调制度。早在2000年银监会尚未成立之时，人民银行、证监会和保监会以联席会议形式每季度开会通报各自领域的发展状况和监管

---

① 根据欧洲银行业单一监管机制规定，欧央行负责监管以下三类银行：一是资产总额在300亿欧元以上或占其所属国GDP的20%以上的银行；二是资产总额在所在国排名前三的银行；三是已接受欧洲金融稳定基金或欧洲稳定机制救助的银行。

进程。2008年国务院建立了"一行三会"金融工作旬会制度并成立了应对国际金融危机小组,这是第二次启动。在法条修订方面,2003年12月,已将"国务院建立金融监管协调机制,具体办法由国务院规定"和"中国人民银行应当和国务院银行业监督管理机构、国务院其他金融监督管理机构建立监督管理信息共享机制"的条文增加到《中华人民共和国中国人民银行法》修正案中。① 在分工方面,2004年6月,三个专业监管机构——银监会、证监会和保监会就签署了《在金融监管方面分工合作的备忘录》②,分别从指导原则、职责分工、信息收集与交流、工作机制等方面确定了监管协调的框架。2008年1月银监会和保监会签署了银保深层次合作和跨业监管合作的谅解备忘录。③ 2008年8月14日公布的人民银行"三定"方案④中,明确了央行以"会同"的方式参与建立金融监管协调机制的职责以及相应的地位,但在现实操作中,"会同"难免沦为"会签"。

### (二)我国金融监管协调机制的主要形式

经过多年的探索、实践及发展,截至2013年底,中国金融监管协调机制主要存在以下几个制度。

第一是国务院建立的金融旬会制度。国务院办公厅负责组织协调部门,人民银行、银监会、证监会、保监会、外汇管理局、发改委以及财政部等有关部门参加。旬会的主要内容是讨论研究金融改

---

① 《中华人民共和国中国人民银行法》,中国政府网,http://www.gov.cn/ziliao/flfg/2005-09/12/content_31103.htm。
② 《中国银行业监督管理委员会、中国证券监督管理委员会、中国保险监督管理委员会在金融监管方面分工合作的备忘录》,中华会计网,http://www.chinaacc.com/new/63/69/114/2004/6/ad67715111182640022840.htm。
③ 《银监会和保监会双方签署跨业监管合作谅解备忘录》,中国政府网,http://www.gov.cn/jrzg/2008-01/23/content_865890.htm。
④ 《国务院办公厅关于印发中国人民银行主要职责内设机构和人员编制规定的通知》,中国政府网,http://www.pbc.gov.cn/publish/bangongting/82/1775/17754/17754_.html。

革、发展和稳定等重大问题,同时也对金融监管中需要协调的重大事项进行讨论分析。

第二是由中国人民银行牵头的反洗钱工作部际联席会议制度。这是一个相对专业、目标较为单一的金融监管协调机制。该机制主要是指导全国反洗钱工作,制定国家反洗钱的重要方针、政策,协调各部门、动员全社会开展反洗钱工作。

第三是由银监会召集成立的处置非法集资部际联席会议制度。这是领域较为明确、目标较为单一的协调机制,主要是应对非法集资的处置。

第四是证监会牵头成立的整治非法证券活动协调工作制度。这是证监会主导的相对专业的协调机制。

第五是各省市建立的金融稳定联席会议制度。主要分析各行业影响辖区金融稳定的重要因素及需要关注和解决的问题,研究共同应对措施,达成工作共识,形成防范金融风险的"统一战线"。当然,由于各省市的状况不一,这个机制更多的是一个沟通性质较强的机制,而问题处置职能相对较少。

## (三)我国金融监管协调机制的主要问题

近年来,我国金融监管协调机制在防范系统性金融风险和维护国家金融安全上起到了一定的作用,但由于缺乏有力的法律和制度保障,协调机制仅仅停留在原则性框架层面,未能实现协调作用最大化。在实践中,无论是从法律建设还是从制度安排上都存在着一些问题。在法律层面,缺乏一部较高层次的金融监管协调法,在目前现有的法律框架下,"一行三会"可以根据各自履行职责的需要进行沟通与协商,但这种方式是没有强制约束力的,影响了协调机制的运行效果。在制度层面,各监管主体的职责分工不够清晰,监管边界的新业务和新产品因缺乏监管主体,往往处于监管空白状

况，缺乏有效、权威的争议解决机制。在目标层面，参与金融协调的各部门存在利益博弈问题，人民银行作为"最后贷款人"不可避免地面临货币政策和金融监管的协调问题，中央和地方监管权责不清也影响监管政策的传导效果。在信息层面，信息共享机制不健全，分业监管模式容易造成监管信息的分割，各监管主体间交流渠道不畅通，各自监管信息仍处于封闭状态。在执行层面，缺乏跨部门联合执法机制，重复监管问题比较严重，金融消费者保护、系统重要性金融机构监管等方面均未明确各监管主体的权责。

## 四 积极稳妥推进我国金融监管协调机制建设

回顾以往我国在金融监管协调机制建设上的前期探索历程，虽然对防范我国系统性金融风险和维护国家金融安全起到了积极的作用，但还远远满足不了我国金融服务实体经济发展的需要，与国际实践相比也仍有一定差距。与以往联席会议不同，近期国务院设立的金融监管协调部际联席会议制度是正式的制度安排，开启了我国金融监管协调机制建设的新篇章。为了进一步全面贯彻落实党的十八届三中全会关于加快完善现代市场体系的精神，未来需要借鉴国际经验并结合我国国情，充分发挥金融监管协调部际联席会议制度功能，积极健全监管协调法律体系，探索建立监管协调工作机制，重点统筹三大关系的目标协调、持续完善监管协调信息共享平台、稳妥构建监管协调联合行动制度，切实提升我国监管协调工作规范化和制度化水平。

### （一）积极健全监管协调法律体系

国际实践充分说明金融监管协调机制的建设与完善高度依赖于法律体系的健全。目前我国缺乏一部较高层次的金融监管协调法，现有的法律框架中仅在 2003 年 12 月《中华人民共和国中国人民银行法》修正案中规定了一些原则性条款①,对各监管主体的约束力不够,影响了监管协调机制的实际运行效果。同时,在我国分业监管框架下,中央和地方之间、宏微观监管部门之间都出台了各自的监管规定,存在关联性法律法规的协调和一致问题。未来应以加强和改善金融监管协调为重点,择机推出一部总揽金融监管协调全局的政策法规,并在此基础上探索和完善符合我国金融监管逻辑和趋势的法律约束机制,明确"一行三会"、有关部委、地方政府之间的分工职责,要求不同监管部门在出台重大监管政策之前充分沟通,提高对关联性业务监管政策的衔接和统一,促进监管标准的协调性。

## (二)探索建立监管协调工作机制

此次国务院对金融监管协调部际联席会议的工作机制进行了更加明细的规定,要求部际联席会议"不替代国务院决策,重大事项按程序报国务院",以及"通过季度例会或临时会议等方式开展工作",并"建立简报制度,及时汇报、通报金融监管协调信息和工作进展情况"。这些规定与过去较为松散的制度安排相比已有了飞跃式的提升,但我们应清醒地认识到各监管主体的职责分工仍不够清晰,特别是对交叉性金融产品、跨市场金融创新业务与处于监管边界的金融机构和金融活动,缺乏协调相关部门统一认识和明确监管政策、规则和责任的具体方案。下一步,应牢牢守住不发生系统性和区域性金融风险的底线,以现有部际联席会议制度为平台,构建有效、权威的事前协商和争议解决机制,进一步厘清各监管主体的监管职能,在发挥机构监管优势的同时,树立功能监管理念,强化工作制度约束,真正把监管协调落到实处。

---

① 《中华人民共和国中国人民银行法(修正)》第九条"国务院建立金融监督管理协调机制,具体办法由国务院规定"和第三十五条"中国人民银行应当和国务院银行业监督管理机构、国务院其他金融监督管理机构建立监督管理信息共享机制"。

## （三）重点统筹三大关系的目标协调

从目标层面看，我国参与金融协调的各部门存在利益博弈问题，货币政策与金融监管的统筹协调、宏观审慎管理和微观审慎监管的相互配合、中央与地方监管权责分工都不可避免地影响到监管政策的传导效果。其中，人民银行作为"最后贷款人"和部际联席会议的"牵头人"，涉及上述三大关系的目标协调效果，未来在金融监管协调机制中的作用将至关重要。为顺利实施货币政策，央行需要就金融监管措施可能对金融机构和金融市场产生的影响进行评估，确保货币政策有效传导。宏观审慎管理和微观审慎监管之间的协调涉及"一行三会"权责分工问题，当前我国日益加强的混业经营趋势和近年来渐成气候的互联网金融，未来应纳入央行牵头的部际联席会议的主要议题。十八届三中全会提出"界定中央和地方金融监管职责和风险处置责任"，未来应在坚持中央对金融业统一监管的基础上，以区域性原则为导向明确地方在防范区域性金融风险中的监管和处置职责。

## （四）持续完善监管协调信息共享平台

完善的信息完全共享机制是提高监管协调有效性的必然选择。但是目前我国监管信息共享机制不够健全，分业监管模式容易造成监管信息的分割，各监管主体间交流渠道不畅通，各自监管信息仍处于封闭状态。在实践中，各监管主体对监管信息存在一定的认识偏差，导致监管数据重复收集，增大了被监管者的负担与协调成本。下一步，要明确各监管部门的信息采集范围，统一采集标准，避免监管数据的重复统计和统计遗漏，对于多方需求的共同信息应实现采集和传达方式的一致性。加快金融业统计体系建设，形成集中、统一、高效的金融信息来源，实现金融统计数据在各部门间的动态实时共享,从而避免决策口径的偏差。借鉴国际做法,赋予宏观审慎管理部门信息索取权,各微观审慎监管部门有义务提供与防范系统性金融风险的相关信息,包括行业数据、现场监管和非现场监管信息等,为宏观审慎分析提供基础。

### (五)稳妥构建监管协调联合行动制度

联合行动制度是金融监管协调的较高层次,较信息共享更具有实质意义。特别是一些交叉性金融产品和跨市场金融创新的领域,仅仅依靠就某一金融事项各监管部门联合发文的现有做法是远远不够的。从国际实践来看,金融消费者权益保护、系统重要性金融机构监管、危机处置等一系列工作都需要将各监管主体纳入协调机制,并在联合行动具体执行过程中,充分发挥央行的牵头作用。当前,"一行三会"均自行探索不同的统一执法方式,比如人民银行牵头的反洗钱工作部际联席会议制度,银监会召集成立的处置非法集资部际联席会议制度,证监会牵头成立的整治非法证券活动协调工作制度,尚未从整个金融业角度出发统筹考虑建立统一的跨部门联合行动制度,导致监管实践中重复监管和监管缺位问题比较严重,金融消费者保护、系统重要性金融机构监管等方面均未明确各监管主体的权责。未来,应进一步明确各监管主体的职责分工,确保处于监管边界的金融监管行动的一致性,减少监管真空和监管重复,形成监管合力。

综上,金融监管协调机制建设涉及各个方面,是一项系统性工程。相对于世界上其他国家,我国金融监管协调机制建设还存在不小的差距,应当在深入研究我国现实的基础上,全面落实党的十八届三中全会要求,针对实践中存在的突出问题,借鉴国外行之有效的有益经验,建立适合我国国情、协调框架合理、机制保障有力的金融监管协调机制。

# B.10
# 中国信托业发展趋势、运行机制与政策建议

袁增霆*

**摘 要：** 中国信托业的受托资产管理规模从2013年第3季度开始跨过了10万亿元大关。社会投融资渠道不畅及其需求压抑，是推动这一进程的主要背景因素，尤其从融资角度来看是如此。一些行业事实表明，信托业前进的步伐已经开始放缓，甚至很有可能在2012年上半年就已经出现了周期性的顶部。这方面的事实包括信托产品的新增发行动力衰减，信托产品与国债之间的息差收窄，行业风险暴露增强等。这些状况也暴露出当前信托业监管的粗疏与偏颇之处。监管与制度有必要在矛盾激化之前做出调整。

**关键词：** 信托业 资产管理 监管

在社会投融资渠道不畅及其需求压抑的背景下，中国信托业的发展仍不断创造新的纪录。2013年第3季度末，中国信托业协会统

---

\* 袁增霆，经济学博士，副研究员，中国社会科学院金融研究所金融实验室副主任，主要研究领域为资产证券化、结构金融等。

计的受托资产管理规模首次跨越10万亿元关口,至年底规模达到10.9万亿元,其中声明的"融资类""投资类"规模占比分别约为48%和33%,其他为"事务管理类"。当然,这种所谓的功能分类显然是不恰当的。前两者都不过是金融的一个侧面,从任何一个侧面来计算都足有8万亿元的额度。自2008年第4季度以来,当全国性的信贷规模扩张遭遇银行资本的管制之后,巨大的信贷配给空间促生了各种替代性融资选择。这段历史背景也造就了可观的"信托制度红利"期。

## 一 行业发展状况

在当前的分业经营与分业监管体制下,中国信托业由68家信托公司构成,隶属中国银监会非银部。自1978年改革开放开始中国就恢复了信托业。然而,在前20多年,它经历了5次大的行业整顿,可谓命运坎坷。直到2001~2002年《中国信托法》及两个行业性的管理规定(所谓的"一法两规"制度)出台之后,该行业才渐渐从复苏走向繁荣。尤其在过去5年间,它的高速增长令人咂舌,如表1所示。在此期间,可以说它实现了内核(如固有资产规模、经营收入、利润总额等指标)扩张3倍以上,外延(如受托管理资产规模指标)扩张8倍以上的奇迹。

表1 中国信托业统计

单位:亿元

|  | 2008年 | 2009年 | 2010年 | 2011年 | 2012年 | 2013年 |
| --- | --- | --- | --- | --- | --- | --- |
| 受托管理资产 | 12038.3 | 19760.0 | 30404.6 | 48114.4 | 74705.6 | 109071.1 |
| 固有资产 | 870.5 | 998.6 | 1483.4 | 1825.1 | 2282.1 | 2871.4 |
| 经营收入 | 160.0 | 196.5 | 284.0 | 439.3 | 638.4 | 832.6 |
| 信托业务收入 |  |  | 166.9 | 346.1 | 471.9 | 611.4 |
| 利润总额 | 106.5 | 120.0 | 158.8 | 298.6 | 441.4 | 568.6 |

资料来源:中国信托业协会。

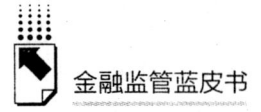

信托业的这一轮繁荣正是萌发于信托融资对银行信贷融资的替代过程。该行业的资本回报水平也已经清晰地显示出它与银行业的相似之处。按照行业利润总额与所有者权益指标计算的行业资本利润率（ROE）在2010年只有12%，远落后于银行业的19.2%，但两年后便实现了反超，到2012年底该指标已经飙升到21.7%。在这种现象的背后，同期两类金融业务之间的替代关系发挥了至关重要的作用。换言之，两个金融行业的盈利方式变得日益趋同。在此期间，原来无法获取银行贷款的客户及项目，大量地转向寻求信托融资渠道。在信贷配给严重的时期，银行不仅可以从客户那里获得账面上的利息收入，还可以自主索取不菲的顾问费或其他名目的服务收入。信托公司的行为颇为类似，一方面是具有一定行业透明度的信托报酬率，另一方面也会包括顾问服务费或其他类似名目。从融资方的角度来看，银行信贷与信托贷款、债权或股权等形式之间，只是渠道可得性与资金成本之间的竞争与选择，并不存在本质差异。

在信托公司群体中，个体的业务能力与风格差异是非常突出的。根据2012年我们与信托业协会的沟通以及对部分公司的调研，可以发现其中的佼佼者及其擅长领域。例如，中信信托的集团背景优势和创新业务，对外经贸和平安信托的财富管理业务，北京信托等公司的房地产业务等。同时，这个群体中不乏表现疲弱者。我们曾在一份信托业协会委托课题的主题报告《中国信托产业发展之路》中，揭示出2011年显著的行业内部差异。具体来说，将样本公司的人均净利润、净利润、新增受托资金规模、新增集合资金规模等指标进行百分位数排序，结果发现样本之间存在典型的"2/8现象"。在由五分位点决定的档次分类中，只有5~10家信托公司的排序位于领先的两档。在2013年9月出版的由中建投信托研究中心与中国建投投资研究院编著的《中国信托业研究报告（2013）》中，也得出了"行业分化明显"的结论。后者分别评价了2011年和2012年的公司竞争力，在其给出的三个档次的分类中，领先档的评分要远高于中间档。而且，这两年竞争力表现真正优秀且稳定的样本公司只有5家，即中融信托、中信信托、平安信托、中诚信托和外贸信托。

## 二 行业发展特征与趋势

### （一）信托业发展的分类特征

信托业协会官方网站上公布了2010年以来按照各种口径分类统计的行业季度数据，这是观察近年来行业发展轨迹的重要窗口。尽管这些分类标准并不严格，数据质量也未必高，但毕竟提供了一些相对可靠的客观数据。

根据行业受托资产的分类统计（见表2），资金信托以及其中的单一资金信托类型在所有业务中仍然处于主导地位，非资金类的财产管理仍然微不足道。当然，这里无法确认财产的具体形态。因此可以说，信托业的主要职能仍然是发挥投融资方面的金融功能。与欧美国家相比，信托作为一种灵活多样的财产及事务管理方式，在国内的实践形式还相当单调。单一资金类信托类型的较高占比，说明机构客户的资金融通需求主导了行业规模统计。此外，这里的功能分类是很有问题的。融资和投资都只是金融的一个侧面。过去一些业内人士倾向于借助投资类占比上升或融资类占比下降的伪逻辑来表明信托业没有与银行业经营产生冲突，这是不妥当的。

表2 信托资产分类统计

单位：%

| | | 2010年 | 2011年 | 2012年 | 2013年 |
|---|---|---|---|---|---|
| 来源 | 集合资金类 | 20.6 | 28.3 | 25.2 | 24.9 |
| | 单一资金类 | 74.5 | 68.2 | 68.3 | 69.6 |
| | 管理财产类 | 4.9 | 3.5 | 6.5 | 5.5 |
| 功能 | 融资类 | 59.0 | 51.4 | 48.9 | 47.8 |
| | 投资类 | 23.9 | 35.8 | 35.8 | 32.5 |
| | 事务管理类 | 17.1 | 12.8 | 15.3 | 19.7 |

资料来源：根据中国信托业协会的统计数据计算而得。

资金信托业务的具体分类统计（见表3），则表明了该领域管理方式的多样性以及市场需求变化。在过去4年，信托贷款的运用

表3 资金信托的分类占比统计

单位：%

| | | 2010年 | 2011年 | 2012年 | 2013年 |
|---|---|---|---|---|---|
| 运用方式 | 贷款 | 54.3 | 37.4 | 42.9 | 47.1 |
| | 交易性金融资产 | 8.3 | 7.3 | 9.4 | 9.1 |
| | 可供出售及持有到期投资 | 10.2 | 18.4 | 17.5 | 18.5 |
| | 长期股权 | 15.7 | 14.1 | 9.9 | 9.1 |
| | 租赁 | 0.2 | 0.2 | 0.2 | 0.1 |
| | 买入贩售 | 1.3 | 2.0 | 2.1 | 1.8 |
| | 存放同业 | 2.9 | 9.7 | 7.8 | 6.8 |
| | 其他 | 7.1 | 10.9 | 10.2 | 7.5 |
| 投向 | 基础产业 | 34.4 | 21.9 | 23.5 | 25.3 |
| | 房地产 | 15.0 | 14.8 | 9.9 | 10.0 |
| | 证券市场 | 9.5 | 9.1 | 11.6 | 10.4 |
| | 金融机构 | 5.2 | 12.7 | 10.2 | 12.0 |
| | 工商企业 | 18.6 | 20.4 | 26.7 | 28.1 |
| | 其他 | 17.3 | 21.1 | 18.1 | 14.2 |

资料来源：根据中国信托业协会的统计数据计算而得。

曾经处于监管压制状态，尤其是房地产的信托贷款受到限制。可能是出于后期执行方面的原因，贷款方式的运用比例只是处于先下降后反弹的走势。关于可供出售及持有到期投资的显著上升，因为无法看到细节，因此还不能确认缘由。作为一种推测，它可能会与同期增长的银行同业业务、理财业务密切相关，作为对方卖出回购操作的交易对手。遗憾的是，曾经受到业内推崇的长期股权投资，占比却表现出下降趋势。关于信托资金的投资方向，基础产业是个说不清楚的领域，通常指向基础设施。房地产领域的占比出现下降，工商企业的占比相应地上升。此外，金融机构的资金需要也是很显著的。这种变化尚不具有某些方面的积极意义。在集合资金类信托产品中，绝大多数的抵押物运用仍是房地产。表3中占据相当比例的"其他"项，也容易让人产生疑惑。

信托特色业务的统计（见表4），则直接显示出过去4年银信合作的急剧下降以及信政合作的快速上升趋势。尤其是非证券类的银信合作业务，过去主要指向参与银行贷款出表的信贷类合作业务，其比例大幅下降，但是，它仍然是最大的特色业务。而且，在信托资产总规模上升趋势下的占比下降，也要大打折扣。即便如此，也不能完全说明问题。在一定程度上，银信合作方式的多样性已经今非昔比。

表4 信托特色业务的分类占比统计

单位：%

|  | 2010年 | 2011年 | 2012年 | 2013年 |
| --- | --- | --- | --- | --- |
| 银信合作 | 54.6 | 34.7 | 27.2 | 20.0 |
| 其中的证券投资 | 5.0 | 6.8 | 9.3 | 39.5 |
| 信政合作 | 11.7 | 5.3 | 6.7 | 8.8 |
| 私募基金合作 | 4.2 | 3.5 | 3.4 | 2.3 |
| PE | 0.8 | 0.8 | 0.6 | 0.5 |
| 基金化房地产信托 | 0.6 | 0.7 | 0.4 | 0.1 |
| QDII | 0.0 | 0.0 | 0.1 | 0.1 |

资料来源：根据中国信托业协会的统计数据计算而得。

## （二）信托业发展趋势

总体来看，信托业的业务与财务规模仍处于扩张的态势，但边际增量已经开始下滑。随着同业竞争越发激烈，行业风险因素也渐渐显露出来。从样本量大、数据充分且有代表性的集合类资金信托产品的发售情况来看，信托业的阶段性繁荣顶点似乎已经出现在2011年第二季度至2012年第二季度的区间内。图1和图2就描述了该类产品市场上"量价关系"的趋势性转变。由图1可见，自2012年下半年以来，新增集合类资金信托产品的发售规模（资金与数量）就已经开始转入颓势。如果结合行业风险因素来看，2013年最后一个季度出现的反弹还不足以带来更乐观的判断。

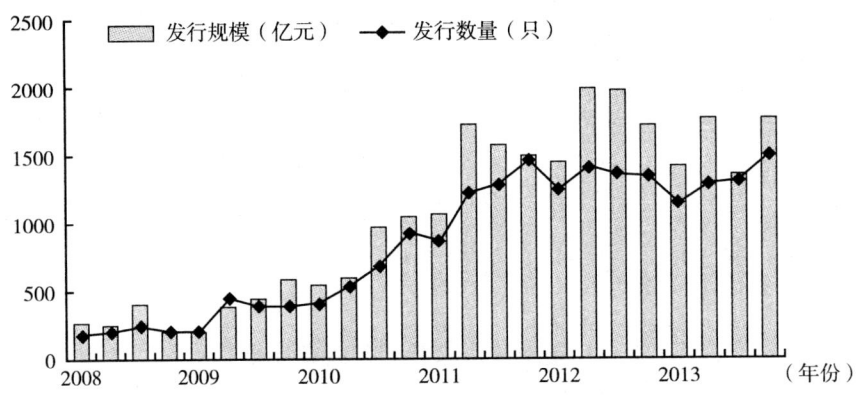

**图1　集合类资金信托产品发行的季度动态**

资料来源：Wind资讯。

同时集合类资金信托产品的预期收益率走势也发生了反转，与发售规模相比甚至大约提前了1个季度。图2剔除了其他金融市场利率因素的影响，反映得更为清晰。这里的统计数据是每月非证券投资类信托产品的平均预期收益率相对同期国债到期收益率的溢价，并按照三种主要期限进行分类。1～2年期的产品是其中最重要的代表。所有集合类产品的平均委托期限通常就落在1.5～2年的范围内。该图表明最近一次阶段性高点出现在2012年1～5月份。上一次高点则恰恰出现在2009年的同样月度区间内。显然，2012年7月份的货币政策放松和2013年6月中下旬的"钱荒事件"并没有在该领域引起特别反应。

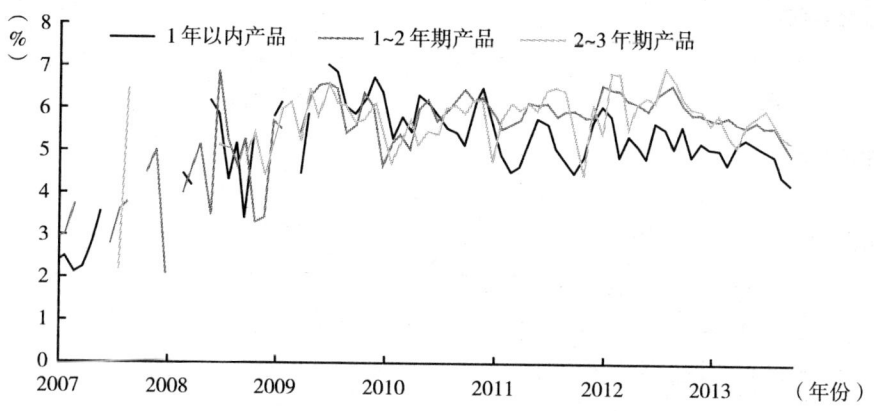

**图2　非证券类集合资金信托产品的超额预期收益率**

注：超额预期收益率指相对于同期限国债到期收益率的溢价；月度数据。
资料来源：Wind资讯。

随着信托产品发售情况的反转，该领域的风险暴露也进入了活跃期。2012年6月份，中诚信托发生了的"矿产信托事件"。当年第4季度，中信信托、中融信托、安信信托等行业龙头均发生了房地产类信托产品投资项目的财务困境。所幸2013年第1季度房地产价格再次上涨，抵押物升值缓解了事态的严重程度。2013年第4季度伊始，四川信托和新华信托就曝出了类似事件的官司纠纷。曾经维持数年不倒的信托"刚性兑付"，在局部领域开始陷入延迟或纠纷，信用风险更加彰显无遗。

## 三 典型信托业务的运行机制

信托业的本源业务就是信托服务。按照2001年颁发的《信托法》，"受托人管理信托财产，必须恪尽职守，履行诚实、信用、谨慎、有效管理的义务"。"受托人除依照本法规定取得报酬外，不得利用信托财产为自己谋取利益。"在国内的资金信托业务领域，现实运行情况是否脱离了本源业态？这一直是备受关注的行业性问题。业内通常讨论的业务转型，实质上就是对这种偏差的现实认识和纠偏探索。

### （一）典型业务过程与方法

典型的资金信托业务流程如下面的图3所示。在这一过程中，投资人既是委托人也是受益人，享有相应的信托财产权益；由资金集合形成的信托财产则交由信托公司管理。信托资金的运用方式主要包括信托贷款、其他债权与股权三大类，实质最终聚焦于债权和股权两种基本类型。相应的，投资者作为受益人的受益方式与此相关。尽管在现实操作中经常会出现债权、受益权、权益、股权等名目，但最终还是不外乎债权和股权两种基本类型。而且，信托贷款和其他债权，在金融原理方面与银行贷款是完全相同的。彼此之间的关键区别是：前者是信托公司代理私人部门放款，后者是通过银行中介放款，相对来说，前者更加市场化。据此显而易见的是，以债权为运用方式的资金信托业务与银行贷款业务之间是竞争或替代关系。

为保障资金集合的财产安全，信托公司通常会要求融资主体进行内部和外部信用增级。内部信用增级主要包括抵押物运用、担保、专项偿债基金等方式。外部信用增级主要是外部机构提供的担

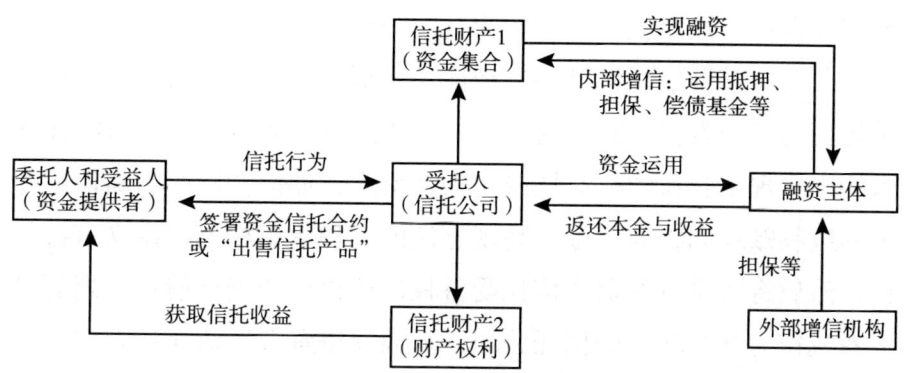

**图 3 资金信托业务流程图**

保措施。在债权类资金信托业务中,以房地产为主的抵押物的运用非常普遍,近两年的抵押率(抵押物估值相对信托资产的比例)通常在40%左右,甚至更低。这种情况既可以表明信托投资的安全性,同时也可以说它的融资效率较低。这意味着对于融资者而言,为了获取1单位的融资,需要拿出2倍以上的资产作为抵押物被冻结使用。信托融资在优化融资结构、提高融资效率方面曾经被寄予厚望,然而,在这里并没有得到充分体现。

在股权类的信托资金运用中,信托公司通常也会为了锁定下方风险而要求融资主体提高信托财产的安全性。即使在国内外更广泛的投资银行与私募股权投资领域,要求与融资者直接签订"对赌条款"以保障投资安全性的做法也是比较普遍的。在国内的资金信托业务领域,经常可以发现股权类业务或产品中也存在抵押物运用,甚至抵押率较低的现象。至于签订财务上的业绩对赌条款,也不乏个例。事实上,一些信托公司会介入融资主体经营,或担当财务顾问角色。最终判断股权方式的检验标准,应当是信托资金在投资项目中的清偿顺序和退出方式。如果融资方最终将要较为确定地回购信托财产中的股权,那么可以断定这仅仅是一种"名股实债"的操作,实质上还是债权类信托。如果最终将要参与项目清算分配

或权益自由转让，就可以推断为真实的股权信托。

最后，借助信托机制的资产证券化形式也是一种重要的信托资金运用与资产融资方式。这种方式是指融资主体以其所拥有的在未来能产生现金收益的权益性或实物性资产，如信贷资产、高信用等级的应收账款和物业租金、高现金流的各种收费权等，设立自益信托，然后将所享有的资产信托受益权出售给集合资金信托计划的投资者或作为其受托人的信托公司，从而获得资金。信托计划在期限届满之后将进行最终清算，或按设定条件让融资主体溢价回购所出售的资产信托受益权，以此向投资者偿付本金和收益。这种方式实际上包含了两个信托合约关系：资金提供者与信托公司之间的资金信托合约以及融资主体与信托公司之间的资产信托合约，两个信托合约以同一受托人为联结点。在国外实践的标准蓝本中，资产证券化过程采用资产组合、风险隔离和信用增级三项核心技术。但是，在我国目前的信托实践中，大量的案例只是项目融资，与现代资产证券化的私募模板相差较大。信托公司通常直接充当特殊目的载体，融资主体设立的信托资产只是作为融资担保资产而非融资交易资产，信托计划期限较短，投资者的本金和收益一般来源于融资主体整体资产的未来现金收入流，并主要采取资产回购方式进行退出。

## （二）信托业务的"变形"与风险分析

按照业务本源要求经营的信托实践应当是我国拓展私人投融资渠道的重要方向。在现有融资体制中，这种介于直接融资和间接融资方式之间的形态可以构成非常有益的补充。但是，转型或回归本源仍然是信托业内经久不衰的话题。这意味着在现实运行中出现了偏差或扭曲之处。这种状况也必将改变人们对信托融资方式及其对传统融资方式（尤其是银行信贷业务）替代影响的认识。

在信托实践中,信托业务的主要收入是否来源于信托报酬?这是判断该领域名义与实质的真正标准。信托服务市场的核心价格是信托报酬率,指受托人报酬的计提水平。它类似于证券基金业的管理费率,却远没有后者透明和稳定。但是,这样一个核心指标还很难获得精确的行业统计。大多数信托公司甚至在财务报表中也不提供该指标的具体数据,少数公司仅提供基于信托业务收入的估算指标。在较为常见的情形中,信托公司只公布"项目加权年化信托报酬率"或已清算项目的对应指标,但是信托公司一般对这些指标缺乏具体的说明或解释。在信托公司的利润表中,信托业务收入主要由手续费、佣金收入、财务顾问和产品转让等构成,但各机构的计算口径并不一致。受托人报酬作为"手续费及佣金收入"中的一项计入。

这里就不难发现问题了。从公司到行业,原来在本源业务中清清白白的主要指标数据——信托报酬率,在现实中说不清楚了。因此,信托财务中出现"混账"或"猫腻"就是很自然的事情。从部分信托公司的资产负债表、现金流量表以及利润表等综合财务信息来看,对于已清算项目的信托报酬率,主动管理型业务与被动管理型业务(如通道业务)的相应指标可能相差10倍,其中前者可能超过优秀的私募股权基金管理费率2%。个别机构主动管理的股权投资类信托业务甚至可能超过4%的报酬水平,接近信托产品投资人收益的一半。当然,这些还可以被部分归功于信托公司团队的超强能力。但是,在过去3年中,由于信贷政策的收紧,房地产与工商企业信贷受到限制,其获得信托融资的资金成本一般来说要远远高于信托产品投资者的收益。这之间较高的息差(8个甚至10个以上的百分点)开始类似于银行中介的存贷息差,而不是信托报酬。而且,这个息差要远高于目前披露或估算的信托报酬率。按照公开的信托产品信息与私人借贷领域的利息,可以直接对此进行

推断。

信托融资与投资之间的高额息差,或超出正常的信托报酬率与相关业务费率的现象,可能引发道德风险,面临不正当动机的激励机制,这都是掠夺式开发与粗放式发展的结果。比如,在一些集合资金信托业务中,事先声明信托产品预期收益率、引入超额抵押和回购条款等通常做法,可能都是为了保证募资成功并锁定超额利润。这些情况最终将滋生金融风险,破坏融资环境。从过去2年曝光的问题来看,部分信托公司在吞下高额息差的同时,也深深卷入其中,成为信用风险的承担者。显然,一些信托公司在信托业务经营中嬗变成了投资银行或两头通吃的庄家。

此外,行业经营中的秩序混乱也体现在滥用产品资金运用类型和滥用抵押物等方面。一般而言,出于市场销售和筹资目的的考虑,绝大部分集合资金信托计划的公开信息披露中都事先声明了预期收益率。这在很大程度上决定了债的属性。对债权资产的运用程度将决定"类贷款"业务的分量。2013年3月,中国银行业监督管理委员会发布8号文,即《关于规范商业银行理财业务投资运作有关问题的通知》,将委托债权、应收账款、各类受(收)益权、带回购条款的股权性融资等此类工具或交易定义为非标债权类资产。从这些规定可以看出,大量所谓权益类、股权类、组合运用类信托将显露其本来面目,本质为信托贷款的占比明显提升。同时,人民银行所统计的社会融资结构及总量也可能发生明显的变化。

因此,信托业或信托融资领域中的金融风险是不容低估的。我们曾在2012年执行的一项国情调研《信托业务的影子银行性质考察》中认为,"在我国信托公司开展的资金信托业务中,切实存在大量具有影子银行形式及性质的活动,尚游离于有效的金融监管体系之外"。此外,信托业的繁荣在很大程度上仰仗于具有委托贷款性质的资金信托业务，后者的命运与国内银行业的景气度高度相关。近些年来，信托业与银行业的冲突已经开始激化，它时常面临诸如充当银行通道、影子银行之类的负面舆论解读和限定性的监管干预。同时，行业周期性风险以及相互冲突带来的挤压，使信托业的风险积聚与其规模扩张紧密相随。自2010年第二季度以来，伴随中国经济增长率的持续下滑，这种危险信号在不断加强。

## 四 结论与政策建议

前文主要分析了信托融资方式的运作情况以及与此相关的信托业发展情况及问题。从整个行业发展来看，信托业在过去5年的高速成长正面临动力衰减的威胁。在2011年下半年至2012年上半年，集合资金类信托产品市场的"量价关系"已经显露顶部迹象。此后该类产品市场便出现了边际递减的趋势，同时风险暴露事件也开始陆续发生。尤其在过去两年，出现了较为集中的风险事件。从整个行业的财务状况来看，2013年第3季度，信托业的资本回报率出现了迅速下滑。同期计算的资产利润率以及信托业务收入在利润中的占比也都显著下降。

从金融同业竞争与监管政策环境的变化来看，信托业的调整似乎在所难免。从2012年下半年开始，保险业与中国证监会监管下的证券业和基金业，都放松了对代客资产管理业务（或理财业务）的管制。金融业内将此变革称为"大资管新政"。2013年，在大资管新政下成立的基金公司的子公司就冒出数十家，资产管理规模达数千亿元。那些原本被束缚的金融机构开始从事"类信托"业务，原来曾经被信托业把持的同业通道业务迅速被新进入者抢占。在地盘争夺战中，通道费率曾经一度被打压至零。影子银行或类信贷业务也都得到了更大范围的复制。继2013年6月份之后，12月份再

次发生"钱荒"和短期利率飙升。在金融监管缺乏有效方法论与技术手段的前提下，政策环境的变化促使金融业集团在更大范围内开展更加粗放的金融同业与理财业务，同时也导致了更加严重的流动性紧张。

毫无疑问，这种突然降临的残酷的同业竞争很快就开始侵蚀信托业的业务与财务基础。甚至可以推断，这也很可能是信托业经营或资金信托业务出现拐点的重要原因。从2012年下半年以来监管政策调整的时间窗口来看，这些事件是高度相关的。在这种环境得到矫正之前，它将一直加剧信托存量业务的风险积累、传染和暴露，并最终深刻影响金融经营者与监管者的决策。

从信托融资的角度来看金融监管问题，需要改变过去10年来缺乏信托业务监管方法论进展的被动局面。尽管2001～2002年出台了"一法两规"，并且两个规定都进行了粗浅的修订，但关于信托业务经营更全面的法规制度一直没有实质性进展。这种法治环境与信托业的高速成长不匹配。在监管方面，挂靠在中国银监会非银部下的主管部门也与信托业作为第二大金融业的地位不相称。而且，面对自2005年以来崛起的产品数量与资金规模都相当庞大的银行理财产品与信托产品市场，还没有哪个监管部门在人力和机制上都有能力胜任监管工作。在这两类理财产品中，名目、类型混乱的现象都是普遍存在的。在缺乏有效的基本定义与分类的前提下，也就缺乏行之有效的方法论体系及措施。因此，对于该领域的金融效率与金融风险，都难有可量化的评估。

最重要的问题是，2010年银监会颁布了《信托公司净资本管理办法》，在推行"类银行"式的风险监管方面取得了进步，但在推进信托业回归业务本源的转型道路上却出现了历史性倒退。信托业务的本源是信托服务，具有非负债的属性。在本源业务的要求下，当前主流的资金信托业务更加类似于证券基金业，而不是银行业。要求信托公司的资本同其管理的信托资产规模和类别挂钩是不恰当的,也漠视了信托业务的经济实质。信托公司的宝贵资本应该回到它真正的用武之地,如团队建设、业务创新与市场开发等方面。因此,有必要改变这种观念,重新审视信托业务的本源,据此建立信托营业法规和监管方法体系。

# B.11
# 保险资金运用的法律风险及防范

曹顺明*

**摘　要：**

> 保险资金运用是否安全关系到我国保险业的持续健康发展。保险资金运用与法律风险的内涵与外延均需进一步明确和清晰。当前，我国保险资金运用的法律风险主要表现为制度性法律风险、交易结构固有法律风险或不合理而导致的法律风险、交易条件或交易协议安排不科学不合理而导致的法律风险、交易操作或履行不当而导致的诉讼仲裁、民事、行政或刑事责任风险，必须针对不同的法律风险采取有针对性的防范措施。

**关键词：**

> 保险资金　资金运用　法律风险　风险防范

截至2013年底，我国保险业的总资产达到8.29万亿元，资金运用余额为7.69万亿元。保险资金运用已经成为保险业的重要业务，对保险业做大做强、持续健康发展意义重大。在看到保险资金运用规模不断扩大、收益日益提高及其对保险业持续健康发展之积极作用的同时，我们不能忽视近年来我国的保险资金运用也发生过损失较大、影响

---

\* 曹顺明，法学博士，中国行为法学会常务理事。

较负面、对行业发展较不利的风险事件，其中有的属于法律风险范畴。因此，有必要对保险资金运用的法律风险及防范进行认真研究，以利更好地促进保险资金运用，促进保险业的持续健康发展。

## 一 保险资金运用与法律风险

要研究明白保险资金运用的法律风险，首先须明确什么是保险资金运用，什么是法律风险。这两个概念看似简单、明确，但如果仔细推敲，就会发现事实并非如此。

### （一）保险资金运用的内涵与外延

保险资金运用是一个被广泛使用的概念，也为我国《保险法》及保险监管规定所采用，但目前《保险法》及相关规定并未对其进行明确界定。其易产生分歧的地方主要表现为：

第一，保险资金运用是仅以获取收益为目的，还是包括自用？从字义上理解，保险资金运用应是指以获取收益为目的而使用保险资金的行为。依此，使用保险资金买卖不动产以获取投资收益应属于保险资金运用，使用保险资金购买不动产自用则不属于保险资金运用。然而，《保险资金投资不动产暂行办法》规定，使用保险资金购买自用性不动产也属于保险资金投资不动产范畴。故保险资金运用是不仅以获得收益为目的。

第二，保险资金运用是仅以运用"资金"为目的，还是包括对保险公司持有的实物和权利的运用？《保险资金运用管理暂行办法》规定，本办法所称保险资金，是指保险集团（控股）公司、保险公司以本外币计价的资本金、公积金、未分配利润、各项准备金及其他资金。依此，似乎是只有对"资金"的运用，才属于保险资金运用范畴。然而，如果认为保险公司对股权、不动产进行处置不属于保险资金运用范畴,则《保险法》及保险监管规定关于保险资金运用的限制将被轻易规避。事实上,在相关的保险监管规定中,将对股权、不动产的处置也作为保险资金运用监管的内容。

第三,保险资金运用是仅以买卖不动产、股票、债券等为限,还是包括其他实物或权利的买卖?根据《保险法》第106条的规定,似乎应该理解为,仅有该法明确规定及国务院规定的资金运用形式方属保险资金运用的范畴。

可见,目前我国的法律法规不仅未对保险资金运用进行明确的界定,而且在使用上也不完全统一。因此,判断某一行为是否属于保险资金运用,仅能看该行为是否受具体的保险法律和保险资金运用监管规定的规范:如是,则属保险资金运用;如否,则不属保险资金运用。

## (二)法律风险的界定

关于法律风险的定义很多,但并不统一,甚至大相径庭。其典型者有:2004年的巴塞尔新资本协议(Basel II)对法律风险进行了较为明确的界定:法律风险包括但不限于因监管措施和解决民商事争议而支付的罚款、罚金或者惩罚性赔偿所导致的风险敞口。[1] 2002年英国金融服务管理局(FSA)将保险公司的法律风险定义为:保险公司在没有考虑法律的影响、错误估计了法律的影响或者在对法律影响不确定的情况下进行经营,由此导致的被法律证实以一种不利于保险公司利益或者目标的方式运行的风险[2]。2003年国

---

[1] Basel Committee on Banking Supervision, International Convergence of Capital Measurement and Capital Standards: A Revised Framework, June 2004, p. 137.
[2] Financial Services Authority, The Interim Prudential Sourcebooks for Insurers and Friendly Societies and the Lloyd's Sourcebook: Guidance on Systems and Controls, July 2002, Appendix B, p. 3.

际律师协会（IBA）法律风险工作组针对法律风险问题的专题性报告对法律风险进行了较为专业的界定，认为法律风险是金融机构遭受损失的风险。工作组在报告中同时强调了法律风险主要根源于以下四个方面：第一是一次有缺陷的交易；第二是遭到索赔（包括对索赔请求权的抗辩或反诉）或发生其他事件，导致金融机构承担责任或其他损失（例如，导致合同终止）；第三是未能采取适当的措施保护金融机构拥有的资产（例如，知识产权）；第四是法律发生变化。

2007年，中国银行业监督管理委员会发布的《商业银行操作风险管理指引》（以下简称《指引》）对法律风险进行了较为明确的界定。该《指引》指出，"法律风险包括但不限于下列风险：1. 商业银行签订的合同因违反法律或行政法规可能被依法撤销或者确认无效的；2. 商业银行因违约、侵权或者其他事由被提起诉讼或者申请仲裁，依法可能承担赔偿责任的；3. 商业银行的业务活动违反法律或行政法规，依法可能承担行政责任或者刑事责任的"①。

分析前述不同的定义可知，人们对法律风险的界定分歧很大，有的采用概括法，有的采用列举法，有的采用概括加列举法；有的仅包括民事责任风险，有的还包括违反监管导致的行政责任风险；有的仅包括合同无效、被撤销、对他人责任的风险，有的还包括他人对自己责任的风险；有的仅包括静态法律下的风险，有的还包括法律变化而产生的风险等。究其原因，主要是由于法律风险存在复杂性的特征，其产生根源具有多样性以及与信用风险、流动性风险、市场风险等紧密联系的特征②。

一般认为，法律风险包含以下两个要素：一是一种对主体不

---

① 中国银行业监管管理委员会：《商业银行操作风险管理指引》，2007年。
② 管斌：《商业银行法律风险的产生及其规制——以英国北岩银行危机为分析蓝本》，《法商研究》2012年第5期。

利的不确定性；二是这种不确定性的产生与法律或监管规定直接相关，例如违反法律或监管规定、产生于法律行为或以法律现象呈现（如签署协议）、可以通过法律方法解决（如诉讼、仲裁）以及法律或监管本身的缺陷（如过去因债券托管制度的缺陷而导致证券公司可挪用客户债券）。前述观点的分歧仅在于对与法律或监管规定相关的方式或内容的认识不同，有的认为是直接相关，有的还包括间接相关，有的认为仅包括直接相关中的一部分等。

我们认为，从风险管理角度来看，之所以要单独区分出一类风险叫法律风险，是因为法律风险在产生原因、表现形式、防范和化解手段等方面与其他风险显著不同，不针对这些特点单独处理，则不利于很好地防范和化解此类风险。因此，科学和准确地界定法律风险的内涵与外延，关键在于这种界定要有利于此种风险的识别、评估、防范和化解，而不是做文字或概念游戏。那么法律风险与其他风险的根本区别在什么地方？当然是此种风险与法律或监管规定直接相关，且这种直接相关表现在风险产生原因、风险表现形式、风险防范和化解手段均离不开法律或监管规定，或直接产生于法律或监管规定，或体现为法律形式（如法律文件），且须采取法律手段（如法律调查或法律谈判、和解、诉讼或仲裁、法律或监管规定完善）解决。由于概括法与列举法在界定概念方面各有优势和不足，因此，对此种操作性极强的概念，采取概括加列举方式予以界定可能是较为科学的选择。基于此，我们认为，法律风险是指或直接源于法律或监管规定，或直接体现为法律形式，且须采取法律手段方能解决的，对主体不利的不确定性，其主要包括：（1）法律或监管规定不完善而导致的制度性风险；（2）交易结构固有法律风险或不合理而导致的法律风险；（3）交易条件或交易协议安排不科学不合理而导致的法律风险；(4) 交易履行不当而导致的诉讼仲裁、民事、行政或刑事责任风险。

## 二 保险资金运用法律风险的具体体现

如前所述，保险资金运用不仅渠道多、范围广、形式多，而且事实上对什么是"保险资金运用"缺乏明确的权威界定，仅能依据监管规定的列举来确定其外延；法律风险具有产生原因多样、表现形式复杂及与其他风险联系紧密、易混淆等特征。这无疑大大增加了识别保险资金运用法律风险的难度。为此，结合我国保险资金运用方面的监管规定及上文对法律风险的界定，从产生原因着手对我国保险资金运用法律风险的具体体现进行阐释也许更为可行。

### （一）制度性法律风险

（1）关于保险资金的界定。目前我国相关法规将保险资金界定为"保险集团（控股）公司、保险公司以本外币计价的资本金、公积金、未分配利润、各项准备金及其他资金"，并且针对不同的资金性质规定了不同的监管要求。例如，"不得使用各项准备金购置自用不动产或者从事对其他企业实现控股的股权投资"。这种制度性规定的存在，肯定有其现实原因和客观理由，但可能会产生以下问题：（1）提高遵守监管规定的难度和产生法律风险的可能性。由于货币或资金是种类物，只要放在一起就无法区分，因此只能从数量或份额上进行记账式划分。对保险公司而言，将货币或资金混合后并不能将某一笔货币或资金区分为资本金、公积金、准备金或者其他资金，事实上似乎也无此必要。（2）容易引起对前述监管规定理解上的混淆和实施上的不确定性。首先，"以本外币计价的资本金、公积金、未分配利润、各项准备金及其他资金"是会计上的概念，体现出的应是会计报表或账簿上的数字，而非现实中的货币或资金。其次，从逻辑上讲，该规定不仅包括保险公司拥有的"资金"在会计报表或账簿上的体现，而且包括实物、应收账款、权利等在会计报表或账簿上的体现。因此，保险资金运用是否也应包括保险公司已有非货币资产的再投资、管理或处置？这容易引发对保险资金运用概念理解的不一致与实施上的混淆，可能会影响到对保险资金运用相关规定的遵守。

（2）关于保险资金运用中对信托法律关系的适用。现行保险监管规定在保险资金运用的基础性框架上，特别重视信托法律关系的运用[①]。例如，"托管的保险资产独立于托管机构的固有资产，并独立于托管机构托管的其他资产"。作为一种特别的法律关系，信托特别适合于资产管理业务，特别是其具有破产隔离功能，且受托人有严格的受信义务以保护受益人的权利，转移财产法律所有权以方便受托人管理资产及提升资产管理效率。目前保险监管规定关于保险资金运用中"信托"法律关系的建立，不失为一种值得肯定的专业性设计和努力。作为一种基本法律关系，信托由《信托法》予以规范，要形成信托法律关系，必须具备《信托法》规定的要件。在我国的保险业资金运用中，无论是资产委托管理，还是资产托管，均未完全达到《信托法》的规定，特别是信托登记的缺失并非保险业单方努力所能改变，而行政规章或规范性文件又难以改变基本的民事法律关系。由于前述监管规定的存在，作为委托人的保险公司可能会认为只要按此规定办理，其资产已然安全，故易疏于采取其他措施以防范相应风险。同时，在托管等业务中，受前述制度设计影响，受托人理论上不仅要担负会计记账职能，而且更主要的是要承担资产"托管"职能，因此其收取的托管费毫无

---

① 詹昊：《当前保险资金运用中的法律风险及其调控》，《中国城市经济》2009年第11期。

疑问包含了"托管"与"计账"两大职能的费用，事实上其真正能担负的仅为"计账"功能（加上部分"监督"）。故前述情况，在一定程度上提高了产生潜在法律风险的可能性。

（3）关于投资标的等资金运用方面的要求。保险资金运用是受到高度监管的行为。近年来，我国保险资金运用的监管规范取得了极大的进步，相应监管规定的数量和内容均很多。目前，保险资金运用的法律法规中也存在需要完善的地方，有的可能会增加相应的法律风险。例如，"保险资金不得投资不符合国家产业政策、不具有稳定现金流回报预期或者资产增值价值等企业股权"。其中"不得投资""不具有""资产增值价值"的规定，是否意味着保险公司的股权投资亏损了即属于违反监管规定？是否会导致监管上的负面评价？

## （二）交易结构固有法律风险或不合理而导致的法律风险

（1）间接股权投资中普通合伙人（GP）及管理人权限过大而导致的法律风险。在间接股权投资时，由于投资基金多由 GP 发起，并由管理人负责管理，因此 GP 和管理人在交易框架安排、协议条款设置及其后的投资基金运行——包括但不限于投资项目选择、投资进程把控、投资项目管理与退出、与 LP 的关系等方面拥有很大的权利。GP 和管理人的这种权利，一方面是保障合伙企业这种组织形式有效运行所必需的，也为法律所允许；另一方面此种权利如果得不到有效制约，对 LP 而言可能会成为其挥之不去的梦魇。因为 GP 和管理人（在绝大多数情况下是关联人）可以利用此种权利轻松、隐蔽甚至"合法"地侵占、侵害合伙企业〔含有限合伙人（LP）利益〕或者 LP 的利益。例如，当管理人寻找到一个好的投资机会后，如果没有相应的制度安排，其有权决定不给合伙企业。

（2）直接股权投资中控股股东、内部人违反受信义务而导致的法律风险。在直接股权投资中，控股股东、董事、高级管理人员等内部人与公司之间形成委托代理关系，对公司承担法律规定的受信义务，保险公司作为投资人享有股东权利，同时承担股东义务。但是，如果保险公司仅作为一般投资人，在控股股东和内部人未完全履行受信义务时，其通常难以发现或虽怀疑但难以证明或虽能证明但难以避免或挽回损失，即难以有效维护其利益。然而，前述法律风险系采取公司或合伙这种投资结构所固有，只要采取此种投资形式，则必须承受此种法律风险。

(3) 不动产投资中交易标的、法律状态难以明确或不明确而导致的法律风险。根据现行规定，保险资金可以投资的不动产项目，从符合条件的政府土地储备项目、取得"两证"的项目，到"五证齐全"的可转让项目、取得产权证的项目，其投资方式包括物权方式、股权方式、债权方式等。然而，除了债权方式不涉及标的房地产交付标准、现房交易中作为交易标的的房地产已经确定外，对其他项目或其他方式的投资，如何确定交易标的是一个难题。而且由于保险资金投资房地产的单笔交易金额一般较大，交易标准的一个小变化均可能涉及较大利益，故极易产生法律纠纷。同时，根据目前的法律和司法解释，房地产开发商需要五证齐全方可对外销售，此前对房地产的买卖行为被认为是"无效"行为。因此，在不动产投资中，交易标的、法律状态难以明确或不明确极易导致相关法律风险的产生。

## （三）交易条件或交易协议安排不科学不合理而导致的法律风险

(1) 信息对称安排不足而产生的法律风险。除了对股票、证券投资基金、公开发行债券等透明度较高的证券进行投资外，保险资金还投资不动产、股权及某些金融产品，这些产品的信息相对不对称，对投资前的尽职调查和投资后的信息披露的要求较高，如果在投资前法律和财务尽职调查不够，同时交易协议对此也未作充分安排，则极易产生法律纠纷和法律风险。

（2）款项支付进度安排不合理而产生的法律风险。虽然款项支付本身属于财务安排，但其在实践中毫无疑问是影响投资双方行为的重要因素，也是分配双方交易风险的重要安排。例如，购买不动产时，如果前期款项支付比重过大，买方对卖方的制约能力将会降低；在不动产因受不可抗力灭失、损毁时，买方风险也会增大。

此外，还包括交易标的控制安排不充分而产生的法律风险、退出条件未考虑或考虑不充分而产生的法律风险、条款表述不明确而产生的法律风险，以及法律管辖与争议解决机构选择不合理而产生的法律风险。特别是在保险资金运用涉及境外因素时，适用何种法律、由何种机构负责解决纠纷是重要问题，有时在同样的情况下可能会出现大相径庭的结果，因此交易条款对此内容的安排显得尤为重要。

### （四）交易操作或履行不当而导致的诉讼仲裁、民事、行政或刑事责任风险

即使保险资金运用的结构设计、交易条件和协议安排没有问题，如果交易操作或履行时法律意识不强，也容易引发法律纠纷或法律责任。这方面的情形很多，主要包括：未严格按照承诺或协议履行款项支付等义务、判断不当导致投资款项被用于对国家禁止的项目（特别是境外投资时）、投资比例超过法律法规允许的范围、未按规定报批报备或报告、构成内幕交易、操纵市场或短线交易等违法行为等。例如，光大证券今年发生了乌龙指事件，如果光大证券的管理人员的法律合规意识强些，对内幕交易的认识准确些，则完全可以避免此类事件的发生，相应的，其损失就会小得多。

## 三 保险资金运用法律风险的防范

上文对法律风险产生的根源进行了简要分析，而对于保险资金运用中普遍存在的法律风险问题，需要进行有针对性、专业性和协同性的应对。笔者认为，对于保险资金运用中的法律问题，保险机构首要的工作就是提高法律风险防范意识，同时认真研究分析每种法律风险产生的根源和背景，在此基础上出台有针对性的政策，采取有效措施或途径加以防范。

一是制度性的法律风险，这是最基础和最普遍的法律风险。针对此类风险，最合理的应对方式是通过参与规则制定等来推动制度、体制和机制更加公平、合理和有效，从制度的根源上来规避制度性法律风险；同时，在无法改变制度及其环境的情况下，要充分认识到现行制度下存在的诸多法律风险及其引致风险，积极、有效地采取相应措施加以防范。例如，针对目前托管中"破产隔离"期望与实际效果有差距的情形，在资金安排上作适度分散，充分考虑托管人的信用风险并及时跟踪、评估；针对"保险资金不得投资不符合国家产业政策、不具有稳定现金流回报预期或者资产增值价值等企业股权"的规定，在协议安排时要求被投资企业或基金承诺遵守前述规定。

二是间接股权投资中GP和基金管理人、直接股权投资中控股股东和其他内部人权利过大而导致的法律风险。这实际上是操作运行层面的重大法律风险。这种风险一般通过以下措施予以防范：要求派人员担任被投资基金或企业的相应职务（如董事、监事、财务管理负责人、审计负责人、咨询委员会委员等）、增加内部人的义务和责任（如不实行竞业行为、多数时间用于被投资企业等）、增加小股东或LP的权利、要求关联交易须经由非内部人组成的机构审议通过、信息披露更严格、在特定条件下按特定条件退出投资、设定领售权（Drag along Right）及跟随权（Tag along Right）、在特定情况下给予内部人奖励以鼓励内部人管理好企业（如对赌协议，Valuation Adjustment Mechanism，VAM）等。

三是不动产投资中交易标的、法律状态难以明确或不明确而导致的法律风险。这可谓交易环节的重大法律风险。一般通过订立预约协议、约定较高的保证金及违约金、尽量细化交付标准、约定购买方对标的不动产的设计及其修改的控制等方式予以防范。

四是信息不对称而导致的法律风险。这不仅是保险资金运用的问题，而是所有资金运用都会面临的问题，只是保险资金对信息不对称引致的法律风险更为敏感。应对信息不对称导致的法律风险，通常采用以下两种做法：一方面是做好投资前的法律、财务等尽职调查，防止出现重大的信息隐匿、失实或系统性错误；另一方面是在法律框架下防范信息不对称的风险，特别是要在协议中增加对方对信息真实、准确、完整的承诺及责任，甚至可以是较为苛刻的责任要求，同时要求对方及时、真实、准确、完整地披露随后产生的信息，明确因对方原因造成信息不对称时己方的权利（如要求对方改正、要求给予损害赔偿、可以单方退出等）。

五是在谈判条件允许的情况下，尽量将条款考虑得周到些、表述得明确些并作有利于己方的安排。

六是交易操作或履行不当而导致的法律风险，防范此类风险的关键在于提高协议履行意识和法律合规管理能力。首先要重视协议、重视规则，对签署的协议和国家颁布的法律法规，一定要认真对待，绝不能忽视。其次，要加强法律合规管理，在法律合规宣传、内部规章制定、流程设计、内控管理、检查、内部问责等方面，确保不出现故意或过失违反法律法规的行为。

# B.12 我国反垄断机构与金融监管机构的关系研究
——以银行业为例

史 岩[*]

**摘　要：** 在推进金融市场化改革的背景下，维护中国银行业的公平和有效竞争，对垄断行为进行规制，已成为当前中国社会关注的重要问题。然而，由于反垄断机构和银行业监管机构在执法和监管过程中关系不清，削弱了《反垄断法》在银行业的有效实施，阻碍了金融市场化的改革进程。本文对两个机构的监管进行了比较，总结了两个机构的国际协调经验，最后提出了我国两机构关系构建的政策性建议。

**关键词：** 反垄断机构　金融监管　金融反垄断

## 一　前言

我国银行业的垄断问题由来已久，根深蒂固。居于垄断地位的

---

[*] 史岩，山西太原人，中国社会科学院金融所博士后，研究方向为金融监管、反垄断经济学。

国有商业银行缺乏技术创新和开发金融新产品的动力，导致国有商业银行运行效率低下，极大地降低了竞争力。银行业的垄断也导致金融资源配置低效，广大中小企业的融资需求得不到满足。据相关部门统计，各大国有商业银行在提供金融服务的过程中，直接或变相收取的手续费就有3000多项，这直接损害了金融消费者的利益。如今，利率市场化取得了历史性进展，民间资本进入银行业的门槛逐渐降低，金融领域市场化改革正在深度推进，在此背景下，中国金融领域的反垄断，尤其是对大型国有商业银行垄断行为的规制，势在必行。

2008年实施的《中华人民共和国反垄断法》为中国金融市场的发展带来了新的机遇和挑战。《反垄断法》出台后，鲜见反垄断执法机构对银行业涉嫌垄断的行为有所行动，原因主要在于立法层面上——我国《反垄断法》对反垄断机构与行业监管机构之间的权责界定不清，造成两者管辖权的交叉重叠，两个机构相互推诿，出现监管"真空"，从而造成管辖困境。因为银行业垄断较之其他行业具有高风险性、高专业性等特征，所以在对此类垄断行为进行经济学分析时，监管机构比反垄断机构所掌握的知识更多，具有明显的信息数据优势，因此对个案的调查具有较强的影响力。

综上所述，反垄断机构与金融监管机构的关系问题，包括在理论上两个机构的管辖权划分，与实践中两个机构的协调配合，是一个值得认真思考的问题，应该更客观合理地规制银行业的垄断行为，提高资金配置效率，更好地促进我国金融市场的发展，从而达到提高社会总福利的目的。

## 二 文献综述

Stigler（1971）与Peltzman（1976）首先讨论了监管者有偏向

性的情形，认为企业可以比消费者更容易地对行业监管者施加影响，导致在监管者的目标函数中，生产者利润的行业偏好权重比消费者剩余的大。Noll（1971）认为监管者会最小化与其有相互影响的机构的冲突，意图使其监管决策不被推翻。监管者将提高其他机构在调查中的参与程度，或者策略性地做出更优决策。Martimort（1999a）讨论了行业监管者逐渐被企业俘获的动态情形。Yackee（2006）与Holburn和Vanden Bergh（2006）提出了相关的经验证据。Farrell与Katz（2006）分析了具有消费者偏向的竞争监管机构的情形。Dewatripont与Tirole（1996）认为监管者的偏向是一种有效处理监管者承诺缺乏的方式。Martimort（1999b）认为多监管者通过使监管者与企业间的重新谈判变得更难而缓和了承诺缺乏问题。Barros与Hoernig（2008）分析了同一行业两监管者间的相互作用，得出了两机构间的合作或竞争关系决定了两机构共同实行监管的结果。Bulow（1985）认为当两机构是合作关系时，他们的投入是策略互补的；当两机构是竞争关系时，他们的投入是策略替代的。Martin（2000）认为行业绩效的好坏影响了投入此行业的监管成本。Sah与Stiglitz（1995）分析了机构的决策质量，决策质量服从于机构犯错的概率，此概率是外生的，而Gehrig（2004）与Barros和Hoernig（2008）认为机构犯错的概率是内生的。目前，国内的相关文献大部分从法学视角进行研究，强调两机构间的协调合作，专门对银行业中两机构关系的研究甚少。

## 三 理论模型

**1. 基本假设**

政府的目标是实现特定市场的社会福利最大化，即 $W = S + \Pi$，假设只存在两个监管机构，机构1和机构2。假设两机构的行政级别是平级的。S 和 ∏ 分别代表消费者剩余和生产者利润。

机构 $i$ 的收益为：

$$U = S + \lambda \prod \tag{1}$$

λ 代表了机构 $i$ 的"偏向性"，当 λ = 1 时，此机构的偏向是中立的，其监管目标是社会福利的最大化；当 λ > 1 时，此机构偏向于生产者；当 λ < 1 时，此机构偏向于消费者。这种"偏向性"来源于机构的原则或人事方面的选择，也可能来源于利益集团的游说。

假设存在两种情形："违背"与"不违背"。"违背"概率为 π ∈ (0, 1)，此概率是外生变量，是两机构的共同知识。当且仅当监管机构得出企业是否"违背"的真实值时，监管才是成功的。如果真实值是"违背"，监管机构将实行"修正"；如果真实值是"不违背"，则监管机构不作为。如果他们得不出究竟是"违背"还是"不违背"的真实值，则假定"不违背"。

任一市场存在三对消费者剩余与生产者利润：

a. $(S_V, \Pi_V)$，V 代表竞争规则的违背；

b. $(S_R, \Pi_R)$，R 代表"修正"；设 $S_R > S_V$，$\Pi_R < \Pi_V$，并且 $S_R + \Pi_R > S_V + \Pi_V$

或者

$$\Delta_S = S_R - S_V > \Delta_\Pi = \Pi_V - \Pi_R > 0 \tag{2}$$

c. $(S_N, \Pi_N)$，N 代表"不违背"。

机构 1 与机构 2 付出 $e_1$，$e_2 \geq 0$ 的监管成本来调查既定的个案，设其成功的概率为 P ($e_1$，$e_2$) ∈ [0,1]。

"成功"意味着收集到充分的数据，并做出对企业强制性的决定，或者企业不存在法规的违背。"不成功"意味着机构的调查无结果，则现状得以维持。概率 P 被认为是二阶可导的与凸性的，是付出监管成本的增函数，且 P（0，0）=0，其经济特性由两机构之间的关系决定。

监管机构对个案投入的监管成本，由此个案中监管机构效用的最大化决定。监管机构首先要决定是否要调查此个案，在此起决定作用的是机构 $i$ 的效用，机构 $i$ 在"修正"下的效用要大于在"违背"下的效用。

即 $U_{iR} = S_R + \lambda_i \Pi_R > U_{iV} = S_V + \lambda_i \Pi_V$

或者 $\Delta_i = U_{iR} - U_{iV} = \Delta_S - \lambda_i \Delta_\Pi > 0$

如果一监管机构偏向于生产者，因为可能其 $\Delta_i < 0$，即使调查有利于其效用提高，此监管机构有时也会故意不予调查。在这种情形下，如果另一监管机构介入调查并成功得出结论，将出现争议。调查是否有结果，取决于两机构间的关系是如何构建的。

假设其他机构的监管成本为 $e_j$，如果 $\Delta_i > 0$，则机构 $i$ 的最优成本付出取决于其预期收益的最大化，即

$$\max_{e_i \geq 0} E[U_i] = P(e_i, e_j)[\pi U_{iR} + (1-\pi) U_{iN}] + [1 - P(e_i, e_j)][\pi U_{iV} + (1-\pi) U_{iN}] - e_i \tag{3}$$

**2. 两监管机构间的关系模型**

在这部分中，讨论概率 P 是如何被决定的。假设每个机构成功实施其调查职责的单独概率为 $p_i(e_i)$。最终的成功概率 P 如何由 $p_i$ 决定，取决于机构间的关系是如何构建的。主要存在以下三种情形：

（1）联合决策（JD）：当且仅当两机构都进行成功调查后，才能形成关于此个案的调查结论，即

$$P^{JD}(e_1, e_2) = P_2 = p_1(e_1) p_2(e_2) \tag{4}$$

（2）独立决策（ID）：只要其中一个监管机构成功调查，关于此个案的决策就能形成，即

$$P^{ID}(e_1,e_2) = 1 - [1 - p_1(e_1)][1 - p_2(e_2)] \\ = p_1(e_1) + p_2(e_2) - p_1(e_1)p_2(e_2) \tag{5}$$

（3）分等级决策（HD）：机构2首先调查，当且仅当第一阶段没有得出调查结论的情形下，机构1才随后介入调查。

$$P^{HD}(e_1,e_2) = p_2(e_2) + [1 - p(e_2)p_2(e_1)] \\ = p_1(e_1) + p_2(e_2) - p_1(e_1)p_2(e_2) \tag{6}$$

**3. 竞争机构与行业监管机构间的关系**

假设机构在收到企业"违背"发生的错误信号时可能会犯错。已知行业监管机构比反垄断机构具有信息优势，则竞争监管机构犯错的概率更大。而部门监管机构更可能被游说，因此其偏向 $\lambda_s \neq 1$。最终应由哪个机构负责调查个案，应在竞争监管机构的高犯错概率与行业监管机构的偏向性之间进行权衡。

假设在一次成功的调查中，行业监管机构与竞争监管机构都收到"违背"发生的正确信号的概率为 $\pi$，收到"违背"发生的错误信号（其实违背没有发生）的概率为 $\pi_s < \pi_c$。

设一机构犯错而导致的消费者剩余效应与生产者利润效应为 $\delta_s$，$\delta_\Pi > 0$，假设 $\delta_s - \delta_\Pi < 0$，错误降低了总福利。考虑到偏向 $\lambda_s$，行业监管机构的效用最大化函数为：

$$U_s = p(e_s)[\pi(\Delta_S - \lambda_s\Delta_\Pi) + \pi_s^1(\delta_S - \lambda_s\delta_\Pi)] - e_s \\ = p(e_s)[\pi\Delta + \pi_s\delta - (\lambda_s - 1)(\pi\Delta_\Pi + \pi_s\delta_\Pi)] - e_s \tag{7}$$

假设即使在出现错误的情况下，调查也提高了福利，那么 $(\pi\Delta_\Pi + \pi_s\delta_\Pi) > 0$。对于 $\lambda_s$，$\lambda_s = 1$ 时社会福利最大化，而 $\lambda_s > (<) 1$ 将导致投资不足（过度）。行业监管机构行为导致的福利为 $W_s^* = p(e_s^*)(\pi\Delta + \pi_s\delta) - e_s^*$。

竞争监管机构的最优偏向为 $\lambda_c = 1$。考虑到其高犯错概率，社会福利最大化的表达为 $W_c^* = \max_e p(e)(\pi\Delta + \pi_c\delta) - e$。

如果行业监管机构没有偏向性，则由行业监管机构实施调查。如果行业监管机构具有偏向性，在两机构调查下的福利将变低，但是由两机构中的哪一个来调查取决于 $W_c^*$ 与 $W_s^*$ 的大小。

## 四 反垄断执法机构与银行业监管机构的监管侧重点比较

两机构在反垄断规制上存在权力交叉，根本原因在于这两者的监管侧重点具有很大差异。

从监管目标来看，在理论上，两机构的终极目标都是"提高银行业经营绩效，提高社会总福利"，但两者的侧重点和实现方式各有不同。在具体实践中，两机构的目标都是实现本身监管效用的最大化。反垄断执法机构主要关注市场参与者间的公平竞争，激励竞争者不断创新以获得垄断利润，从而提高经济运行效率，最终提高社会总福利，反垄断机构的偏向是中性的。而银行业监管机构主要关注银行业的利润及本身的稳健运行和发展，更关注监测、控制银行业本身的系统性风险，避免发生金融危机，从而提高社会总福利，将风险控制和银行利润置于比有效竞争更重要的地位，具有明显的生产者偏向性。

从监管职能来看，反垄断机构的调查范围仅限于四种损害竞争的垄断行为，即滥用市场支配地位、合谋、经营者集中、行政垄断。其主要职能在于"场外监管"，即通过规制有损有效竞争的四种行为，间接提高运行效率。银行业监管机构可以监管该行业的所有行为，而不仅限于上述四种行为。其主要职能在于"场内监管"，包括市场准入条件、各项财务指标、风险预警指数、信息披露质量等，直接实施宏观与微观监管，控制金融风险，从而直接提高运营效率。

从监管方式来看，反垄断执法机构只有在认为已发生可能损害竞争的行为后才开始介入调查（并购审查除外），主要是事后监管。而且对反垄断行为具有特定的调查处理程序，公众参与度不高。而监管机构对银行业有事前申报审批、事中即时监控和事后绩效评估，是全程监管。在监管过程中可根据企业自身的经营情形、行业发展现状、宏观经济环境和国际经济因素及时调整监管行为。还允许公众广泛参与，如就某项政策的出台提前举行听证会。

从监管技术来看，反垄断机构主要对涉嫌垄断行为所造成的福利损失进行分析，主要采用的分析方法是针对实体产业的产业组织理论方法，但这种方法不一定适用于分析银行业行为。因为分析银行业反垄断行为时，风险因素是一个极其重要的因素。竞争度与风险之间的关系是个极其复杂的问题，学界对此看法不一。反垄断执法机构对银行业实际经营情况的了解相比于银行业监管机构处于信息劣势。银行业监管机构的人员大多进行过系统的专业训练，具有较高的理论素养和实践监管经验，着眼点主要是既定银行风险下的利润提高。而且监管者与被监管者之间交叉任职的普遍性使其在权衡竞争效率与风险中，在实际情况和分析方法方面更具优势。

从监管独立性来看，反垄断机构在整个经济体系内配置其有限的调查资源，将银行业与其他产业一视同仁，适用相同的反垄断标准，被俘获的可能性较低，受游说干预的可能性较小，其调查具有较强的独立性。与之相比，就监管机构而言，监管者与被监管者之间交叉任职普遍，而且，我国银监会负有"负责国有重点银行业金融机构监事会的日常管理工作"这项重要职责，直接参与国有商业银行的公司治理，银行业监管机构可能被国有商业银行利益集团所游说，这加剧了监管者的生产者偏向性。

上述差异决定了两机构在反垄断管辖权上的交叉和冲突。因此,在解决金融业反垄断管辖权的配置问题时,要充分考虑两机构的监管差异性,以更好地进行权利的配置,最终达到提高社会总福利的目的。

## 五 两机构在银行业监管中的国际经验

在通过比较两机构的监管特性,阐述两机构权利配置的冲突原因的基础上,以下将总结两机构在实践中进行监管的国际协调经验。

**1. 国外银行业反垄断机构设置模式**

国外对银行业反垄断机构的设置主要分为三种模式:第一种是反垄断机构独立监管垄断行为,在适用法律及执法机构上,将银行业与其他行业一视同仁,与银行业监管机构无关,这种模式以新西兰和澳大利亚为代表,属于机构单独决策情形;第二种是由两机构共同负责反垄断执法,这种模式又分为以美国为代表的和以英国为代表的两种双重管辖模式,前者由反托拉斯机构和银行业监管机构共同监管银行业涉嫌垄断的行为,后者以反垄断执法机构为主、银行业监管机构为辅进行协作监管,其中美国更接近于两机构独立决策情形;第三种是完全由银行业监管机构管辖反垄断执法,这也属于机构单独决策情形,采取这种模式的国家很少。设置模式的选择大多由一国的金融市场化程度决定。

**2. 国外银行业反垄断执法与监管的协调实践**

一是在立法上明确规定两机构之间的协调框架。如美国1966年的《银行合并法》规定,司法部和美国财政部通货监理署、美联储、储蓄机构监理局和联邦存款保险公司等四家金融监管机构对于银行业并购均享有并行的独立审查权。根据《联邦存款保险法案》18c(4)的规定,银行业监管机构在批准合并申请之前,应当要求司法部提供《竞争要素报告》，司法部必须在收到请求之日起30天内提供该报告，对于紧急情形，则提供报告的时限为10天。根据《联邦存款保险法案》18c（6）的规定，银行业监管机构必须通知司法部已获准的并购，除紧急情况外，司法部有权在30日内提出异议。如英国2000年3月1日生效的《竞争法案》规定公平贸易局（OFT）应将其受理的个案信息复印件，发送给也同样享有竞争管辖权的相关行业监管机构；也规定行业监管机关应将对某一争议合同或行为行使竞争执法权的意图通知公平贸易局。

二是两机构间自行进行协商约定，通过联合签订备忘录或合作协议，明确协调方式。如1995年，美国司法部、美联储和通货监理署联合发布了《银行并购竞争评论》，以确保银行业监管机构和司法部用同一标准来评估并购所造成的福利损失。2006年，英国公平贸易局和金融服务管理局（FSA）联合签署《联合行动计划》，明确OFT和FSA共同管辖金融机构的监管方法。2007年，两机构就执行《不公平贸易的消费者保护规则》时的责任划分达成合作协议。2009年，OFT与FSA联合签署《OFT与FSA协定》，进一步明确了双方的管辖权划分及协调配合，规定FSA负责监管"信贷、保险、银行、养老金、投资等领域"的不公平竞争问题；OFT负责受理违反1998年颁布的《竞争法》的不正当竞争行为的投诉和就不正当许可权授予的投诉，以及处理房屋按揭贷款等问题。

三是建立日常信息交流沟通机制。两机构定期或不定期交换信息，如美国联邦贸易委员定期对部分金融法律在金融业的执行情况进行测评，并向美联储发布《金融法律执行报告》。如英国，在合法且适当的前提下，将与个案有关的信息公布在OFT官方网站上。如果FSA认为OFT更适合处理某一个案，则FSA应当将案件移交给OFT，由OFT来决定是否应当由其来管辖，以及采取何种措施

管辖。反之亦然。两机构任何一方在做出决定前，还可以通过参与听证会、组织研讨会以及召开讨论会等方式加强交流。同时，两机构还可以联合组织培训班，如德国、澳大利亚等国，对从事金融业反垄断工作的人员进行双边培训。

当两机构对某些事项难以达成一致时，有的国家通过司法程序来解决（如美国），有的采取上诉至某个特定法庭的方式或者由某一个上级机构来裁决。如英国2000年的《竞争法案并发规定》第6条规定：作为反垄断执法机构的公平贸易局应向国务秘书提出申请，由国务秘书在接到申请后的8个工作日内做出决定。

## 六 反垄断机构与银监会关系的政策建议

### 1. 影响两机构关系的因素

两机构的关系是随着经济和社会的发展而不断变化的。在对两者的关系进行顶层设计时，应充分结合我国国情，将两机构关系的动态性、周期性及影响两者关系变化的因素都考虑在内。

（1）银行业的市场化程度

一国银行业的市场化程度是决定反垄断执法机构与银行业监管部门关系的主要因素。银行业市场化程度越高，市场竞争越充分，在充分竞争环境下银行的经营效率就越高，竞争政策优先于行业政策，《反垄断法》的重要性凸显，因此与行业监管机构相比，反垄断执法机构在规制银行业涉嫌垄断行为方面占有更多的主导权。在银行业市场化程度低、市场集中度高的情况下，政府不得不为避免银行倒闭对经济造成巨大冲击而提供政策保护，这必然会导致银行的道德风险，引发金融系统性风险，与反垄断执法机构相比，银行业监管机构就占有了更多的主导权。总之，两机构的关系其实是竞争效率和金融风险之间的权衡。《反垄断法》是在既有市场结构的基础上调整竞争关系，是在金融风险可控的前提下进行反垄断规制，其实难以打破整个垄断格局。目前我国的金融市场化改革正处于深度推进过程中，银行业监管机构逐步放松监管和引入竞争，反垄断执法机构在助推金融领域垄断"破冰"方面，在银行业竞争规制方面越来越显示出其重要性。

（2）监管成本

按照法律经济学的观点，所有法律行为均以效率最大化为目的。两机构管辖权的配置将从以下三方面直接影响监管成本。其一为监管决策成本。决策信息越全面，决策质量越高。如果两机构在规制过程中相互之间没有有效的信息沟通交流，在做出监管决策时各自为政，那么双方所需的决策信息量都将减少，很可能最终导致决策失误。与行业监管机构相比，反垄断执法机构对于实际的银行产业组织状况和金融机构的真实运营情形缺乏客观深入的了解，因而在评估涉嫌垄断行为所引起的社会福利损失时难免有失偏颇，所做的决策很可能不妥，甚至因为缺乏了解而使执法陷入困境。行业监管机构具有长期的监管经验和信息优势，具有更低的监管决策成本，在竞争政策与行业政策间的权衡方面更具有优势。其二是监管执行成本。只要反垄断事务管辖权为不同机构所共享，权利的交叉与冲突就在所难免。当出现申诉时，当事人首先面临监管主体的不确定，最后的监管决策也很可能由于双方意见相左而执行不力，这将大大提高监管的执行成本，损害监管效率。其三为监管监督成本。根据"监管俘获理论"，监管者的监管权利会随着监管对象不断的寻租活动而最终被其"俘获"，这将导致社会福利净损失，所以权利应当得到监督制约。权利适当分散有利于保证权利的公正行使。但从另一个角度看，与反垄断执法机构相比，行业监管机构独立性差，因为与行业关系密切而易被行业的利益所"俘获"，从而损害监管公正性，扭曲行业竞争。从监管效率角度出发，权限的配置应当实现既定监管收益下的监管成本最小化。因此，在对两机构关系进行设计时，应考虑使总监管成本最小化，充分发挥两机构各自的优势，实现监管效率的最大化。

**2. 银行业反垄断规制中协调两机构关系的政策性建议**

在银行业反垄断规制中，反垄断执法机构和银行业监管部门的终极目标是一致的，但具体目标不同。两者既因管辖权不清而相互冲突，也存在相互协调合作的必要性，两者各有优劣，执法各具特点。因此化解两机构的矛盾冲突，实现两机构之间的协调合作是实现银行业有效竞争规制的关键。

（1）明确《反垄断法》的经济宪法地位

《反垄断法》是一国的经济宪法，为保持其权威性，不宜频繁改动。在实体法适用方面，当行业性法规与《反垄断法》存在不一致或有所冲突时，除非特别规定，应以《反垄断法》为准，其是最高和最终的规则标准。《反垄断法》应规定清楚行业适用除外情形和豁免条件，以及在哪种情况下特别法优先。反垄断执法机构和行业性主管机构的决定，都依法受最终的司法审查监督。此外，根据《反垄断法》，反垄断执法机构与银行业监管部门应联合制定并颁布《银行业反垄断执法指南》，对银行业的反垄断执法实践给予指导。

（2）采取反垄断执法机构为主、银行业监管机构为辅的双重管辖模式

在执法实践中，两机构矛盾冲突的根源在于《反垄断法》没有界定清楚双方的竞争管辖权，这大大降低了竞争监管收益。结合我国国情，本文认为应当确立以反垄断机构为主、银行业监管机构为辅的双重管辖模式。在这种模式下，应以反垄断执法机构为审查主体，反垄断执法机构决定是否受理，由谁受理。如果反垄断执法机构决定不受理或者由银行业主管机构受理，则银行主管机构根据

其行业法律实行竞争规制。如果反垄断机构决定受理，反垄断执法机构在分析竞争效果过程中，应该将特定行业的垄断特殊性因素考虑在内。由于行业主管部门具有分析方法优势与信息数据优势，所以应事先按程序向行业主管部门发送《意见征询函》，其内容应包括行业主管部门应提供的数据资料，对于评估方法的选择有何意见等。行业主管机构应在特定限期内，根据行业性法规予以答复，为反垄断执法机构提供建议。反垄断执法机构在初步形成垄断调查结论后，应将初步调查报告发送给行业主管部门再次征询意见，并要求其做出评估报告。如果两机构意见相左，反垄断执法机构应根据其评估报告的建议进一步调查取证分析，最终得出银行业行为是否产生限制或者排除竞争的效果的结论，并做出处罚决定。借鉴美国经验，如果反垄断执法机构最终与行业监管机构意见相左，在经过一系列协调机制协商未果的情况下，行业监管机构可作为被告方证人作证。对于银行业主管机构，如果其发现银行存在涉嫌垄断行为，应通报给相应的反垄断执法机构，反垄断执法机构在限制时日内就是否受理、由谁受理给予答复。此制度设计，将反垄断执法机构实施《反垄断法》的权威性与银行业监管机构作为一线监管者所具有的专业优势相结合，同时有效避免了银行业监管机构被俘获或反垄断执法机构脱离行业实际情况的可能性。本文认为这种管辖模式应是监管效率最大化的设置方式。

（3）构建信息沟通机制

反垄断执法与行业监管在本质上是两种不同的针对金融市场失灵的解决方式，这决定了两者在法理上相互冲突的必然性。在具体执法实践中，当两机构的执法相冲突时，在《反垄断法》没有明确规定的情形下，应通过反垄断委员会来协调。《反垄断法》第9条规定："国务院设立反垄断委员会，负责组织、协调、指导反垄断工作"，其中银监会副主席是反垄断委员会的成员。然而该法条的规定过于笼统，没有授予反垄断执法委员会仲裁权力。反垄断委员会仅在宏观经济形势、主要竞争政策与行业发展政策的权衡方面给出方向性建议。如发生金融危机时，金融稳定是首要任务，反垄断执法委员会可建议银行业适用《反垄断法》的除外情形。如处于推进金融市场化改革时，促进金融市场有效竞争比较重要，反垄断委员会则应偏向反垄断执法机构。

建议在银监会下特别成立"竞争审查办公室"，专门负责处理与银行业竞争监管相关的事务，包括与反垄断执法机构联络，协商合作事宜，负责主持对反垄断执法机构审查报告的评估工作，与反垄断委员会沟通，并与反垄断执法机构联合培训相关人员等。建议"竞争审查办公室"副主任由反垄断执法机构提名，组成人员应具有反垄断执法与金融监管双方面的专业背景。

总之，建议反垄断执法机构主导银行业竞争监管，银行业监管机构充分发挥专业优势辅助监管，建立"竞争审查办公室"加强两机构间的信息沟通，加强两机构在反垄断执法实践中的协调能力，确保银行业在整个系统风险可控下展开有效竞争。

**参考文献**

[1] Khosa, Miyelani, "The Interplay of Sector Regulators and Competition Authorities in Regulating Competition in Telecommunications: The South African Case", http://uir.unisa.ac.za/handle/10500/3576, 2009.

[2] 李洁：《论金融行业反垄断执法机构与行业监管机构的管辖权配置》，《兰州商学院学报》2012年第8期。

[3] 王炳辉：《论中国反垄断法在银行业的适用障碍及其完善机制》，《郑州大学学报》（哲学社会科学版）2013年第1期。

［4］吴汉洪、姜艳庆：《对中国银行业反垄断问题的思考》,《经济学动态》2012 年第 11 期。

［5］肖竹：《竞争政策与政府规制——关系、协调及竞争法的制度构建》,中国法制出版社,2009。

［6］赵园园：《银行业反垄断法适用问题研究——以银行业结构规制为视角》,复旦大学出版社,2012。

# B.13 操作风险与异常交易监管研究

罗龙秋[*]

**摘　要：**

金融市场异常交易的原因可能是多方面的，操作失误无疑是引发异常交易的重要原因之一。随着金融运行环境的复杂化，金融业的操作风险呈持续上升趋势，风险的传导性更强，危害日趋严重。国际金融业界对操作风险的管理和监管越来越重视。我国金融业对操作风险的认识和管理还停留在比较浅的层次，对操作风险的监管与发达国家相比仍有较大差距，因此，提高我国金融业的操作风险管理水平，强化对操作风险的监管已经成为我国金融监管当局面临的重要课题。

**关键词：**

操作风险　异常交易　监管

近年来，股票市场上由于操作失误导致异常交易的情形时有发生。2010年5月6日，一名交易员在卖出股票时敲错了一个字母，将百万误打成十亿，导致道琼斯指数突然出现近千点的暴跌。交易员的错误操作以及交易系统的技术问题是导致股市暴跌的主要原因之一。2013年8月16日，中国上证综指突然上涨5.96%，经监管

---

[*] 罗龙秋，经济学博士，金融学博士后，主要研究方向为管制经济学、金融监管。

部门核查，确认为光大证券策略投资部门自营业务在使用其独立的套利系统时出现问题，光大证券自营盘 70 亿的乌龙指导致 A 股暴涨。金融市场异常交易的原因可能是多方面的，操作失误无疑是引发异常交易的重要原因之一。

屡屡发生的操作失误，使操作风险再次成为股票市场关注的焦点。当前，操作风险正日益受到国际金融业界的高度重视。随着金融市场的发展，金融机构越来越庞大，交易规模也日益膨胀，金融产品和交易方式也日趋多样化和复杂化。随着 IT 技术在金融领域的广泛运用，信息技术与金融日益融合，交易系统的信息化程度日益提高，金融业务已形成对信息技术的高度依赖。这使金融业务变得更加复杂，操作风险也变得更加脆弱。随着金融混业经营的发展以及金融市场的全球化趋势，操作风险的传导性更强，一个简单的操作失误即可能引发极其严重的后果。探索和构建操作风险的管理技术、方法和机制已经成为金融监管机构的重要任务。

## 一 深刻认识操作风险

### （一）操作风险的内涵

操作风险是金融业最古老的风险之一，是指金融业在运营中因为操作过程出现问题而引起的风险。金融机构的操作风险可能源于从业人员的错误操作、运行系统失灵、内控制度失效等，也有可能由金融机构内部的腐败、欺诈、违法等行为导致，此外，外部突发的不可控事件也有可能引起操作风险。关于操作风险的定义一直存在着争议。各类金融机构出于自身经营管理和风险控制的不同特征，对操作风险的外延界定不尽相同。国际监管组织巴塞尔委员会对操作风险的正式定义是："操作风险是指由于不完善或有问题的内部操作过程、人员、系统或外部事件而导致的直接或间接损失的风险。"这一定义得到各国金融监管部门的普遍认同。

### （二）操作风险的危害

金融机构一般很注重对市场风险和信用风险的管控，而往往会忽视或轻视对操作风险的管控。其实，相当多的事件已经表明操作风险的危害不容忽视。1995年，巴林银行因一名金融衍生品交易员未授权的投机失败而直接倒闭。2008年初，法国兴业银行因一个底层交易员的违规操作而遭受重创，险些倒闭。操作风险导致的损失不像市场风险和信用风险那样可以精确计量。由于金融业务自身关联度较高，操作风险的表现形式多样，牵涉面广，某个环节出现问题经常会牵连到其他环节，引发链式反应，从而加重损失程度。在银行业金融机构各类风险导致的损失中，信用风险排在第一位，其次就是操作风险。随着金融业务规模的扩大及金融信息化的加深，操作风险也出现很多新形态，所引发的损失可能更大，其危害日趋严重。

### （三）操作风险的影响因素

操作风险存在于金融机构的各个业务领域，渗透于金融机构的方方面面，表现形式多种多样。影响操作风险的因素可以归结为三类：人员因素、内部制度和外部事件。首先是人员因素，金融从业人员的错误操作或违规操作是操作风险最传统的风险源头。最早的金融交易基本依赖人为操作，随着信息化技术在金融业的广泛运用，人员操作环节大幅减少，金融业务自动化程度提高。信息自动化可以减少人为操作，但不能消除人为操作，由于智能系统本身的复杂性和牵连性，反倒可能使操作风险的危害变得更大。自动化交易程度提高，使简单操作失误引起的操作风险大幅减少，人为因素引起的操作风险更多地体现在金融机构内部人员的欺诈交易、高级管理人员的腐败等不道德行为上。其次是内部制度因素，主要表现为公司治理结构、组织机构、内控制度及业务流程等方面出现失灵。现在的金融机构依靠信息技术的运用，基本上都建立了完善的业务流程，而且自动化程度较高，公司治理和组织机构也都比较健全，股东、董事、高管、员工等各利益相关方之间，以及各组织部门之间形成了权责制衡机制。如果内控制度失效，则将导致业务中断、系统失效、操作失误、越权行为、内部欺诈、违规违法等各种操作风险。最后是外部事件，指不可控的外部事件，比如突发事件、灾难事件等。随着金融机构对信用风险和市场风险量化管理技术的运用和发展，这两类风险空间受到挤压并得以缓释，相对而言则加大了操作风险。

近年来，全球金融混业经营趋势明显，金融与IT技术的融合更加深入，金融全球化步伐加快，传统的金融业务逐步转型，金融业经营模式也发生了很大变化。操作风险的影响因素变得更加复杂和多元，风险的呈现方式也出现了新的形态。

### （四）操作风险的特性

操作风险虽然很古老，但是被作为一项独立的风险进行研究、管理和监管却是近年的事情。在金融业面临的各类风险之中，操作风险有其独特而鲜明的特点。第一，操作风险覆盖面大，形式具有多样性。金融业的操作风险可能来源于业务执行条线、经营管理层面、公司治理领域，也有可能来自外部事件的冲击。可以说操作风险涉及公司运营上上下下各个层面，覆盖公司经营的内部和外部环境。操作风险呈现形式多样，人为失误、员工欺诈、程序不当、系统失灵等均可能引发操作风险。金融业中其他风险的影响因素则比较明确而单一，涉及范围也较小。比如市场风险是金融机构面临的外部市场价格的不确定性,包括利率、汇率等各种价格波动;信用风险则主要存在于授信业务,由客户的违约引起。第二,操作风险的内生性特征非常明显。操作风险大部分由金融机构的内部原因引起,外部事件的冲击也大都以内部环节的失控呈现出来。而市场风险和信用风险则主要来自金融机构的外部原因,是外生风险,金融机构难以控制。比如市场风险来自市场价格变化,信用风险则多来自客户违约。第三,操作风险与收益没有必然联系。一般情况下,金融风险与收益正相关,风险越高,收益越高,如果愿意承担更大风险,则可以获得更高的收益,但是操作风险与收益则不存在必然的关系,承担风险不能保证可以获得收益。第四,操作风险与其他金融风险存在因果关系。操作风险可能提高信用风险和市场风险,如果金融机构授信流程管控失效,可能将贷款提供给信用程度较低的客户,从而提高信用风险,如果金融机构内部由于操作风险导致对利率和汇率的敞口管理失效,则可能提高市场风险。操作风险的危害将使金融机构的声誉受损,导致声誉风险产生。金融机构的员工和管理人员的不道德行为是引起道德风险的重要源泉,因此道德风险将导致操作风险产生。此外,经验表明金融机构的操作风险与经营规模存在一定的正相关关系。经营规模扩大,业务变得更加复杂,交易环节更多,更难以管理,因而也更容易引发操作风险。

## 二 操作风险与异常交易

我国对于异常交易情况的立法规定滞后于实践。我国《证券法》第114条规定:"因突发事件而影响证券交易的正常进行时,证券交易所可以采取技术性停牌的措施;因不可抗力的突发性事件或者为维护证券交易的正常秩序,证券交易所可以决定临时停市。"从该条款的文义理解,《证券法》仅承认"突发事件"和"不可抗力的突发性事件"两种异常交易情况。然而,实际经济活动中的异常交易情况远不止这两类,《证券法》显然未能涵盖证券交易中的所有异常交易情况。沪、深两大证券交易所的《交易规则》扩大了异常交易范畴,将不可抗力、意外事件、技术故障等归为异常交易情况。

从法规的角度看,我国的异常交易并没有包括操作失误情形,然而在实践中这种操作失误导致异常交易的情形却不时出现。其他国家也普遍把"差错交易"归属于异常交易的范畴。2005年,国际证监会组织也认可"差错交易"是导致异常交易的原因。因此,我国需要改变目前有关异常交易的规定,尽快将"差错交易"的情形归属于异常交易的范畴。

随着金融交易形式的电子化以及参与主体的大众化,异常交易情况对金融市场的影响十分重大而深远。异常交易将导致交易结果违背交易双方的意愿,损害交易主体的利益,严重时甚至会破坏正常的交易秩序,恶化金融运行环境。异常交易可能由于不可抗力、意外事件等交易主体主观上无法控制的原因引起,也有可能由于虚假交易、操纵市场等交易主体的主观原因导致。毋庸置疑,操作风险是导致异常交易的重要原因。

随着金融业信息化、电子化趋势的加快,金融业务更加依赖自动化操作。由于信息系统中的自动化程度很高,各环节密切关联,一旦技术发生故障或者人为操作失误,就会引发异常交易,在短时间内带来巨大冲击。金融创新使金融产品和交易变得更加复杂,对人员素质、业务平台和业务流程提出更高的要求,任何疏漏都可能引发操作风险,促发异常交易,带来高额损失。智能系统可以减少部分人为的操作风险,但并不能完全消除操作风险,薄弱环节依然存在,甚至信息技术本身存在的故障会使交易系统变得更加脆弱,

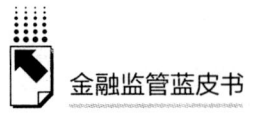

给金融机构带来新的操作风险，或者使操作风险的危害程度加大，甚或引发系统性风险。

## 三 国际金融界操作风险监管

国际金融界对操作风险的监管动向主要体现为国际监管组织巴塞尔委员会对操作风险的监管政策。巴塞尔委员会早在20世纪90年代就开始探讨操作风险监管问题。1998年，巴塞尔委员会发布《操作风险管理》，倡导金融机构董事会和管理层提高操作风险意识，并探讨了操作风险的计量方法和管理架构。1999年，巴塞尔委员会在《资本协议》中将操作风险正式并入金融机构资本充足率的管理框架。2001年，巴塞尔委员会给出了操作风险资本的三种核算方法。2003年，巴塞尔委员会公布《操作风险管理和监管的良好做法》，就操作风险管理提出10条原则，内容涉及风险环境、风险管理、信息披露、风险监管等方面。2004年，在巴塞尔委员会发布的《新资本协议》中，正式对银行业金融机构的操作风险计提风险资本，并给出了三种操作风险资本计量方法以供选择。2006年，巴塞尔委员会发布《有效银行监管核心原则》，建议监管当局督促银行建立有效的操作风险识别、评估、监测和控制制度。2008年金融危机以来，全球金融业经营模式也发生了深远的变化，操作风险出现了很多新形态。巴塞尔委员会在2010年以来进行了一系列研究工作，并先后发布了2011年版《操作风险管理的稳健做法》《操作风险高级计量法监管指引》等规范性文件，进一步完善了操作风险监管办法。

巴塞尔委员会认为，操作风险不是一个孤立的风险，其与其他风险类型存在密切关系，应将操作风险纳入金融机构的全面风险体系中进行识别、评估、监测和管理。巴塞尔资本协议三大支柱都密切关注操作风险监管问题，将操作风险纳入三大支柱的框架下。

巴塞尔委员会是国际金融监管的风向标，世界上主要国家和地区基本上都接受了其监管框架和监管原则。当然，各国在本国国情的基础上，可以对具体监管标准进行调整和补充。随着各国金融机构操作风险管理实践的不断演进，巴塞尔委员会制定的操作风险管理与监管制度也在不断演进更新。准确计量风险是进行最低资本要求监管的前提。如何对操作风险进行准确计量一直是巴塞尔委员会的关注重点，也是各国金融业研究操作风险管理的焦点。对操作风险实施量化监管已经成为各国金融监管的共识和趋势。巴塞尔委员会并没有统一操作风险的计量方法，只是给出了一些方法以供选择，各国金融业可以在此基础上，根据本国的实际情况进行完善和发展。

## 四 我国金融业操作风险监管分析

### （一）我国金融业操作风险特征

经过 20 多年的发展，我国的金融市场正逐渐走向成熟，形成了系统的金融制度，金融机构总体的风控合规体系较为规范，业务运营规范、稳健。我国的经济体制改革走的是一条渐进式的道路，经济金融制度具有明显的新兴加转轨的特征，金融制度的形成具有移植和自我创新相结合的特征。从西方发达国家移植过来的金融制度在我国运用需要一个改造的过程。

尽管我国已经建立系统的金融制度，但是金融制度的设置和运行还有较多不完善之处。首先，金融机构在公司治理结构方面还存在较多需要改善的地方。有些金融机构的股权结构不合理，我国国有金融机构占据主导地位，在这些机构中国有股东占比较高，在现行制度下国有股东很难充分发挥股东权利，股东对治理层和经营层的监督存在失效。我国金融机构的股权一般比较分散，有些金融机构不存在控股股东和实际控制人，这种股权结构很可能导致"内部人"控制现象。此外，金融机构内部制衡机制不完善，股东大会、董事会、监事会、经营管理层之间还没有建立有效的制衡机制。其次，金融机构的内控制度尚不完备，运行效率不高。有些金融机构没有形成系统有效的内部控制制度；有些金融机构虽然建立了内控制度，但是束之高阁，形同虚设；有些金融机构的内控制度权威性不强，不能起到查错防漏、控制操作风险的作用。近年来，我国的金融创新加速，但是金融机构的内控制度却跟不上金融创新的步伐，一些创新金融业务缺乏内控制度保障，风险敞口很大，操作风险大幅提高。此外，我国正处于社会转型期，金融制度处于改革期，金融机构面临转型升级，这一阶段也比较容易引发操作风险。近年来，我国的操作风险呈上升趋势，表现形式也多种多样，其中欺诈是我国操作风险的主要类型。据统计，内部欺诈和失职违规是我国商业银行操作风险的高发类型，其发案数达到50%。

## （二）完善我国金融业操作风险监管

目前国内金融业对操作风险的认识和管理还停留在比较浅的层次，很多制度还只是简单移植巴塞尔协议的相关规定，相关制度还没有融入中国金融业运行的实践中。我国的监管机构较早就开始关注对金融机构操作风险的监管，并出台了一系列监管办法。这些法规强化了国内金融机构对操作风险的认识，有助于引导金融机构建立和健全操作风险管理制度，提高操作风险评估和计量水平，大幅提高了我国金融机构操作风险的管理水平，改善了我国操作风险的监管环境。然而，我国金融业操作风险监管与发达国家相比仍有较大差距。随着金融运行环境的复杂化，我国金融业操作风险呈持续上升趋势，如何提高我国金融业操作风险管理水平、改善操作风险监管环境，成为当前我国金融业面临的重大问题。基于国际经验以及我国金融业的实际情况，我们提出以下几点改善我国金融业操作风险监管的政策建议。

**1. 坚守"底线思维"，有效防止风险传染**

改进和加强操作风险监管必须坚决守住的一条"底线"是，单个金融机构的操作风险不外溢，不形成系统性、区域性风险。由于不同金融业务专业性较强，采取以功能为导向的分类监管模式是很多国家和地区的选择。分业监管更有利于开展一线监管。随着金融业务的复杂化，操作风险的覆盖范围也扩大，风险点蔓延至各个业务末端，只有监管深入一线才能实施有效的监管。分业监管也有助于对风险进行隔离。金融业务的风险传染性极高，银行、证券、保险等各业务之间应形成一定的风险隔离带，同时随着混业经营趋势的加强，还要加强监管协作，避免监管套利。要坚决制止单个操作风险对整个金融体系的传导和蔓延。近年来，金融混业经营趋势加强，分业监管模式面临挑战。为了防止风险外溢，监管机构应从微观审慎监管上升至宏观审慎监管，积极完善金融监管协调机制。

**2. 加强对金融机构操作风险管理长效机制的监管**

金融机构应认真总结研究操作风险的规律，建立防范操作风险的长效机制，防患于未然。操作风险是由人员、系统、流程和外部事件四类因素引起的，涉及金融业所有部门。金融机构应构建权责明晰的操作风险管理组织体系，明确各层面、各部门在操作风险管理中的职责边界，适当交叉，全面覆盖。金融机构应定期组织操作风险检查工作，对每个环节和风险点进行全面大排查，重点检查容易引发操作风险的业务前端、业务末端、"病灶"环节、交叉结合部等。应强化金融机构风险责任考核机制，将操作风险纳入考核体系。应全面落实操作风险管理责任制，明确各级管理者及每位操作人员的风险防范责任，落实问责制。监管机构可以通过文件规定金融机构操作风险管理制度，可以要求金融机构定期汇报操作风险管理制度运行情况，通过定期和不定期的现场检查，监督操作风险管理机制的运行情况，确保长效机制的有效性。

**3. 强化对金融机构公司治理的监管**

经验证明，健全的公司治理结构有助于防范操作风险发生。金融机构应建立完善的公司法人治理结构，建立规范的股东大会、董事会、监事会制度，构建三会与高级管理层之间的权力制衡机制，董事会承担监控操作风险管理有效性的最终责任，高级管理层负责操作风险的管理最终责任，操作风险管理部门要负责全行操作风险管理体系的建立和实施，其他部门对本部门的操作风险管理情况负直接责任。应建立合理的组织机构，完善上下级之间的授权机制，发挥各机构的制衡作用。只有完善机构设置，才能从根本上解决操作风险的控制问题。监管机构应对金融机构的公司治理运行情况进行监督，可以要求金融机构定期披露公司治理运行的相关信息，要求金融机构定期向监管机构汇报。监管机构应研究出台金融机构公司治理规范指引，将操作风险管理纳入其中。监管机构可以开展对金融机构公司治理运行情况的检查工作，建立考核机制和违规惩罚机制。

**4. 强化对金融机构内部控制制度的监管**

产生操作风险的深层次原因是业务流程和内控管理制度失效。导致金融机构内控失效的原因可能是失误、欺诈，也可能是信息技术系统故障或灾难事件等突发事件。当金融机构的内部控制失效时，操作风险就会浮出水面，它涉及金融机构的每一个业务环节及其相关人员。健全的内控制度是防范操作风险的有力保障，有效管理操作风险的重要手段是敦促金融机构建立健全的内部控制。事实也证明，加强内控对于降低操作风险具有决定性作用。金融机构应当将加强内部控制作为操作风险管理的有效手段,将员工管理、业务流程、审计稽核、公司治理等管理措施纳入公司内控制度,并保证内控制度有效执行。金融机构应保证内控制度的连续性和可调整性,各部门应根据经营环境和实际业务的改变特别是实践反馈信息及时修订内控制度和业务流程,确保制度的有效和连续,形成对风险进行事前预防、事中控制和事后监督纠正的动态机制。监管机构应强化对金融机构内控制度有效性的监管,通过出台相关指引引导金融机构完善内控制度建设,采取定期报告、现场检查、第三方审计等方式,监督金融机构内控制度的有效运行,可以将金融机构内控制度的有效性纳入常规监管指标中。

# 附录
Appendix

## B.14
## 2013年度金融监管大事记

吕志成

### 2013年1月

**1. 央行批准深圳前海正式启动跨境人民币贷款业务**

央行深圳市中心支行网站消息称,中国人民银行办公厅近日批复同意中国人民银行深圳市中心支行发布实施《前海跨境人民币贷款管理暂行办法》。这标志着深圳前海地区跨境人民币贷款业务正式启动。

**2. 银监会：银行信贷投放须加大向老、少、边、穷地区倾斜**

银监会发布通知,要求银行业金融机构的资源配置特别是信贷投放加大向老、少、边、穷地区倾斜。从2013年开始,每年在老、少、边、穷地区的信贷投入增速要高于其他地区平均水平,高于当地城市地区的平均水平。

### 3. 银监会调低小微企业和个人贷款风险权重

银监会下发的《商业银行资本管理办法（试行）》自1月1日起正式实施。办法按审慎性原则重新设计了各类资产的风险权重，下调小微企业贷款和个人贷款的风险权重，引导商业银行扩大小微企业和个人贷款投放，更有效地服务实体经济。下调公共部门实体债权的风险权重，适度上调商业银行同业债权的风险权重。

### 4. 证监会发布4项金融行业标准

证监会1月7日正式发布《证券投资基金编码规范》、《证券投资基金参与方编码规范》、《股指期货业务基金期货数据交换接口》及《证券期货业网络时钟授时规范》4项金融行业标准，促进市场规范发展。

### 5. 央行发布第五批26张支付牌照

央行8日颁发第五批26张第三方支付"牌照"。陕西煤炭交易中心有限公司、山东高速信联支付、中百电子商务有限公司等26家支付机构获得了新一批非金融机构《支付业务许可证》。至此，央行已累计发放223张支付机构牌照。

### 6. 银监会银行业消费者权益保护局成立

中国银监会成立了银行业消费者权益保护局并开始运作。以成立专业部门为契机，银监会将继续致力于强化银行业消费者保护职能，将消费者保护内容进一步纳入全面风险监管框架，提升监管有效性。

### 7. 保监会细化消费投诉处理机制

保监会再度出手，将维护消费者权益进行到底。1月10日，一份最细分、最系统的《保险消费投诉处理管理办法（征求意见稿）》正式公开。对于事实清楚、争议情况简单的保险消费投诉，保监会要求应当自受理之日起10个工作日内做出处理决定。

**8. 外管局成立专门机构负责创新外储运用**

国家外汇管理局有关负责人1月14日称,外汇局在外汇储备经营管理机构内,成立了外汇储备委托贷款办公室,负责创新外汇储备的运用工作。关于委托贷款的委托机构,以及贷款的规模、运作方式和投向,外汇局并未公布。

**9. 证监会推进非银行金融机构的基金托管业务**

1月25日,证监会召开新闻通气会,公布了《非银行金融机构开展证券投资基金托管业务暂行规定(征求意见稿)》,并向社会公开征求意见。暂行规定拟允许符合条件的非银行金融机构开展基金托管业务。

## 2013年2月

**1. "新三板"股票转让采取做市竞价方式**

2月2日,中国证监会网站公布《全国中小企业股份转让系统有限责任公司管理暂行办法》,自公布之日起实施。根据规定,在该转让系统挂牌股票转让,可以采取做市方式、协议方式、竞价方式或证监会批准的其他转让方式。

**2. 保监会强化保险投资牌照化管理**

保监会2月4日发布的《关于加强和改进保险机构投资管理能力建设有关事项的通知》,将保险机构的投资管理能力明确为七大类,要求保险机构开展有关投资业务,按规定备案能力,对上述业务实施一定意义上的牌照化管理。

**3. 境内公司回购其境外股票可使用境外资金**

国家外汇管理局2月7日发布《关于境外上市外汇管理有关问题的通知》。通知指出,境内公司回购其境外股票,可使用符合有关规定的境外资金,也可在境内汇出资金。

**4. 中国首个期货经纪合同行业标准公布实施**

2月8日,证监会网站公布了《期货经纪合同要素》(以下简称《要素》)及《证券期货业信息系统运维管理规范》两项金融行业标准,并称《要素》这一首个期货经纪合同行业标准的实施,有助于避免或减少期货经纪业务开展中的争议,切实保护期货投资者的合法权益。

**5. 保监会新规推进创新资管产品**

为推进资产管理产品业务试点,2月17日,保监会发布《关于保险资产管理公司开展资产管理产品业务试点有关问题的通知》,允许保险资产管理公司发行"一对一"定向产品及"一对多"集合产品。

**6. 公募基金管理业务门槛降低**

2月18日,中国证监会公布《资产管理机构开展公募证券投资基金管理业务暂行规定》,并自今年6月1日起施行。与此前公布的征求意见稿相比,暂行规定适当降低了证券公司、保险资产管理公司和私募证券基金管理机构三类机构直接开展公募基金管理业务的门槛。

**7. 央行重启正回购,传递中性政策**

时隔8个月,央行在2月19日重启公开市场正回购操作。在经济增长趋稳、通胀压力隐现,而银行间市场资金面仍日趋宽松的背景下,适时重启正回购有利于合理控制货币供应,避免流动性再度走向泛滥。与此同时,央行回购利率长期持平,也进一步传递出管理层保持市场利率稳定、货币调控延续"中性"的政策信号。

**8. 银监会要求银行业创新小城镇信贷产品**

中国银监会办公厅2月19日发布《关于做好2013年农村金融服务工作的通知》,要求银行业金融机构在有效防范风险的前提

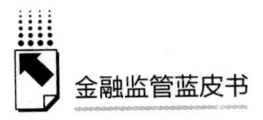

下，积极创新完善小城镇建设金融服务功能，创新小城镇系列信贷产品，设计符合小城镇建设的金融服务产品。

## 2013 年 3 月

**1. 银监会：扩大商业银行投资基金公司的试点范围**

3月4日，商业银行设立基金管理公司的试点范围近日再次扩大。银监会已同意兴业银行、北京银行投资设立基金公司。银监会主席尚福林对此表态，要加强风险隔离制度建设，允许申请设立基金公司的银行自主选择合作伙伴，合理设计股权结构。

**2. 证监会：完善期货公司风险监管指标**

中国证监会日前公布了《期货公司风险监管指标管理办法》（以下简称《办法》）及配套规则，要求期货公司自2013年7月1日起，应按照《办法》和《规定》要求，完善以净资本为核心的风险监管指标管理制度，确保公司的稳健经营。

**3. 央行与新加坡续签双边本币互换协议**

经国务院批准，3月7日，央行与新加坡金融管理局续签了中新双边本币互换协议，互换规模由原来的1500亿元人民币/300亿新加坡元扩大至3000亿元人民币/600亿新加坡元，有效期3年，经双方同意可以展期。

**4. 证监会：批准大商所开展焦煤期货交易**

中国证监会日前正式批准大连商品交易所在2011年推出焦炭期货交易的基础上上市焦煤期货，以进一步健全煤炭产业链期货品种体系，满足现货企业的实际需求。

**5. 证监会：基金销售业务资格申请实行注册制**

3月16日，证监会发布修改后的《证券投资基金销售管理办法》及配套规则，将对基金销售业务资格申请实行注册制，扩大基金销售机构类型，推进期货公司、保险机构等参与基金销售业务。

**6. 肖钢任证监会主席**

3月17日，中国证监会召开干部会议，宣布对证监会主要负责人进行调整，原中国银行党委书记、董事长肖钢接替郭树清，出任中国证监会党委书记、主席。

**7. 央行：QFII可以进入银行间债券市场**

3月20日，中国外汇交易中心在中国货币网公布的中国人民银行文件显示，为拓宽合格境外机构投资者（QFII）的投资渠道，已获得中国证监会批准资格及外汇局核批额度的QFII机构，可以向央行申请进入银行间债券市场。

**8. 银监会出台《关于深化小微企业金融服务的意见》**

3月29日，中国银监会出台《关于深化小微企业金融服务的意见》，在"银十条"基础上提出了15条具体措施，继续推进小微金融差异化监管政策。此次，意见指出，要以提高小微企业贷款可获得性、拓宽小微企业金融服务覆盖面为工作目标，督促商业银行单列年度小微企业信贷计划，进一步加大对小微企业的支持力度。

## 2013年4月

**1. 银监会：农金机构风控监管升级**

银监会近日下发一份名为《2013年农村中小金融机构监管工作要点》的文件，要求农金机构严控不良贷款反弹。除国家重点在建续建项目外，不得发放新的平台贷款，余额只降不增。同时，要筑严"影子银行"关联业务风险防火墙。

**2. 证监会：开放外资法人银行基金托管资格**

4月2日，中国证监会与中国银监会联合发布《证券投资基金托管业务管理办法》。该办法即日起施行。证监会表示，鼓励符合

条件的境内法人银行,包括中资银行和外资法人银行积极申请基金托管资格,同时,希望已获得基金托管资格的商业银行抓住基金行业市场化改革的发展机遇,制定托管业务发展战略,积极开拓各类投资产品的托管业务。

**3. 央行:授权开展人民币对澳元直接交易**

4月9日,经中国人民银行授权,中国外汇交易中心宣布完善银行间外汇市场人民币对澳元交易方式,在遵循市场原则的基础上开展人民币对澳元直接交易,这是中澳两国共同推动双边经贸关系进一步向前发展的重要举措。

**4. 外管局:商业银行可办理新台币兑换业务**

4月9日,国家外汇管理局发布通知称,为规范商业银行等机构办理新台币兑换业务,便利两岸经贸交流与人员往来的货币兑换服务,商业银行可办理新台币兑换业务。商业银行可按照经营需要自行决定办理新台币兑换业务,兑换业务的买卖价由商业银行自行确定。

**5. 银监会:农村中小金融机构要推动"三权"抵押**

银监会印发《关于持续深入推进支农服务"三大工程"的通知》,要求农村中小金融机构持续深入推进金融服务进村入社区、阳光信贷和富民惠农金融创新"三大工程"。推动"三权"抵押,在具备一定基础条件的地区,探索开展土地承包经营权、宅基地使用权和农房抵押贷款业务。

**6. 上海清算所推出人民币远期运费协议中央对手清算业务**

4月16日,银行间市场清算所股份有限公司(上海清算所)在上海宣布,正式推出人民币远期运费协议中央对手清算业务,此举标志着我国在主要的全球化金融衍生品上实现了以人民币计价清算零的突破。

**7. 外管局：取消银行间外汇做市商资本充足率要求**

4月17日，国家外汇管理局公布关于修订《银行间外汇市场做市商指引》的通告，取消做市商在资本充足率方面的要求，亦取消代客跨境收支规模的门槛。另外，新修订指引亦新增部分条件，包括具备健全的外汇业务风险管理系统、内部控制制度、内部资金及较强本外币融资能力等。

## 2013年5月

**1. 外管局：简化外债登记管理，防范外债风险**

5月2日，国家外汇管理局正式公布《国家外汇管理局关于发布〈外债登记管理办法〉的通知》。外汇管理局表示，此项新规是为深化外汇管理体制改革，简化行政审批程序，强化外债统计监测，防范外债风险。

**2. 外管局：严防"热钱"借虚构贸易流入**

多家中资银行收到《国家外汇管理局关于加强外汇资金流入管理有关问题的通知》，主要内容包括为防范外汇收支风险、加强银行结售汇综合头寸管理、加强对进出口企业货物贸易外汇收支的分类管理、严格执行外汇管理规定以及加大核查检查与处罚力度等。

**3. 保监会：将分级管理险企业务**

保监会印发了《关于印发〈保险公司业务范围分级管理办法〉的通知》，自2013年5月2日起实施。办法按照定量和定性相结合的原则，分别确定了各项业务所对应的准入资质。《办法》还将分类监管评价结果作为一项重要参考指标。

**4. 央行：反洗钱工作升至国家战略层面**

5月13日，反洗钱工作部际联席会议第六次工作会议在京召开。受反洗钱工作部际联席会议召集人、央行行长周小川委托，央

行副行长李东荣做了报告，指出当前反洗钱国际标准发生了重大调整，反洗钱工作已上升到国家战略层面，今后要在部际联席会议框架下开展国家层面的反洗钱战略设计。

**5. 外汇局：废止24项管理法规促进外商投资便利化**

国家外汇管理局发布《国家外汇管理局关于印发〈外国投资者境内直接投资外汇管理规定〉及配套文件的通知》，进一步规范和明确了外国投资者境内直接投资的外汇管理，并废止了一批外商直接投资外汇管理规范性文件。

**6. 银监会：排查整顿票据业务**

银监会下发《关于排查农村中小金融机构违规票据业务的通知》，对票据业务进行整顿。据了解，此次对票据业务的整顿范围集中在农村中小金融机构，包括农信社、农商行和村镇银行等。

**7. 银监会：阎庆民升任副主席**

中国银监会正式公布了新一轮的人事调整结果，银监会原副主席蔡鄂生离任，银监会原主席助理阎庆民升任副主席，并由银监会办公厅主任杨家才出任主席助理。

## 2013年6月

**1. 证监会：保险机构正式获准销售证券投资基金**

6月7日，中国证监会与中国保监会联合发布《保险机构销售证券投资基金管理暂行规定》，明确提出保险公司、保险经纪公司和保险代理公司可以销售证券投资基金，同时对保险机构销售基金业务的资格申请、销售业务规范、销售人员管理以及监督管理均进行了详细规定。

**2. 中国央行与尼泊尔央行签署代理投资协议**

6月21日，中国人民银行副行长胡晓炼与尼泊尔央行副行长戈帕尔·普拉萨德·卡弗里在尼泊尔加德满都签署了《中国人民银行代理尼泊尔央行投资中国银行间债券市场的代理投资协议》。此协议的签署将有利于扩大两国的金融合作。

**3. 证监会：支持余额宝式金融创新**

6月21日，证监会新闻发言人表示，支付宝推出的余额宝，为投资者提供了更多的投资理财选择，是市场创新的积极探索，证监会积极支持市场创新发展，为市场创新发展提供制度保障和宽松环境。

**4. 央行：已向部分金融机构提供流动性支持**

6月25日，中国人民银行表示，已向一些符合宏观审慎要求的金融机构提供了流动性支持。央行在当天发布的《合理调节流动性 维护货币市场稳定》意见中，对应对"钱荒"进行了部署。

**5. 银监会：严禁银行向典当行提供授信**

银监会下发《中国银监会办公厅关于防范外部风险传染的通知》，严禁向典当行以及非融资性担保机构提供授信。通知列出了银行须重点关注的五种外部风险的主要来源：小贷公司、典当行、担保机构、民间融资、非法集资。

**6. 银监会：多层次农村金融服务体系初步形成**

6月27日，中国银监会主席尚福林向十二届全国人大常委会作关于农村金融改革发展工作情况的报告时指出，我国农村金融改革发展取得显著成效，初步形成了多层次、较完善的农村金融服务体系，覆盖面不断扩大，服务水平不断提高。

## 2013年7月

**1. 银监会：理财产品未登记不可售**

银监会下发《中国银监会办公厅关于全国银行业理财信息登记系统（一期）运行工作有关事项的通知》，同时正式启用了理财信息登记系统。从6月中旬开始，正式要求银行业金融机构发行的

理财产品实行全国集中统一的电子化报告和信息登记制度,未在理财系统进行报告和登记的理财产品,不得发售。

**2. 保监会:保险业入行违规者最高罚款3万**

7月1日,中国保监会颁布的《保险销售从业人员监管办法》正式实施,办法对保险销售从业人员的从业资格、执业管理、保险机构的管理责任等方面进行了规定,其中,未取得资格证书和执业证书的人员从事保险销售的,可能处以最高3万元的罚款。

**3. 保监会:人身保险公司进行风险排查**

7月5日,保监会印发《人身保险公司风险排查管理规定》,要求各人身保险公司及其分支机构全面开展2013年风险排查工作,风险排查工作涉及经营过程中可能导致公司发生司法案件、群体性事件以及其他损害保险消费者合法权益等系统性风险的业务环节、操作流程、内控管理等方面。

**4. 央行:明确铁路债为政府支持机构债券**

7月初,央行下发文件正式同意中央国债登记结算公司将铁路债归入政府支持机构债券,有关数据调整上溯至2013年1月1日。5月在发布的4月统计数据时,已将包括短期融资券、中期票据以及企业债在内的存量铁道债券划归到"政府支持机构债券"。

**5. 央行:禁止银行间债市网下交易**

7月9日,央行为进一步规范银行间债券市场债券交易结算行为,发布了《中国人民银行公告〔2013〕第8号》文件,指出市场参与者之间的债券交易应通过同业拆借中心交易系统达成,债券交易一旦达成,就不可撤销和变更。债券登记托管结算机构不得为未通过同业拆借中心交易系统达成的债券交易办理结算。

**6. 央行:简化跨境人民币业务流程**

7月10日,央行下发《关于简化跨境人民币业务流程和完善有关政策的通知》,从经常项下跨境人民币结算业务、银行卡人民币账户跨境清算业务、境内非金融机构人民币境外放款业务以及境内非金融机构境外发行人民币债券四个层面，简化人民币业务流程，推进资本项目的开放。

**7. 央行：信用卡透支资金禁止投资网贷**

央行下发《支付业务风险提示加大审核力度、提高管理水平、防范网络信贷平台风险》，要求相关机构严格防范信用卡透支资金用于网络信贷。风险提示明确指出，目前网络借贷存在"信用卡资金透支于网络信贷，易使网贷风险向银行体系蔓延"的风险。

**8. 证监会：RQFII试点扩大到新加坡和伦敦**

7月12日，证监会新闻发言人宣布，将人民币合格境外机构投资者（RQFII）试点从香港扩大到新加坡、伦敦等地。近期签署的海峡两岸服务贸易协定，允许台资金融机构以RQFII方式投资大陆资本市场。

**9. 银监会：再发资本新规要求加强信息披露**

7月19日，银监会下发《关于印发商业银行资本监管配套政策文件的通知》，该通知就资本定义、外部评级机构的认定、风险缓释、内部评级法、市场风险、操作风险、交易对手信用风险、第二支柱和第三支柱等9个领域进行解释，涵盖了《资本办法》的方方面面。

**10. 央行：全面放开金融机构贷款利率管制**

7月20日，央行发布《关于进一步推进利率市场化改革的通知》，该通知称为进一步推进利率市场化改革，经国务院批准，决定自2013年7月20日起全面放开金融机构贷款利率管制。取消金融机构贷款利率0.7倍的下限，由金融机构根据商业原则自主确定贷款利率水平。

**11. 外管局：推进服务贸易外汇管理改革**

7月24日，国家外汇管理局发布《国家外汇管理局关于印发

服务贸易外汇管理法规的通知》，该通知决定自2013年9月1日起，在全国范围内实施服务贸易外汇管理改革。

**12. 银监会：明确银行业公司治理的方向和路径**

银监会印发了《商业银行公司治理指引》，分为9章，共计136条。第1~3章的重点内容为规范公司治理结构和各治理主体的职责边界等制衡机制，第4~8章主要涉及商业银行的发展战略、价值准则及社会责任、风险管理与内部控制、激励约束机制、信息披露等公司治理运行机制的主要内容，并增加了监督管理部分。

## 2013年8月

**1. 银监会：增量贷款要实现"五个倾斜"**

尚福林在上半年全国银行业监督管理工作会议上指出，今年增量贷款要实现"五个倾斜"：向重点在建续建项目倾斜、向化解过剩产能倾斜、向小微企业倾斜、向"三农"倾斜、向消费升级倾斜。

**2. 证监会：尽快开启创业板小微企业再融资**

8月2日，证监会新闻发言人表示，要适当放宽创新型、成长型企业的上市标准，尽快开启创业板小微企业的再融资。近期，证监会正在修订创业板首发管理办法，以提高指标弹性，贯彻国务院对这个问题的相关指示。

**3. 保监会：规范险企使用外部评级标准**

8月5日，保监会网站发布《关于加强保险资金投资债券使用外部信用评级监管的通知》。该通知从保险机构使用外部评级的角度，按照"宽进严管"的原则，规范了评级机构服务能力标准、建立行业自律管理机制、建立持续性监管机制三方面内容。

**4. 央行：暂停包商银行债券结算资格2年**

8月13日，央行发布公告称，根据《全国银行间债券市场债券交易管理办法》有关规定,以及包商银行有关情况,暂停包商银行的银行间债券市场债券结算代理业务资格2年。

**5. 国务院:批准金融监管联席会议制度**

8月20日,国务院公布同意建立金融监管协调部际联席会议制度的批复,以进一步加强金融监管协调,保障金融业稳健运行。联席会议由人民银行牵头,成员单位包括银监会、证监会、保监会、外汇局,必要时可邀请发展改革委员会和财政部等有关部门参加。

**6. 央行:将信托贷款信息纳入金融信用信息数据库**

按照《征信业管理条例》的相关要求,央行决定将信托公司的贷款信息全面纳入金融信用信息基础数据库,并对其提供信用信息服务。进一步提升金融信用信息基础数据库的服务水平,提高信托公司的自身风险管理水平,增强各类金融机构防范金融风险的能力。

**7. 外管局:取消QDII资金汇款币种限制**

国家外汇管理局发布《合格境内机构投资者境外证券投资外汇管理规定》,该规定取消和简化了相关外汇管理程序,对合格境内机构投资者(QDII)外汇管理政策进行归并和整合。

**8. 保监会:鼓励创新保险资金运用方式**

8月27日,保监会发布《关于保险业支持经济结构调整和转型升级的指导意见》,该意见从加强对重点领域和薄弱环节的保险支持、服务小微企业和科技创新、完善农业生产保障体系、创新保险资金运用方式、优化经济转型、升级外部环境等几个方面对保险业提出了要求。

## 2013年9月

**1. 银监会:加强银行保理融资业务管理**

银监会下发了《中国银监会关于加强银行保理融资业务管理

的通知》，该通知严格保理融资业务准入，所有保理融资要严格审核基础交易的真实性。而诸如不合法基础交易合同、代理销售合同、未来应收账款、权属不清的应收账款等业务品种严禁开展保理融资。

**2. 证监会：部分基金可参与国债期货交易**

9月4日，中国证监会发布《公开募集证券投资基金参与国债期货交易指引》，规定基金在任何交易日日终，持有的买入国债期货合约价值，不得超过基金资产净值的15%。基金参与国债期货交易，应当根据风险管理的原则，以套期保值为目的，并按照中金所套期保值管理的有关规定执行。

**3. 央行：银行间将全面推行券款对付结算**

9月5日，央行发文进一步要求，全国银行间债券市场参与者进行债券交易，都应当采用券款对付结算方式办理债券结算和资金结算。为保证平稳过渡，本公告发布之日后的3个月为实施券款对付结算方式的过渡期。

**4. 国务院：同意建立经济体制改革工作部际联席会议制度**

9月6日，中国政府网发布消息表示，国务院已批复发改委的请示，同意建立由发改委牵头的经济体制改革工作部际联席会议制度。经济体制改革工作部际联席会议由35个单位组成。

**5. 中匈两国央行签署双边本币互换协议**

9月9日，中国人民银行宣布，经国务院批准，当天中国人民银行与匈牙利中央银行签署了中匈双边本币互换协议，旨在加强双边的金融合作，促进两国的贸易和投资，共同维护地区金融稳定。

**6. 银监会：发布8项禁令保护银行业消费者权益**

银监会发布《银行业消费者权益保护工作指引》，针对银行业金融机构侵害消费者权益的行为提出了8项禁止性规定。

**7. 央行：明确近期利率市场化 3 项任务**

央行公布，在 9 月 24 日召开的市场利率定价自律机制成立暨第一次工作会议上，央行副行长胡晓炼提出了近期有序推进利率市场化工作的任务，主要包括建立市场利率定价自律机制、开展贷款基础利率报价工作、推进同业存单发行与交易等三项。

**8. 国务院：中国（上海）自由贸易试验区内可实施人民币资本可兑换项目**

9 月 27 日，国务院印发《中国（上海）自由贸易试验区总体方案》。该方案指出，在风险可控的前提下，可在试验区内对人民币资本项目可兑换、金融市场利率市场化、人民币跨境使用等方面进行先行先试。

**9. 银监会：明确对上海自贸区银行业监管的 8 项规定**

9 月 29 日，银监会发布《中国银监会关于中国（上海）自由贸易试验区银行业监管有关问题的通知》，对中外资银行入区经营发展、区内设立非银行金融公司以及区内开展离岸业务等 8 项内容予以明确。

## 2013 年 10 月

**1. 央行：境外投资者可用人民币投资境内金融机构**

10 月 10 日，央行发布《中国人民银行关于境外投资者投资境内金融机构人民币结算有关事项的通知》，规定境外投资者在投资境内金融机构时，可使用人民币投资，具体包括新设、增资、并购、参股、股权转让、利润分配、清算、减资、股份减持或先行收回投资等。

**2. 银监会：中国版巴塞尔Ⅲ通过国际评估**

10 月 10 日，银监会公布巴塞尔委员会对中国资本监管规则与国际资本监管规则一致性的评估结果，总体评估结论为"符合"，

在资本监管框架的 14 个组成部分中，12 项被评为"符合"，2 项被评为"大体符合"。

**3. 银监会：让农民工畅享城市金融服务**

银监会印发《关于改进农民工金融服务工作的通知》，要求银行业金融机构认真总结经验，持续改进城镇化过程中进城务工人员的金融服务，提高金融服务的匹配度和适应性，着力破解贷款"两头难"问题，让进城务工人员畅享城市金融服务。

**4. 央行：就存款保险制度等与美国联邦存款保险公司再合作**

10 月 24 日，央行发布消息显示，行长周小川与美国联邦存款保险公司主席马丁·格鲁恩博格在北京签署了《关于合作、技援和跨境处置的谅解备忘录》，这将有助于在新形势下双方进一步深化在存款保险和金融稳定等相关领域的交流与合作。

**5. 央行：贷款基础利率集中报价和发布机制正式运行**

10 月 25 日，央行宣布，为进一步推进利率市场化，完善金融市场基准利率体系，指导信贷市场产品定价，贷款基础利率集中报价和发布机制当天正式运行。贷款基础利率是商业银行对其最优质客户执行的贷款利率，其他贷款利率可在此基础上加减点生成。

## 2013 年 11 月

**1. 央行：1～9 月通过新的货币政策工具 SLF 投放 3860 亿元**

11 月 6 日，央行网站在货币政策工具栏目新增一项"常备借贷便利（SLF）"，并且公布了今年 1～9 月开展此项新工具的操作情况，6～9 月余额分别为 4160 亿元、3960 亿元、4100 亿元和 3860 亿元。央行表示，在今年春节和 6 月份流动性异常波动时，都采取了相关操作。

**2. 银监会：商业银行可发行公司债券补充资本**

11 月 8 日，银监会和证监会联合发布《关于商业银行发行公司债券补充资本的指导意见》，规定减记债应符合商业银行资本工具合格标准，经中国银监会认定可计入商业银行二级资本。

**3. 央行：建立支付机构客户备付金信息核对校验机制**

11月11日，央行公布消息显示，该行日前发布《中国人民银行关于建立支付机构客户备付金信息核对校验机制的通知》，要求支付机构、备付金银行每日核验客户备付金信息，做到账账相符、账实相符。这是人民银行强化支付机构客户备付金存管业务管理、保障金融消费者权益的一个重要措施。

**4. 银监会：修订中资银行行政许可实施办法**

银监会对《中资商业银行行政许可事项实施办法》进行了修订。该方法最大限度地缩小了银行业监管行政许可的范围，下放行政审批权限，简化行政许可流程。该方法坚持风险为本导向，严把第一道防线，充分发挥保留行政许可项目的风险防范作用。

**5. 银监会：金融机构高管纳入全流程监管**

11月27日，银监会发布《银行业金融机构董事（理事）和高级管理人员任职资格管理办法》，从制度上确立了高管人员任职资格核准、动态持续管理、任职资格终止等全流程监管模式，是董事、高管人员任职资格管理的基础性规章。

**6. 证监会：进一步推进新股发行体制改革**

11月30日，证监会发布《关于进一步推进新股发行体制改革的意见》，坚持市场化、法制化取向，突出以信息披露为中心的监管理念，加大信息公开力度，审核标准更加透明，审核进度同步公开，通过提高新股发行各层面、各环节的透明度，努力实现公众的全过程监督。

## 2013年12月

**1. 央行：颁布实施《征信机构管理办法》**

12月3日，中国人民银行对外颁布实施了《征信机构管理办法》。该办法是《征信业管理条例》的重要配套制度，遵循了个人征信机构从严、企业征信机构从宽，征信机构市场化运作与监督管理并重，征信机构的行政监管和社会监督兼顾的监管思路。

**2. 央行：防范比特币风险**

12月5日，中国人民银行等五部委联合印发了《中国人民银行、工业和信息化部、中国银行业监督管理委员会、中国证券监督管理委员会、中国保险监督管理委员会关于防范比特币风险的通知》。通知明确规定，比特币是一种虚拟商品，而非货币，金融机构和支付机构不得涉及比特币业务。

**3. 证监会：应充分披露财务信息及主要经营状况**

12月6日，证监会制定并发布《关于首次公开发行股票并上市公司招股说明书财务报告审计截止日后主要财务信息及经营状况信息披露指引》及《关于首次公开发行股票并上市公司招股说明书中与盈利能力相关的信息披露指引》，落实新股发行体制的改革要求，进一步促进发行人提高信息披露质量。

**4. 央行：推同业存单业务**

12月8日，中国人民银行发布公告表示，为规范同业存单业务，拓展银行业存款类金融机构的融资渠道，促进货币市场发展，中国人民银行制定了《同业存单管理暂行办法》，自2013年12月9日起施行。同业存单的投资和交易主体为全国银行间同业拆借市场成员、基金管理公司及基金类产品。

**5. 外管局：完善贸易融资外汇管理**

国家外汇管理局发布《国家外汇管理局关于完善银行贸易融资业务外汇管理有关问题的通知》，一是督促银行完善贸易融资真实性、合规性审核。二是加强企业分类管理，营造公平有序的市场环境。三是加大对银行、企业违规行为的处罚力度。

2013 年度金融监管大事记

**6. 银监会：社区支行与小微支行须持牌经营**

12 月 13 日，银监会发布《关于中小商业银行设立社区支行、小微支行有关事项的通知》，在统筹研究此前中小商业银行支行发展模式的基础上，对中小商业银行社区支行、小微支行的牌照范围、业务模式、风险管理、退出机制等内容进行了进一步明确。

**7. 证监会：进一步提高新股发行的市场化程度**

12 月 13 日，证监会发布《证券发行与承销管理办法》，进一步提高新股发行的市场化程度。办法包括：（1）取消行政限价手段；（2）提高网下配售比例；（3）调整回拨机制，改进网上配售方式；（4）提高发行承销的信批过程；（5）完善行政处罚。

**8. 国务院：充分发挥全国股份转让系统服务中小微企业的功能**

12 月 14 日，国务院发布《关于全国中小企业股份转让系统有关问题的决定》，对全国股份转让系统的定位、市场体系建设、行政许可制度改革、投资者管理、投资者权益保护及监管协作 6 个方面作了规定。

**9. 外管局：调整人民币外汇衍生产品业务管理**

国家外汇管理局发布《国家外汇管理局关于调整人民币外汇衍生产品业务管理的通知》，主要内容包括：一是简化外汇掉期和货币掉期业务准入管理，以简政放权支持银行更好地服务实体经济。二是增加货币掉期业务本金交换形式，便利企业管理外币债务风险。三是支持银行完善期权业务定价和风险控制，促进银行准确识别、计量和管理汇率风险。

**10. 国务院：进一步加强资本市场中小投资者合法权益保护工作**

12 月 27 日，国务院办公厅下发《关于进一步加强资本市场中小投资者合法权益保护工作的意见》，对资本市场中小投资者权益保护的制度体系进行了全面构建，从9个方面明确了80多项政策举措。

**11. 证监会：从5个方面进一步加强保荐机构内部控制**

12月30日，证监会发布通知，要求健全保荐业务内控制度，强化执业过程中的风险和责任意识。保荐机构应进一步健全覆盖立项、尽职调查、内核、质量控制、持续督导等环节的内控制度安排、组织体系和控制措施，不断增强自我约束和风险控制能力。

# Contents

## Ⅰ  General Report

B.1 The Shadow Banking System of China: Definition,
Risks and Regulation  *Hu Bin, Zheng Liansheng* / 001

**Abstract:** Shadow banking system is a dynamic and complex three-dimensional institution combining products, institutions and markets. It broadly refers to the credit intermediation involving entities and activities outside the regular banking system. Its most basic function is the maturity transformation, liquidity transformation and credit risk transformation. There are three research frameworks of shadow banking in domestic study, which are based on "shadow banking regulation", "shadow banking risk" and "non-traditional credit" respectively. Based on the non-traditional credit perspective, this study estimates that the scale of broad shadow banking system in China is about 27 trillion yuan, accounting for about 19% of the total assets of the banking industry. However, the scale of shadow banking system is just one aspect of financial system risk in China. More importantly, the non-traditional credit expansion mechanism of the banking system itself (shadow banking business) is a critical factor of the risk accumulation in financial system. Although the development of the shadow banking system is reasonable and innovative, it also highlights the drawbacks of the financial system in China. At present,

the supervision of the shadow banking system is overall effective, but the relevance, completeness and predictability of the regulatory policy are still to be improved. We should continue to encourage and regulate the shadow banking system, prevent the regional and systemic financial risk, and deepen the reform of the financial system in China.

**Keywords**: Shadow Banking; Non-traditional Credit Intermediation; Systemic Risk

B. 2　Financial Supervision of China: Significant Events in 2013

*Yin Zhentao* / 030

**Abstract**: In 2013, financial supervision institutions of China acquired great achievement on several aspects, including strengthening coordination of financial supervision, promoting interest rates liberalization, standardizing financial products of banking, speeding up the reform of initial public offering system, establishing China risk oriented solvency system and pushing regional pilot financial reform. This paper reviews the 2013 domestic scholars' perspectives on these issues and put forward relevant comments.

**Keywords**: Financial Reform; Financial Supervision; Significant Events

# B Ⅱ　Sub-Reports

B. 3　Banking Regulation Annual Report 2014

*Ba Jingsong, Wang Gang and Mao Zhuqing* / 044

**Abstract**: In 2013, the banking regulation took regulatory policies and measures in credit default risk, off-balance-sheet risk, shadow banking risk and other risks in key areas, with regarding the precaution of systematical risk and regional risk as the bottom line . In 2014, the banking regulation will respect market's decisive role in allocating resources, push banking marketization and promote regulatory system inform the perspective of market access, routine supervision, market-withdrawal, etc. Regarding to the evolution of financial risks, the regulatory authorites will take flexible regulatory measures to optimize banking governance structures, regulate non-credit operations to precaution the systemic and regional risk, and promote development of the real economy.

**Keywords**: Risk of Key Areas; Marketization; Regulatory Measures

B. 4   Annual Developments in Securities Regulation

*Zhang Xiaochuan, Pan Yongdong* / 067

**Abstract**: In 2013, influenced by combined domestic and foreign factors, China's securities market performed poor, compared with the world's major securities markets. Moreover, the suspension of IPO and the loss of financing function put the market into a dilemma of being marginalized. Since the new chairman of the CSRC took office, the concepts and ideas of securities regulation have been greatly changed. The CSRC strengthened power decentralization and transformed the regulatory functions, promoted market reform and innovation, and made the core of securities regulation gradually changed from prior approval to regulation and law enforcement during and after the event. For securities regulation, it can be said that 2013 is the year of clarifying ideas, laying solid foundation and well preparing. It's expected to the great development of the securities market in 2014.

**Keywords**: The Registration System of IPO; Preferred Stock; Treasury Bond Futures

B.5 Annual Developments in Insurance Regulation

*Zhang Lingwei, Yang Dongliang and Gong Huazong* / 102

**Abstract**: The insurance industry has experienced a healthy and stable development in 2013, and the market-oriented reform has been conducted throughout the year. The insurance reforms, such as the pricing mechanism reform of ordinary type life insurance, the market-oriented investments of insurance funds, and the market access and exit mechanism reform, have demonstrated that the relationship between regulation and market has continued to undergo significant improvements. As the idea of regulation gradually turning to "liberalize the front-end, control the back-end, and strengthen management of the medium-process", the regulation system of insurance sector has been efficient and effective as a whole in 2013. Third Plenary Meeting of the 18th Session of CPC has proposed to make the market play a decisive role in allocation of resources. The insurance market, as a means to benefit the nation and the residents, ought to improve the institutional arrangements and to become an indispensable part of Chinese market economy. In 2014, the insurance industry will further implement a comprehensive reform to update its development, which has been proposed in the Third Plenary Meeting of the 18th Session of CPC. At the same time, it will accelerate the marketization reform in key areas of insurance sector and contribute more positively to new urbanizationparticularly.

Contents

**Keywords**: Lnsurance; Institutional Reform; Market Mechanism; Regulation

B. 6　Annual Developments in Foreign Exchange Management
　　　　　　　　　　　　　*Tang Liu　Wang Xuxiang* / 120

**Abstract**: This Chapter outlines main activities of China's administration of foreign exchange in 2012. Then, Based on the statistics of balance of payments in 2013, it focuses on the four main aspects in the administrative actions of foreign exchange in 2013, which includes the reform in foreign exchange reserve management, the capital accounts liberalization, the bidirectional managements in the cross-border capital flow and reform in promoting flexibility of the foreign exchange rate and improving management on the foreign exchange market, Based on the core rule of the 18th Third Plenary Session, it argues that the China's administration of foreign exchange will emphasize the rule that the market should play a decisive role in the resources allocation, continue to support real economic activities, enhance the ability to manage risks of foreign exchange and balance of payments, and improve the relative rules and activities aiming at transforming administration mode .

**Keywords**: Foreign exchange management; Balance of payments

## 𝔹 Ⅲ　Special Topics

B. 7　Progress in Systemic Risk Measurement and Early
　　　Warning Research　　　　　　　　　　*Liu Liang* / 151

**Abstract**: The early warning, in process judgment and final

287

conclusion of Systemic Risk relates to the influencing scope of Financial Crisis and the influencing degree of Financial Crisis on Real economy. Meanwhile, Systemic Risk represents a continuous variable which differs from Financial Crisis. The evaluation and early warning methods of Systemic Risk can be divided into Time Dimension method, Spatial Dimension method, Stress Testing method of Systemic Risk and other methods. Systemic Risk involves liquidity, leverage, interrelation and other issues. These researches mainly focus on three aspects: Point (financial institutions), Line (correlation), and Net (system network). In a word, Systemic Risk Measurement and Early Warning Research are still on the initial stage.

**Keywords:** Systemic Risk; Systemically Importance; Risk Supervision

B.8  Report on the development of Internet Financial Services in China　　　　　　　　　　*Wang Gang* / 171

**Abstract:** With the rapid development of the balance of treasure and P2P, Internet financial services have become a hot financial media recently. This paper analyses the development of internet financial services in China and its impact on commercial banks. Considering the breadth of the business and impact on financial order and social stability, this paper focuses on the business and the network of credit balances treasure and P2P.

**Keywords:** Internet Financial Services; Balance Treasure, P2P

B. 9　Financial Regulatory Coordination Mechanism: The International Experience and China's Choice　　　*Zhong Zhen* / 189

**Abstract**: Creating a financial regulatory coordination mechanism offers an important approach to improve financial regulatory systems and to prevent systemic risks. It has been made necessary to maintain safe and sound performance of the financial sector. The paper comparatively investigates the course of the international financial regulatory coordination mechanism before and after financial crisis, concludes the experience of the international financial regulatory coordination mechanism, discusses the development and problem of China's financial regulatory coordination mechanism, and presents some proposal.

**Keywords**: Financial Regulatory Coordination; Financial Regulation; Financial Regulatory Coordination Joint Ministerial Conference

B. 10　The Development Dynamic of Trust Industry
　　　　　　　　　　　　　　　　　　　　*Yuan Zeng-ting* / 206

**Abstract**: The scale of the entrusted assetsof China's trust industry has crossed the RMB 10 trillionmarksince 3 quarter of 2013. It is poor social investment and financing channels and depressed demand that drive this process, Itmay bethe main background factors, especially from the financing perspective. But some factsshow that the pace of the industry has begun to slow, such as the declining new issuances, narrowed spreads between trust products and treasures, and more risk exposure, etc.. Even very likely, the first half of 2012 has been the top of the industrial cycle. These conditions also exposed the deficient and biased trust industry supervision. It's the time to make some adjustment.

**Keywords**: Trust Industry; Asset Management; Supervision

B. 11　The Legal Risk and Its Prevention of Insurance

　　　　Funds Investment　　　　　　　　　　*Cao Shunming* / 222

**Abstract**: The Safety of insurance funds investment relates to the sustainable and healthy development of insurance industry. The intension and extension of insurance funds investment and legal risk require to be clarified and cleared. Currently, the risk of insurance funds investment mainly present as: systemically legal risk; legal risk caused by inherent shortcomings or illogicality of trade structure; legal risk caused by unscientific and unreasonable arrangement of trading conditions or transaction agreement; litigation and arbitration risk and civil, administrative or criminal liability risks resulting from improper trading operations or performance. Thus it is necessary that different targeted preventive measures are taken to the specific legal risk.

**Keywords**: Insurance Funds; Funds Investment ; Legal Risk ; Risk Prevention

B. 12　Relationship between Competition Authorities and

　　　　Sectoral Regulators

　　　　—*with the sample of Banking*　　　　　*Shi Yan* / 234

**Abstract**: It's very important to safeguard fairness and workable competition of Chinese banking industry in financial marketization reform. However, the regulation on monopoly behaviors of banking is weakened because the relationship between competition authorities and sectoral regulators is indefinite. This paper compared competition authorities with sectoral regulators, summed up the coordination experience of the two organizations and made policy suggestions about construction of their relationship.

**Keywords**: Competition Authority; Sectoral Regulators; Antitrust issues of financial industry

B. 13　The Study on Regulation of Operational Risk and
　　　　Abnormal Transactions　　　　　　　*Luo Longqiu* / 250

**Abstract**: Reasons for abnormal transactions in financial markets may be multifaceted, operation error is undoubtedly one of the important causes of abnormal transactions. As the financial operating environment becoming more complex, operational risk in financial sector has continued to rise, with stronger risk conductivity and more serious harm. International financial institutions and financial regulators have played more and more attention to the management and regulation of operational risk. Due to insufficient attention to operational risk and its management, China's regulation of financial operational risk is still a large gap compared with developed countries. It is essential for China to further strengthen the regulation of operational risk in financial sector.

**Keywords**: Operational Risk; Abnormal Transaction; Regulation

# B Ⅳ　Appendix

B. 14　Memorabilia　　　　　　　　　　　　*Lv Zhicheng* / 262

# 《金融监管蓝皮书——中国金融监管报告（2015）》征稿启事

中国社会科学院金融法律与金融监管研究基地主要从事金融法律与金融监管的理论研究、教学以及咨询、培训、学术交流等工作，致力于从监管的角度跟踪研究我国金融领域的各方面问题，并向社会公布其研究成果。该基地整合中国社会科学院院内院外多学科专家、学者的研究力量，并与我国金融监管部门、相关金融机构及研究机构建立稳定的合作关系。自2005年起，基地每年组织编写《中国金融监管报告》，作为该领域的年鉴性出版物，集中、系统、全面、持续地反映中国金融监管的现状、发展和改革进程。

《中国金融监管报告》的定位是"记载事实"、"客观评论"以及"金融和法律交叉研究"。资料翔实、系统，评论客观、准确，金融学和法学的多视角分析，是我们要达到的基本要求。

目前，《中国金融监管报告（2015）》一书的编写工作将于2014年9月开始，我们欢迎金融领域的专家、学者和其他专业人士赐稿。来稿形式不拘，字数10000~15000字。稿件可以用纸面或者电子邮件方式发出。来稿应具有一定的理论高度或者具有重要的现实意义，文献引注规范，并且未曾公开发表。来稿请注明作者的姓名、单位、职务、职称和联系方式。稿件发出后2个月如无回复可另投其他刊物。

中国社会科学院金融法律与金融监管研究基地期待着以《中国金融监管报告》为媒介和平台，与社会各界进行广泛的合作和交流，共同为中国金融法治和监管事业而努力。

来稿请寄：
联系地址：北京市朝阳区曙光西里28号中冶大厦1101室
　　　　　中国社会科学院金融研究所
邮政编码：100028　　　　　　　联系人：尹振涛
联系电话：（010）59868205　　 电子信箱：flr-cass@cass.org.cn

中国社会科学院金融法律与金融监管研究基地<br>2014年3月

权威报告　热点资讯　海量资源

## 当代中国与世界发展的高端智库平台

皮书数据库　　www.pishu.com.cn

皮书数据库是专业的人文社会科学综合学术资源总库,以大型连续性图书——皮书系列为基础,整合国内外相关资讯构建而成。该数据库包含七大子库,涵盖两百多个主题,囊括了近十几年间中国与世界经济社会发展报告,覆盖经济、社会、政治、文化、教育、国际问题等多个领域。

皮书数据库以篇章为基本单位,方便用户对皮书内容的阅读需求。用户可进行全文检索,也可对文献题目、内容提要、作者名称、作者单位、关键字等基本信息进行检索,还可对检索到的篇章再作二次筛选,进行在线阅读或下载阅读。智能多维度导航,可使用户根据自己熟知的分类标准进行分类导航筛选,使查找和检索更高效、便捷。

权威的研究报告、独特的调研数据、前沿的热点资讯,皮书数据库已发展成为国内最具影响力的关于中国与世界现实问题研究的成果库和资讯库。

## 皮书俱乐部会员服务指南

**1. 谁能成为皮书俱乐部成员?**
- 皮书作者自动成为俱乐部会员
- 购买了皮书产品(纸质皮书、电子书)的个人用户

**2. 会员可以享受的增值服务**
- 加入皮书俱乐部,免费获赠该纸质图书的电子书
- 免费获赠皮书数据库100元充值卡
- 免费定期获赠皮书电子期刊
- 优先参与各类皮书学术活动
- 优先享受皮书产品的最新优惠

**3. 如何享受增值服务?**

(1) 加入皮书俱乐部,获赠该书的电子书

第1步　登录我社官网(www.ssap.com.cn),注册账号;

第2步　登录并进入"会员中心"—"皮书俱乐部",提交加入皮书俱乐部申请;

第3步　审核通过后,自动进入俱乐部服务环节,填写相关购书信息即可自动兑换相应电子书。

(2) **免费获赠皮书数据库100元充值卡**

100元充值卡只能在皮书数据库中充值和使用

第1步　刮开附赠充值的涂层(左下);

第2步　登录皮书数据库网站(www.pishu.com.cn),注册账号;

第3步　登录并进入"会员中心"—"在线充值"—"充值卡充值",充值成功后即可使用。

**4. 声明**

解释权归社会科学文献出版社所有

---

皮书俱乐部会员可享受社会科学文献出版社其他相关免费增值服务,有任何疑问,均可与我们联系

联系电话:010-59367227　企业QQ:800045692　邮箱:pishuclub@ssap.cn

欢迎登录社会科学文献出版社官网(www.ssap.com.cn)和中国皮书网(www.pishu.cn)了解更多信息

# 法律声明

"皮书系列"（含蓝皮书、绿皮书、黄皮书）由社会科学文献出版社最早使用并对外推广，现已成为中国图书市场上流行的品牌，是社会科学文献出版社的品牌图书。社会科学文献出版社拥有该系列图书的专有出版权和网络传播权，其LOGO（ ）与"经济蓝皮书"、"社会蓝皮书"等皮书名称已在中华人民共和国工商行政管理总局商标局登记注册，社会科学文献出版社合法拥有其商标专用权。

未经社会科学文献出版社的授权和许可，任何复制、模仿或以其他方式侵害"皮书系列"和LOGO（ ）、"经济蓝皮书"、"社会蓝皮书"等皮书名称商标专用权的行为均属于侵权行为，社会科学文献出版社将采取法律手段追究其法律责任，维护合法权益。

欢迎社会各界人士对侵犯社会科学文献出版社上述权利的违法行为进行举报。电话：010-59367121，电子邮箱：fawubu@ssap.cn。

社会科学文献出版社

权威·前沿·原创

社会科学文献出版社

# 皮书系列

## 2014年

盘点年度资讯 预测时代前程

社会科学文献出版社 学术传播中心 编制

**社会科学文献出版社**
SOCIAL SCIENCES ACADEMIC PRESS (CHINA)

社会科学文献出版社成立于1985年，是直属于中国社会科学院的人文社会科学专业学术出版机构。

成立以来，特别是1998年实施第二次创业以来，依托于中国社会科学院丰厚的学术出版和专家学者两大资源，坚持"创社科经典，出传世文献"的出版理念和"权威、前沿、原创"的产品定位，社科文献立足内涵式发展道路，从战略层面推动学术出版的五大能力建设，逐步走上了学术产品的系列化、规模化、数字化、国际化、市场化经营道路。

先后策划出版了著名的图书品牌和学术品牌"皮书"系列、"列国志"、"社科文献精品译库"、"中国史话"、"全球化译丛"、"气候变化与人类发展译丛"、"近世中国"等一大批既有学术影响又有市场价值的系列图书。形成了较强的学术出版能力和资源整合能力，年发稿3.5亿字，年出版新书1200余种，承印发行中国社科院院属期刊近70种。

2012年，《社会科学文献出版社学术著作出版规范》修订完成。同年10月，社会科学文献出版社参加了由新闻出版总署召开加强学术著作出版规范座谈会，并代表50多家出版社发起实施学术著作出版规范的倡议。2013年，社会科学文献出版社参与新闻出版总署学术著作规范国家标准的起草工作。

依托于雄厚的出版资源整合能力，社会科学文献出版社长期以来一直致力于从内容资源和数字平台两个方面实现传统出版的再造，并先后推出了皮书数据库、列国志数据库、中国田野调查数据库等一系列数字产品。

在国内原创著作、国外名家经典著作大量出版，数字出版突飞猛进的同时，社会科学文献出版社在学术出版国际化方面也取得了不俗的成绩。先后与荷兰博睿等十余家国际出版机构合作面向海外推出了《经济蓝皮书》《社会蓝皮书》等十余种皮书的英文版、俄文版、日文版等。

此外，社会科学文献出版社积极与中央和地方各类媒体合作，联合大型书店、学术书店、机场书店、网络书店、图书馆，逐步构建起了强大的学术图书的内容传播力和社会影响力，学术图书的媒体曝光率居全国之首，图书馆藏率居于全国出版机构前十位。

作为已经开启第三次创业梦想的人文社会科学学术出版机构，社会科学文献出版社结合社会需求、自身的条件以及行业发展，提出了新的创业目标：精心打造人文社会科学成果推广平台，发展成为一家集图书、期刊、声像电子和数字出版物为一体、面向海内外高端读者和客户，具备独特竞争力的人文社会科学内容资源供应商和海内外知名的专业学术出版机构。

# 社长致辞

我们是图书出版者，更是人文社会科学内容资源供应商；

我们背靠中国社会科学院，面向中国与世界人文社会科学界，坚持为人文社会科学的繁荣与发展服务；

我们精心打造权威信息资源整合平台，坚持为中国经济与社会的繁荣与发展提供决策咨询服务；

我们以读者定位自身，立志让爱书人读到好书，让求知者获得知识；

我们精心编辑、设计每一本好书以形成品牌张力，以优秀的品牌形象服务读者，开拓市场；

我们始终坚持"创社科经典，出传世文献"的经营理念，坚持"权威、前沿、原创"的产品特色；

我们"以人为本"，提倡阳光下创业，员工与企业共享发展之成果；

我们立足于现实，认真对待我们的优势、劣势，我们更着眼于未来，以不断的学习与创新适应不断变化的世界，以不断的努力提升自己的实力；

我们愿与社会各界友好合作，共享人文社会科学发展之成果，共同推动中国学术出版乃至内容产业的繁荣与发展。

社会科学文献出版社社长
中国社会学会秘书长

2014 年 1 月

社会科学文献出版社　**皮书系列**

"皮书"起源于十七、十八世纪的英国,主要指官方或社会组织正式发表的重要文件或报告,多以"白皮书"命名。在中国,"皮书"这一概念被社会广泛接受,并被成功运作、发展成为一种全新的出版形态,则源于中国社会科学院社会科学文献出版社。

皮书是对中国与世界发展状况和热点问题进行年度监测,以专家和学术的视角,针对某一领域或区域现状与发展态势展开分析和预测,具备权威性、前沿性、原创性、实证性、时效性等特点的连续性公开出版物,由一系列权威研究报告组成。皮书系列是社会科学文献出版社编辑出版的蓝皮书、绿皮书、黄皮书等的统称。

皮书系列的作者以中国社会科学院、著名高校、地方社会科学院的研究人员为主,多为国内一流研究机构的权威专家学者,他们的看法和观点代表了学界对中国与世界的现实和未来最高水平的解读与分析。

自20世纪90年代末推出以经济蓝皮书为开端的皮书系列以来,至今已出版皮书近1000余部,内容涵盖经济、社会、政法、文化传媒、行业、地方发展、国际形势等领域。皮书系列已成为社会科学文献出版社的著名图书品牌和中国社会科学院的知名学术品牌。

皮书系列在数字出版和国际出版方面成就斐然。皮书数据库被评为"2008~2009年度数字出版知名品牌";经济蓝皮书、社会蓝皮书等十几种皮书每年还由国外知名学术出版机构出版英文版、俄文版、韩文版和日文版,面向全球发行。

2011年,皮书系列正式列入"十二五"国家重点出版规划项目,一年一度的皮书年会升格由中国社会科学院主办;2012年,部分重点皮书列入中国社会科学院承担的国家哲学社会科学创新工程项目。

权威　前沿　原创

经济类

皮书系列
重点推荐

# 经 济 类

经济类皮书涵盖宏观经济、城市经济、大区域经济，提供权威、前沿的分析与预测

### 经济蓝皮书
2014年中国经济形势分析与预测（赠阅读卡）

李 扬 / 主编　　2013年12月出版　　估价：69.00元

◆ 本书课题为"总理基金项目"，由著名经济学家李扬领衔，联合数十家科研机构、国家部委和高等院校的专家共同撰写，对2013年中国宏观及微观经济形势，特别是全球金融危机及其对中国经济的影响进行了深入分析，并且提出了2014年经济走势的预测。

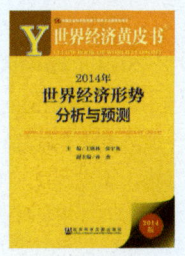

### 世界经济黄皮书
2014年世界经济形势分析与预测（赠阅读卡）

王洛林　张宇燕 / 主编　　2014年1月出版　　估价：69.00元

◆ 2013年的世界经济仍旧行进在坎坷复苏的道路上。发达经济体经济复苏继续巩固，美国和日本经济进入低速增长通道，欧元区结束衰退并呈复苏迹象。本书展望2014年世界经济，预计全球经济增长仍将维持在中低速的水平上。

### 工业化蓝皮书
中国工业化进程报告（2014）（赠阅读卡）

黄群慧　吕 铁　李晓华 等 / 著　　2014年11月出版　　估价：89.00元

◆ 中国的工业化是事关中华民族复兴的伟大事业，分析跟踪研究中国的工业化进程，无疑具有重大意义。科学评价与客观认识我国的工业化水平，对于我国明确自身发展中的优势和不足，对于经济结构的升级与转型，对于制定经济发展政策，从而提升我国的现代化水平具有重要作用。

# 皮书系列重点推荐

经济类

## 金融蓝皮书

**中国金融发展报告（2014）（赠阅读卡）**

李扬 王国刚/主编　2013年12月出版　定价：69.00元

◆ 由中国社会科学院金融研究所组织编写的《中国金融发展报告（2014）》，概括和分析了2013年中国金融发展和运行中的各方面情况，研讨和评论了2013年发生的主要金融事件。本书由业内专家和青年精英联合编著，有利于读者了解掌握2013年中国的金融状况，把握2014年中国金融的走势。

## 城市竞争力蓝皮书

**中国城市竞争力报告No.12（赠阅读卡）**

倪鹏飞/主编　2014年5月出版　估价：89.00元

◆ 本书由中国社会科学院城市与竞争力研究中心主任倪鹏飞主持编写，汇集了众多研究城市经济问题的专家学者关于城市竞争力研究的最新成果。本报告构建了一套科学的城市竞争力评价指标体系，采用第一手数据材料，对国内重点城市年度竞争力格局变化进行客观分析和综合比较、排名，对研究城市经济及城市竞争力极具参考价值。

## 中国省域竞争力蓝皮书

**中国省域经济综合竞争力发展报告（2012~2013）（赠阅读卡）**

李建平 李闽榕 高燕京/主编　2014年3月出版　估价：188.00元

◆ 本书充分运用数理分析、空间分析、规范分析与实证分析相结合、定性分析与定量分析相结合的方法，建立起比较科学完善、符合中国国情的省域经济综合竞争力指标评价体系及数学模型，对2011~2012年中国内地31个省、市、区的经济综合竞争力进行全面、深入、科学的总体评价与比较分析。

## 农村经济绿皮书

**中国农村经济形势分析与预测(2013~2014)（赠阅读卡）**

中国社会科学院农村发展研究所　国家统计局农村社会经济调查司/著　2014年4月出版　估价：59.00元

◆ 本书对2013年中国农业和农村经济运行情况进行了系统的分析和评价，对2014年中国农业和农村经济发展趋势进行了预测，并提出相应的政策建议，专题部分将围绕某个重大的理论和现实问题进行多维、深入、细致的分析和探讨。

**经济类** — 皮书系列 重点推荐

## 西部蓝皮书
中国西部经济发展报告（2014）（赠阅读卡）

姚慧琴　徐璋勇/主编　　2014年7月出版　　估价:69.00元

◆ 本书由西北大学中国西部经济发展研究中心主编，汇集了源自西部本土以及国内研究西部问题的权威专家的第一手资料，对国家实施西部大开发战略进行年度动态跟踪，并对2014年西部经济、社会发展态势进行预测和展望。

## 气候变化绿皮书
应对气候变化报告（2014）（赠阅读卡）

王伟光　郑国光/主编　　2014年11月出版　　估价:79.00元

◆ 本书由社科院城环所和国家气候中心共同组织编写，各篇报告的作者长期从事气候变化科学问题、社会经济影响，以及国际气候制度等领域的研究工作，密切跟踪国际谈判的进程，参与国家应对气候变化相关政策的咨询，有丰富的理论与实践经验。

## 就业蓝皮书
2014年中国大学生就业报告（赠阅读卡）

麦可思研究院/编著　王伯庆　郭娇/主审
2014年6月出版　　估价:98.00元

◆ 本书是迄今为止关于中国应届大学毕业生就业、大学毕业生中期职业发展及高等教育人口流动情况的视野最为宽广、资料最为翔实、分类最为精细的实证调查和定量研究；为我国教育主管部门的教育决策提供了极有价值的参考。

## 企业社会责任蓝皮书
中国企业社会责任研究报告（2014）（赠阅读卡）

黄群慧　彭华岗　钟宏武　张蒽/编著
2014年11月出版　　估价:69.00元

◆ 本书系中国社会科学院经济学部企业社会责任研究中心组织编写的《企业社会责任蓝皮书》2014年分册。该书在对企业社会责任进行宏观总体研究的基础上，根据2013年企业社会责任及相关背景进行了创新研究，在全国企业中观层面对企业健全社会责任管理体系提供了弥足珍贵的丰富信息。

皮书系列 重点推荐 社会政法类

# 社会政法类

 社会政法类皮书聚焦社会发展领域的热点、难点问题，提供权威、原创的资讯与视点

## 社会蓝皮书

**2014年中国社会形势分析与预测（赠阅读卡）**

李培林　陈光金　张　翼/主编　2013年12月出版　估价：69.00元

◆ 本报告是中国社会科学院"社会形势分析与预测"课题组2014年度分析报告，由中国社会科学院社会学研究所组织研究机构专家、高校学者和政府研究人员撰写。对2013年中国社会发展的各个方面内容进行了权威解读，同时对2014年社会形势发展趋势进行了预测。

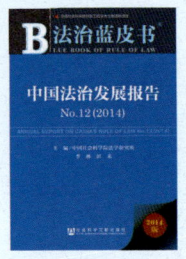

## 法治蓝皮书

**中国法治发展报告 No.12（2014）（赠阅读卡）**

李　林　田　禾/主编　　2014年2月出版　　估价：98.00元

◆ 本年度法治蓝皮书一如既往秉承关注中国法治发展进程中的焦点问题的特点，回顾总结了2013年度中国法治发展取得的成就和存在的不足，并对2014年中国法治发展形势进行了预测和展望。

## 民间组织蓝皮书

**中国民间组织报告（2014）（赠阅读卡）**

黄晓勇/主编　　2014年8月出版　　估价：69.00元

◆ 本报告是中国社会科学院"民间组织与公共治理研究"课题组推出的第五本民间组织蓝皮书。基于国家权威统计数据、实地调研和广泛搜集的资料，本报告对2012年以来我国民间组织的发展现状、热点专题、改革趋势等问题进行了深入研究，并提出了相应的政策建议。

社会政法类　　皮书系列 重点推荐

### 社会保障绿皮书

**中国社会保障发展报告（2014）No.6（赠阅读卡）**

王延中 / 主编　　2014年9月出版　　估价：69.00元

◆ 社会保障是调节收入分配的重要工具，随着社会保障制度的不断建立健全、社会保障覆盖面的不断扩大和社会保障资金的不断增加，社会保障在调节收入分配中的重要性不断提高。本书全面评述了2013年以来社会保障制度各个主要领域的发展情况。

### 环境绿皮书

**中国环境发展报告（2014）（赠阅读卡）**

刘鉴强 / 主编　　2014年4月出版　　估价：69.00元

◆ 本书由民间环保组织"自然之友"组织编写，由特别关注、生态保护、宜居城市、可持续消费以及政策与治理等版块构成，以公共利益的视角记录、审视和思考中国环境状况，呈现2013年中国环境与可持续发展领域的全局态势，用深刻的思考、科学的数据分析2013年的环境热点事件。

### 教育蓝皮书

**中国教育发展报告（2014）（赠阅读卡）**

杨东平 / 主编　　2014年3月出版　　估价：69.00元

◆ 本书站在教育前沿，突出教育中的问题，特别是对当前教育改革中出现的教育公平、高校教育结构调整、义务教育均衡发展等问题进行了深入分析，从教育的内在发展谈教育，又从外部条件来谈教育，具有重要的现实意义，对我国的教育体制的改革与发展具有一定的学术价值和参考意义。

### 反腐倡廉蓝皮书

**中国反腐倡廉建设报告No.3（赠阅读卡）**

中国社会科学院中国廉政研究中心 / 主编
2013年12月出版　　估价：79.00元

◆ 本书抓住了若干社会热点和焦点问题，全面反映了新时期新阶段中国反腐倡廉面对的严峻局面，以及中国共产党反腐倡廉建设的新实践新成果。根据实地调研、问卷调查和舆情分析，梳理了当下社会普遍关注的与反腐败密切相关的热点问题。

# 行业报告类

行业报告类皮书立足重点行业、新兴行业领域，提供及时、前瞻的数据与信息

### 房地产蓝皮书
#### 中国房地产发展报告No.11（赠阅读卡）

魏后凯 李景国／主编　　2014年4月出版　　估价:79.00元

◆ 本书由中国社会科学院城市发展与环境研究所组织编写，秉承客观公正、科学中立的原则，深度解析2013年中国房地产发展的形势和存在的主要矛盾，并预测2014年及未来10年或更长时间的房地产发展大势。观点精辟，数据翔实，对关注房地产市场的各阶层人士极具参考价值。

### 旅游绿皮书
#### 2013~2014年中国旅游发展分析与预测（赠阅读卡）

宋瑞／主编　　2013年12月出版　　定价:69.00元

◆ 如何从全球的视野理性审视中国旅游，如何在世界旅游版图上客观定位中国，如何积极有效地推进中国旅游的世界化，如何制定中国实现世界旅游强国梦想的线路图？本年度开始，《旅游绿皮书》将围绕"世界与中国"这一主题进行系列研究，以期为推进中国旅游的长远发展提供科学参考和智力支持。

### 信息化蓝皮书
#### 中国信息化形势分析与预测（2014）（赠阅读卡）

周宏仁／主编　　2014年7月出版　　估价:98.00元

◆ 本书在以中国信息化发展的分析和预测为重点的同时，反映了过去一年间中国信息化关注的重点和热点，视野宽阔，观点新颖，内容丰富，数据翔实，对中国信息化的发展有很强的指导性，可读性很强。

行业报告类　　皮书系列 重点推荐

### 企业蓝皮书
**中国企业竞争力报告（2014）（赠阅读卡）**

金 碚 / 主编　　2014 年 11 月出版　　估价：89.00 元

◆ 中国经济正处于新一轮的经济波动中，如何保持稳健的经营心态和经营方式并进一步求发展，对于企业保持并提升核心竞争力至关重要。本书利用上市公司的财务数据，研究上市公司竞争力变化的最新趋势，探索进一步提升中国企业国际竞争力的有效途径，这无论对实践工作者还是理论研究者都具有重大意义。

### 食品药品蓝皮书
**食品药品安全与监管政策研究报告（2014）（赠阅读卡）**

唐民皓 / 主编　　2014 年 7 月出版　　估价：69.00 元

◆ 食品药品安全是当下社会关注的焦点问题之一，如何破解食品药品安全监管重点难点问题是需要以社会合力才能解决的系统工程。本书围绕安全热点问题、监管重点问题和政策焦点问题，注重于对食品药品公共政策和行政监管体制的探索和研究。

### 流通蓝皮书
**中国商业发展报告（2013~2014）（赠阅读卡）**

荆林波 / 主编　　2014 年 5 月出版　　估价：89.00 元

◆ 《中国商业发展报告》是中国社会科学院财经战略研究院与香港利丰研究中心合作的成果，并且在 2010 年开始以中英文版同步在全球发行。蓝皮书从关注中国宏观经济出发，突出中国流通业的宏观背景反映了本年度中国流通业发展的状况。

### 住房绿皮书
**中国住房发展报告（2013~2014）（赠阅读卡）**

倪鹏飞 / 主编　　2013 年 12 月出版　　估价：79.00 元

◆ 本报告从宏观背景、市场主体、市场体系、公共政策和年度主题五个方面，对中国住宅市场体系做了全面系统的分析、预测与评价，并给出了相关政策建议，并在评述 2012~2013 年住房及相关市场走势的基础上，预测了 2013~2014 年住房及相关市场的发展变化。

皮书系列
重点推荐

国别与地区类

# 国别与地区类

国别与地区类皮书关注全球重点国家与地区，提供全面、独特的解读与研究

## 亚太蓝皮书

亚太地区发展报告（2014）（赠阅读卡）

李向阳 / 主编　　2013年12月出版　　定价：69.00元

◆ 本书是由中国社会科学院亚太与全球战略研究院精心打造的又一品牌皮书，关注时下亚太地区局势发展动向里隐藏的中长趋势，剖析亚太地区政治与安全格局下的区域形势最新动向以及地区关系发展的热点问题，并对2014年亚太地区重大动态作出前瞻性的分析与预测。

## 日本蓝皮书

日本研究报告（2014）（赠阅读卡）

李　薇 / 主编　　2014年2月出版　　估价：69.00元

◆ 本书由中华日本学会、中国社会科学院日本研究所合作推出，是以中国社会科学院日本研究所的研究人员为主完成的研究成果。对2013年日本的政治、外交、经济、社会文化作了回顾、分析与展望，并收录了该年度日本大事记。

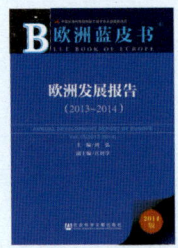

## 欧洲蓝皮书

欧洲发展报告(2013~2014)（赠阅读卡）

周　弘 / 主编　　2014年3月出版　　估价：89.00元

◆ 本年度的欧洲发展报告，对欧洲经济、政治、社会、外交等面的形式进行了跟踪介绍与分析。力求反映作为一个整体的欧盟及30多个欧洲国家在2013年出现的各种变化。

## 国别与地区类 皮书系列重点推荐

### 拉美黄皮书
**拉丁美洲和加勒比发展报告（2013~2014）（赠阅读卡）**
吴白乙 / 主编　2014 年 4 月出版　估价：89.00 元

◆ 本书是中国社会科学院拉丁美洲研究所的第 13 份关于拉丁美洲和加勒比地区发展形势状况的年度报告。本书对 2013 年拉丁美洲和加勒比地区诸国的政治、经济、社会、外交等方面的发展情况做了系统介绍，对该地区相关国家的热点及焦点问题进行了总结和分析，并在此基础上对该地区各国 2014 年的发展前景做出预测。

### 澳门蓝皮书
**澳门经济社会发展报告（2013~2014）（赠阅读卡）**
吴志良　郝雨凡 / 主编　2014 年 3 月出版　估价：79.00 元

◆ 本书集中反映 2013 年本澳各个领域的发展动态，总结评价近年澳门政治、经济、社会的总体变化，同时对 2014 年社会经济情况作初步预测。

### 日本经济蓝皮书
**日本经济与中日经贸关系研究报告（2014）（赠阅读卡）**
王洛林　张季风 / 主编　2014 年 5 月出版　估价：79.00 元

◆ 本书对当前日本经济以及中日经济合作的发展动态进行了多角度、全景式的深度分析。本报告回顾并展望了 2013~2014 年度日本宏观经济的运行状况。此外，本报告还收录了大量来自日本政府权威机构的数据图表，具有极高的参考价值。

### 美国蓝皮书
**美国问题研究报告（2014）（赠阅读卡）**
黄平　倪峰 / 主编　2014 年 6 月出版　估价：89.00 元

◆ 本书是由中国社会科学院美国所主持完成的研究成果，它回顾了美国 2013 年的经济、政治形势与外交战略，对 2013 年以来美国内政外交发生的重大事件以及重要政策进行了较为全面的回顾和梳理。

地方发展类

# 地方发展类

地方发展类皮书关注大陆各省份、经济区域，提供科学、多元的预判与咨政信息

### 社会建设蓝皮书
2014年北京社会建设分析报告（赠阅读卡）

宋贵伦 / 主编　2014年4月出版　估价：69.00元

◆ 本书依据社会学理论框架和分析方法，对北京市的人口、就业、分配、社会阶层以及城乡关系等社会学基本问题进行了广泛调研与分析，对广受社会关注的住房、教育、医疗、养老、交通等社会热点问题做了深刻了解与剖析，对日益显现的征地搬迁、外籍人口管理、群体性心理障碍等进行了有益探讨。

### 温州蓝皮书
2014年温州经济社会形势分析与预测（赠阅读卡）

潘忠强　王春光　金浩 / 主编　2014年4月出版　估价：69.00元

◆ 本书是由中共温州市委党校与中国社会科学院社会学研究所合作推出的第七本"温州经济社会形势分析与预测"年度报告，深入全面分析了2013年温州经济、社会、政治、文化发展的主要特点、经验、成效与不足，提出了相应的政策建议。

### 上海蓝皮书
上海资源环境发展报告（2014）（赠阅读卡）

周冯琦　汤庆合　王利民 / 著　2014年1月出版　估价：59.00元

◆ 本书在上海所面临资源环境风险的来源、程度、成因、对策等方面作了些有益的探索，希望能对有关部门完善上海的资源环境风险防控工作提供一些有价值的参考，也让普通民众更全面地了解上海资源环境风险及其防控的图景。

地方发展类　皮书系列 重点推荐

## 广州蓝皮书
2014年中国广州社会形势分析与预测（赠阅读卡）

易佐永　杨　秦　顾涧清/主编　2014年5月出版　估价:65.00元

◆ 本书由广州大学与广州市委宣传部、广州市人力资源和社会保障局联合主编，汇集了广州科研团体、高等院校和政府部门诸多社会问题研究专家、学者和实际部门工作者的最新研究成果，是关于广州社会运行情况和相关专题分析与预测的重要参考资料。

## 河南经济蓝皮书
2014年河南经济形势分析与预测（赠阅读卡）

胡五岳/主编　2014年4月出版　估价:59.00元

◆ 本书由河南省统计局主持编纂。该分析与展望以2013年最新年度统计数据为基础，科学研判河南经济发展的脉络轨迹、分析年度运行态势;以客观翔实、权威资料为特征，突出科学性、前瞻性和可操作性，服务于科学决策和科学发展。

## 陕西蓝皮书
陕西社会发展报告（2014）（赠阅读卡）

任宗哲　石　英　江　波/主编　2014年1月出版　估价:65.00元

◆ 本书系统而全面地描述了陕西省2013年社会发展各个领域所取得的成就、存在的问题、面临的挑战及其应对思路，为更好地思考2014年陕西发展前景、政策指向和工作策略等方面提供了一个较为简洁清晰的参考蓝本。

## 上海蓝皮书
上海经济发展报告（2014）（赠阅读卡）

沈开艳/主编　2014年1月出版　估价:69.00元

◆ 本书系上海社会科学院系列之一，报告对2014年上海经济增长与发展趋势的进行了预测，把握了上海经济发展的脉搏和学术研究的前沿。

### 广州蓝皮书

**广州经济发展报告（2014）（赠阅读卡）**

李江涛 刘江华 / 主编　2014年6月出版　估价:65.00元

◆ 本书是由广州市社会科学院主持编写的"广州蓝皮书"系列之一，本报告对广州2013年宏观经济运行情况作了深入分析，对2014年宏观经济走势进行了合理预测，并在此基础上提出了相应的政策建议。

# 文化传媒类

文化传媒类皮书透视文化领域、文化产业，探索文化大繁荣、大发展的路径

### 新媒体蓝皮书

**中国新媒体发展报告 No.4(2013)（赠阅读卡）**

唐绪军 / 主编　2014年6月出版　估价:69.00元

◆ 本书由中国社会科学院新闻与传播研究所和上海大学合作编写，在构建新媒体发展研究基本框架的基础上，全面梳理2013年中国新媒体发展现状，发表最前沿的网络媒体深度调查数据和研究成果，并对新媒体发展的未来趋势做出预测。

### 舆情蓝皮书

**中国社会舆情与危机管理报告（2014）（赠阅读卡）**

谢耘耕 / 主编　2014年8月出版　估价:85.00元

◆ 本书由上海交通大学舆情研究实验室和危机管理研究中心主编，已被列入教育部人文社会科学研究报告培育项目。本书以新媒体环境下的中国社会为立足点，对2013年中国社会舆情、分类舆情等进行了深入系统的研究,并预测了2014年社会舆情走势。

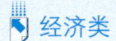 经济类

# 经济类

**产业蓝皮书**
中国产业竞争力报告（2014） No.4
著(编)者：张其仔　2014年5月出版 / 估价:79.00元

**长三角蓝皮书**
2014年率先基本实现现代化的长三角
著(编)者：刘志彪　2014年6月出版 / 估价:120.00元

**城市竞争力蓝皮书**
中国城市竞争力报告No.12
著(编)者：倪鹏飞　2014年5月出版 / 估价:89.00元

**城市蓝皮书**
中国城市发展报告No.7
著(编)者：潘家华 魏后凯　2014年7月出版 / 估价:69.00元

**城市群蓝皮书**
中国城市群发展指数报告(2014)
著(编)者：刘士林 刘新静　2014年10月出版 / 估价:59.00元

**城乡统筹蓝皮书**
中国城乡统筹发展报告（2014）
著(编)者：程志强、潘晨光　2014年3月出版 / 估价:59.00元

**城乡一体化蓝皮书**
中国城乡一体化发展报告（2014）
著(编)者：汝信 付崇兰　2014年8月出版 / 估价:59.00元

**城镇化蓝皮书**
中国城镇化健康发展报告（2014）
著(编)者：张占斌　2014年10月出版 / 估价:69.00元

**低碳发展蓝皮书**
中国低碳发展报告（2014）
著(编)者：齐晔　2014年7月出版 / 估价:69.00元

**低碳经济蓝皮书**
中国低碳经济发展报告（2014）
著(编)者：薛进军 赵忠秀　2014年5月出版 / 估价:79.00元

**东北蓝皮书**
中国东北地区发展报告（2014）
著(编)者：鲍振东 曹晓峰　2014年8月出版 / 估价:79.00元

**发展和改革蓝皮书**
中国经济发展和体制改革报告No.7
著(编)者：邹东涛　2014年7月出版 / 估价:79.00元

**工业化蓝皮书**
中国工业化进程报告（2014）
著(编)者：黄群慧 吕铁 李晓华 等
2014年11月出版 / 估价:89.00元

**国际城市蓝皮书**
国际城市发展报告（2014）
著(编)者：屠启宇　2014年1月出版 / 估价:69.00元

**国家创新蓝皮书**
国家创新发展报告（2013~2014）
著(编)者：陈劲　2014年3月出版 / 估价:69.00元

**国家竞争力蓝皮书**
中国国家竞争力报告No.2
著(编)者：倪鹏飞　2014年10月出版 / 估价:98.00元

**宏观经济蓝皮书**
中国经济增长报告（2014）
著(编)者：张平 刘霞辉　2014年10月出版 / 估价:69.00元

**减贫蓝皮书**
中国减贫与社会发展报告
著(编)者：黄承伟　2014年7月出版 / 估价:69.00元

**金融蓝皮书**
中国金融发展报告（2014）
著(编)者：李扬 王国刚　2013年12月出版 / 定价:69.00元

**经济蓝皮书**
2014年中国经济形势分析与预测
著(编)者：李扬　2013年12月出版 / 估价:69.00元

**经济蓝皮书春季号**
中国经济前景分析——2014年春季报告
著(编)者：李扬　2014年4月出版 / 估价:59.00元

**经济信息绿皮书**
中国与世界经济发展报告（2014）
著(编)者：王长胜　2013年12月出版 / 定价:69.00元

**就业蓝皮书**
2014年中国大学生就业报告
著(编)者：麦可思研究院　2014年6月出版 / 估价:98.00元

**民营经济蓝皮书**
中国民营经济发展报告No.10（2013～2014）
著(编)者：黄孟复　2014年9月出版 / 估价:69.00元

**民营企业蓝皮书**
中国民营企业竞争力报告No.7（2014）
著(编)者：刘迎秋　2014年1月出版 / 估价:79.00元

**农村绿皮书**
中国农村经济形势分析与预测（2014）
著(编)者：中国社会科学院农村发展研究所
　　　　国家统计局农村社会经济调查司 著
2014年4月出版 / 估价:59.00元

**企业公民蓝皮书**
中国企业公民报告No.4
著(编)者：邹东涛　2014年7月出版 / 估价:69.00元

**企业社会责任蓝皮书**
中国企业社会责任研究报告（2014）
著(编)者：黄群慧 彭华岗 钟宏武 等
2014年11月出版 / 估价:59.00元

**气候变化绿皮书**
应对气候变化报告（2014）
著(编)者：王伟光 郑国光　2014年11月出版 / 估价:79.00元

**区域蓝皮书**
中国区域经济发展报告（2014）
著(编)者：梁昊光　2014年4月出版 / 估价:69.00元

**皮书系列 2014全品种**　经济类·社会政法类

人口与劳动绿皮书
中国人口与劳动问题报告No.15
著(编)者：蔡昉　2014年6月出版 / 估价：69.00元

生态经济(建设)绿皮书
中国经济(建设)发展报告(2013~2014)
著(编)者：黄浩涛　李周　2014年10月出版 / 估价：69.00元

世界经济黄皮书
2014年世界经济形势分析与预测
著(编)者：王洛林　张宇燕　2014年1月出版 / 估价：69.00元

西北蓝皮书
中国西北发展报告(2014)
著(编)者：张进海　陈冬红　段庆林　2014年1月出版 / 定价：65.00元

西部蓝皮书
中国西部发展报告(2014)
著(编)者：姚慧琴　徐璋勇　2014年7月出版 / 估价：69.00元

新型城镇化蓝皮书
新型城镇化发展报告(2014)
著(编)者：沈体雁　李伟　宋敏　2014年3月出版 / 估价：69.00元

新兴经济体蓝皮书
金砖国家发展报告(2014)
著(编)者：林跃勤　周文　2014年3月出版 / 估价：79.00元

循环经济绿皮书
中国循环经济发展报告(2013~2014)
著(编)者：齐建国　2014年12月出版 / 估价：69.00元

中部竞争力蓝皮书
中国中部经济社会竞争力报告(2014)
著(编)者：教育部人文社会科学重点研究基地
　　　　　南昌大学中国中部经济社会发展研究中心
2014年7月出版 / 估价：59.00元

中部蓝皮书
中国中部地区发展报告(2014)
著(编)者：朱有志　2014年10月出版 / 估价：59.00元

中国科技蓝皮书
中国科技发展报告(2014)
著(编)者：陈劲　2014年4月出版 / 估价：69.00元

中国省域竞争力蓝皮书
中国省域经济综合竞争力发展报告(2012~2013)
著(编)者：李建平　李闽榕　高燕京　2014年3月出版 / 估价：188.00

中三角蓝皮书
长江中游城市群发展报告(2013~2014)
著(编)者：秦尊文　2014年6月出版 / 估价：69.00元

中小城市绿皮书
中国中小城市发展报告(2014)
著(编)者：中国城市经济学会中小城市经济发展委员会
　　　　　《中国中小城市发展报告》编纂委员会
2014年10月出版 / 估价：98.00元

中原蓝皮书
中原经济区发展报告(2014)
著(编)者：刘怀廉　2014年6月出版 / 估价：68.00元

## 社会政法类

殡葬绿皮书
中国殡葬事业发展报告(2014)
著(编)者：朱勇　副主编　李伯森　2014年3月出版 / 估价：59.00元

城市创新蓝皮书
中国城市创新报告(2014)
著(编)者：周天勇　旷建伟　2014年7月出版 / 估价：69.00元

城市管理蓝皮书
中国城市管理报告2014
著(编)者：谭维克　刘林　2014年7月出版 / 估价：98.00元

城市生活质量蓝皮书
中国城市生活质量指数报告(2014)
著(编)者：张平　2014年7月出版 / 估价：59.00元

城市政府能力蓝皮书
中国城市政府公共服务能力评估报告(2014)
著(编)者：何艳玲　2014年7月出版 / 估价：59.00元

创新蓝皮书
创新型国家建设报告(2014)
著(编)者：詹正茂　2014年7月出版 / 估价：69.00元

慈善蓝皮书
中国慈善发展报告(2014)
著(编)者：杨团　2014年6月出版 / 估价：69.00元

法治蓝皮书
中国法治发展报告No.12(2014)
著(编)者：李林　田禾　2014年2月出版 / 估价：98.00元

反腐倡廉蓝皮书
中国反腐倡廉建设报告No.3
著(编)者：李秋芳　2013年12月出版 / 估价：79.00元

非传统安全蓝皮书
中国非传统安全研究报告(2014)
著(编)者：余潇枫　2014年5月出版 / 估价：69.00元

**社会政法类**

**皮书系列 2014全品种**

**妇女发展蓝皮书**
福建省妇女发展报告（2014）
著(编)者：刘群英　2014年10月出版 / 估价：58.00元

**妇女发展蓝皮书**
中国妇女发展报告No.5
著(编)者：王金玲　高小贤　2014年5月出版 / 估价：65.00元

**妇女教育蓝皮书**
中国妇女教育发展报告No.3
著(编)者：张李玺　2014年10月出版 / 估价：69.00元

**公共服务满意度蓝皮书**
中国城市公共服务评价报告（2014）
著(编)者：胡伟　2014年11月出版 / 估价：69.00元

**公共服务蓝皮书**
中国城市基本公共服务力评价（2014）
著(编)者：侯惠勤　辛向阳　易定宏
2014年10月出版 / 估价：55.00元

**公民科学素质蓝皮书**
中国公民科学素质调查报告（2013~2014）
著(编)者：李群　许佳军　2014年2月出版 / 估价：69.00元

**公益蓝皮书**
中国公益发展报告（2014）
著(编)者：朱健刚　2014年5月出版 / 估价：78.00元

**国际人才蓝皮书**
中国海归创业发展报告（2014）No.2
著(编)者：王辉耀　路江涌　2014年10月出版 / 估价：69.00元

**国际人才蓝皮书**
中国留学发展报告（2014）No.3
著(编)者：王辉耀　2014年9月出版 / 估价：59.00元

**行政改革蓝皮书**
中国行政体制改革报告（2014）No.3
著(编)者：魏礼群　2014年3月出版 / 估价：69.00元

**华侨华人蓝皮书**
华侨华人研究报告（2014）
著(编)者：丘进　2014年5月出版 / 估价：128.00元

**环境竞争力绿皮书**
中国省域环境竞争力发展报告（2014）
著(编)者：李建平　李闽榕　王金南
2014年12月出版 / 估价：148.00元

**环境绿皮书**
中国环境发展报告（2014）
著(编)者：刘鉴强　2014年4月出版 / 估价：69.00元

**基本公共服务蓝皮书**
中国省级政府基本公共服务发展报告（2014）
著(编)者：孙德超　2014年1月出版 / 估价：69.00元

**基金会透明度蓝皮书**
中国基金会透明度发展研究报告（2014）
著(编)者：基金会中心网　2014年7月出版 / 估价：79.00元

**教师蓝皮书**
中国中小学教师发展报告（2014）
著(编)者：曾晓东　2014年4月出版 / 估价：59.00元

**教育蓝皮书**
中国教育发展报告（2014）
著(编)者：杨东平　2014年3月出版 / 估价：69.00元

**科普蓝皮书**
中国科普基础设施发展报告（2014）
著(编)者：任福君　2014年6月出版 / 估价：79.00元

**口腔健康蓝皮书**
中国口腔健康发展报告（2014）
著(编)者：胡德渝　2014年12月出版 / 估价：59.00元

**老龄蓝皮书**
中国老龄事业发展报告（2014）
著(编)者：吴玉韶　2014年2月出版 / 估价：59.00元

**连片特困区蓝皮书**
中国连片特困区发展报告（2014）
著(编)者：丁建军　冷志明　游俊　2014年3月出版 / 估价：79.00元

**民间组织蓝皮书**
中国民间组织报告（2014）
著(编)者：黄晓勇　2014年8月出版 / 估价：69.00元

**民族发展蓝皮书**
中国民族区域自治发展报告（2014）
著(编)者：郝时远　2014年6月出版 / 估价：98.00元

**女性生活蓝皮书**
中国女性生活状况报告No.8（2014）
著(编)者：韩湘景　2014年3月出版 / 估价：78.00元

**汽车社会蓝皮书**
中国汽车社会发展报告（2014）
著(编)者：王俊秀　2014年1月出版 / 估价：59.00元

**青年蓝皮书**
中国青年发展报告（2014）No.2
著(编)者：廉思　2014年6月出版 / 估价：59.00元

**全球环境竞争力绿皮书**
全球环境竞争力发展报告（2014）
著(编)者：李建平　李闽榕　王金南　2014年11月出版 / 估价：69.00元

**青少年蓝皮书**
中国未成年人新媒体运用报告（2014）
著(编)者：李文革　沈杰　季为民　2014年6月出版 / 估价：69.00元

**皮书系列 2014全品种**　社会政法类·行业报告类

**区域人才蓝皮书**
中国区域人才竞争力报告No.2
著(编)者：桂昭明 王辉耀　2014年6月出版 / 估价：69.00元

**人才蓝皮书**
中国人才发展报告（2014）
著(编)者：潘晨光　2014年10月出版 / 估价：79.00元

**人权蓝皮书**
中国人权事业发展报告No.4（2014）
著(编)者：李君如　2014年7月出版 / 估价：98.00元

**世界人才蓝皮书**
全球人才发展报告No.1
著(编)者：孙学玉 张冠梓　2013年12月出版 / 估价：69.00元

**社会保障绿皮书**
中国社会保障发展报告（2014）No.6
著(编)者：王延中　2014年4月出版 / 估价：69.00元

**社会工作蓝皮书**
中国社会工作发展报告（2013~2014）
著(编)者：王杰秀 邹文开　2014年8月出版 / 估价：59.00元

**社会管理蓝皮书**
中国社会管理创新报告No.3
著(编)者：连玉明　2014年9月出版 / 估价：79.00元

**社会蓝皮书**
2014年中国社会形势分析与预测
著(编)者：李培林 陈光金 张翼　2013年12月出版 / 估价：69.00元

**社会体制蓝皮书**
中国社会体制改革报告（2014）No.2
著(编)者：龚维斌　2014年5月出版 / 估价：59.00元

**社会心态蓝皮书**
2014年中国社会心态研究报告
著(编)者：王俊秀 杨宜音　2014年1月出版 / 估价：59.00元

**生态城市绿皮书**
中国生态城市建设发展报告（2014）
著(编)者：李景源 孙伟平 刘举科　2014年6月出版 / 估价：128.00元

**生态文明绿皮书**
中国省域生态文明建设评价报告（ECI 2014）
著(编)者：严耕　2014年9月出版 / 估价：98.00元

**世界创新竞争力黄皮书**
世界创新竞争力发展报告（2014）
著(编)者：李建平 李闽榕 赵新力　2014年11月出版 / 估价：128.00元

**水与发展蓝皮书**
中国水风险评估报告（2014）
著(编)者：苏杨　2014年9月出版 / 估价：69.00元

**危机管理蓝皮书**
中国危机管理报告（2014）
著(编)者：文学国 范正青　2014年8月出版 / 估价：79.00元

**小康蓝皮书**
中国全面建设小康社会监测报告（2014）
著(编)者：潘璠　2014年11月出版 / 估价：59.00元

**形象危机应对蓝皮书**
形象危机应对研究报告（2014）
著(编)者：唐钧　2014年9月出版 / 估价：118.00元

**政治参与蓝皮书**
中国政治参与报告（2014）
著(编)者：房宁　2014年7月出版 / 估价：58.00元

**政治发展蓝皮书**
中国政治发展报告（2014）
著(编)者：房宁 杨海蛟　2014年6月出版 / 估价：98.00元

**宗教蓝皮书**
中国宗教报告（2014）
著(编)者：金泽 邱永辉　2014年8月出版 / 估价：59.00元

**社会组织蓝皮书**
中国社会组织评估报告（2014）
著(编)者：徐家良　2014年3月出版 / 估价：69.00元

**政府绩效评估蓝皮书**
中国地方政府绩效评估报告（2014）
著(编)者：贠杰　2014年9月出版 / 估价：69.00元

## 行业报告类

**保健蓝皮书**
中国保健服务产业发展报告No.2
著(编)者：中国保健协会 中共中央党校
2014年7月出版 / 估价：198.00元

**保健蓝皮书**
中国保健食品产业发展报告No.2
著(编)者：中国保健协会
　　　　　中国社会科学院食品药品产业发展与监管研究中心
2014年7月出版 / 估价：198.00元

**保健蓝皮书**
中国保健用品产业发展报告No.2
著(编)者：中国保健协会　2014年3月出版 / 估价：198.00元

**保险蓝皮书**
中国保险业竞争力报告（2014）
著(编)者：罗忠敏　2014年1月出版 / 估价：98.00元

## 行业报告类

**皮书系列 2014全品种**

**餐饮产业蓝皮书**
中国餐饮产业发展报告（2014）
著(编)者：中国烹饪协会 中国社会科学院财经战略研究院
2014年5月出版 / 估价：59.00元

**测绘地理信息蓝皮书**
中国地理信息产业发展报告（2014）
著(编)者：徐德明　2014年12月出版 / 估价：98.00元

**茶业蓝皮书**
中国茶产业发展报告（2014）
著(编)者：李闽榕 杨江帆　2014年4月出版 / 估价：79.00元

**产权市场蓝皮书**
中国产权市场发展报告（2014）
著(编)者：曹和平　2014年1月出版 / 估价：69.00元

**产业安全蓝皮书**
中国出版与传媒安全报告（2014）
著(编)者：北京交通大学中国产业安全研究中心
2014年1月出版 / 估价：59.00元

**产业安全蓝皮书**
中国医疗产业安全报告（2014）
著(编)者：北京交通大学中国产业安全研究中心
2014年1月出版 / 估价：59.00元

**产业安全蓝皮书**
中国医疗产业安全报告（2014）
著(编)者：李孟刚　2014年7月出版 / 估价：69.00元

**产业安全蓝皮书**
中国文化产业安全蓝皮书（2013~2014）
著(编)者：高海涛 刘益　2014年3月出版 / 估价：69.00元

**产业安全蓝皮书**
中国出版传媒产业安全报告（2014）
著(编)者：孙万军 王玉海　2014年12月出版 / 估价：69.00元

**典当业蓝皮书**
中国典当行业发展报告（2013~2014）
著(编)者：黄育华 王力 张红地
2014年10月出版 / 估价：69.00元

**电子商务蓝皮书**
中国城市电子商务影响力报告（2014）
著(编)者：荆林波　2014年5月出版 / 估价：69.00元

**电子政务蓝皮书**
中国电子政务发展报告（2014）
著(编)者：洪毅 王长胜　2014年2月出版 / 估价：59.00元

**杜仲产业绿皮书**
中国杜仲橡胶资源与产业发展报告（2014）
著(编)者：杜红岩 胡文臻 俞瑞
2014年9月出版 / 估价：99.00元

**房地产蓝皮书**
中国房地产发展报告No.11
著(编)者：魏后凯 李景国　2014年4月出版 / 估价：79.00元

**服务外包蓝皮书**
中国服务外包产业发展报告（2014）
著(编)者：王晓红 李皓　2014年4月出版 / 估价：89.00元

**高端消费蓝皮书**
中国高端消费市场研究报告
著(编)者：依绍华 王雪峰　2013年12月出版 / 估价：69.00元

**会展经济蓝皮书**
中国会展经济发展报告（2014）
著(编)者：过聚荣　2014年9月出版 / 估价：65.00元

**会展蓝皮书**
中外会展业动态评估年度报告（2014）
著(编)者：张敏　2014年8月出版 / 估价：68.00元

**基金会绿皮书**
中国基金会发展独立研究报告（2014）
著(编)者：基金会中心网　2014年8月出版 / 估价：58.00元

**交通运输蓝皮书**
中国交通运输服务发展报告（2014）
著(编)者：林晓言 卜伟 武剑红
2014年10月出版 / 估价：69.00元

**金融监管蓝皮书**
中国金融监管报告（2014）
著(编)者：胡滨　2014年9月出版 / 估价：65.00元

**金融蓝皮书**
中国金融中心发展报告（2014）
著(编)者：中国社会科学院金融研究所
中国博士后特华科研工作站 王力 黄育华
2014年10月出版 / 估价：59.00元

**金融蓝皮书**
中国商业银行竞争力报告（2014）
著(编)者：王松奇　2014年5月出版 / 估价：79.00元

**金融蓝皮书**
中国金融发展报告（2014）
著(编)者：李扬 王国刚　2013年12月出版 / 估价：69.00元

**金融蓝皮书**
中国金融法治报告（2014）
著(编)者：胡滨 全先银　2014年3月出版 / 估价：65.00元

**金融蓝皮书**
中国金融产品与服务报告（2014）
著(编)者：殷剑峰　2014年6月出版 / 估价：59.00元

**金融信息服务蓝皮书**
金融信息服务业发展报告（2014）
著(编)者：鲁广锦　2014年11月出版 / 估价：69.00元

**皮书系列 2014全品种** — 行业报告类

**抗衰老医学蓝皮书**
抗衰老医学发展报告（2014）
著(编)者：罗伯特·高德曼 罗纳德·科莱兹 尼尔·布什 朱敏 金大鹏 郭弋
2014年3月出版 / 估价：69.00元

**客车蓝皮书**
中国客车产业发展报告（2014）
著(编)者：姚蔚 2014年12月出版 / 估价：69.00元

**科学传播蓝皮书**
中国科学传播报告（2014）
著(编)者：詹正茂 2014年4月出版 / 估价：69.00元

**流通蓝皮书**
中国商业发展报告（2014）
著(编)者：荆林波 2014年5月出版 / 估价：89.00元

**旅游安全蓝皮书**
中国旅游安全报告（2014）
著(编)者：郑向敏 谢朝武 2014年6月出版 / 估价：79.00元

**旅游绿皮书**
2013~2014年中国旅游发展分析与预测
著(编)者：宋瑞 2013年12月出版 / 估价：69.00元

**旅游城市绿皮书**
世界旅游城市发展报告（2013~2014）
著(编)者：张辉 2014年1月出版 / 估价：69.00元

**贸易蓝皮书**
中国贸易发展报告（2014）
著(编)者：荆林波 2014年5月出版 / 估价：49.00元

**民营医院蓝皮书**
中国民营医院发展报告（2014）
著(编)者：朱幼棣 2014年10月出版 / 估价：69.00元

**闽商蓝皮书**
闽商发展报告（2014）
著(编)者：李闽榕 王日根 2014年12月出版 / 估价：69.00元

**能源蓝皮书**
中国能源发展报告（2014）
著(编)者：崔民选 王军生 陈义和
2014年10月出版 / 估价：59.00元

**农产品流通蓝皮书**
中国农产品流通产业发展报告（2014）
著(编)者：贾敬敦 王炳南 张玉玺 张鹏毅 陈丽华
2014年9月出版 / 估价：89.00元

**期货蓝皮书**
中国期货市场发展报告（2014）
著(编)者：荆林波 2014年6月出版 / 估价：98.00元

**企业蓝皮书**
中国企业竞争力报告（2014）
著(编)者：金碚 2014年11月出版 / 估价：89.00元

**汽车安全蓝皮书**
中国汽车安全发展报告（2014）
著(编)者：赵福全 孙小端 等 2014年1月出版 / 估价：69.00元

**汽车蓝皮书**
中国汽车产业发展报告（2014）
著(编)者：国务院发展研究中心产业经济研究部 中国汽车工程学会 大众汽车集团(中国)
2014年7月出版 / 估价：79.00元

**清洁能源蓝皮书**
国际清洁能源发展报告（2014）
著(编)者：国际清洁能源论坛(澳门)
2014年9月出版 / 估价：89.00元

**人力资源蓝皮书**
中国人力资源发展报告（2014）
著(编)者：吴江 2014年9月出版 / 估价：69.00元

**软件和信息服务业蓝皮书**
中国软件和信息服务业发展报告（2014）
著(编)者：洪京一 工业和信息化部电子科学技术情报研究所
2014年6月出版 / 估价：98.00元

**商会蓝皮书**
中国商会发展报告No.4（2014）
著(编)者：黄孟复 2014年4月出版 / 估价：59.00元

**商品市场蓝皮书**
中国商品市场发展报告（2014）
著(编)者：荆林波 2014年7月出版 / 估价：59.00元

**上市公司蓝皮书**
中国上市公司非财务信息披露报告（2014）
著(编)者：钟宏武 张旺 张蒽 等
2014年12月出版 / 估价：59.00元

**食品药品蓝皮书**
食品药品安全与监管政策研究报告（2014）
著(编)者：唐民皓 2014年7月出版 / 估价：69.00元

**世界能源蓝皮书**
世界能源发展报告（2014）
著(编)者：黄晓勇 2014年9月出版 / 估价：99.00元

**私募市场蓝皮书**
中国私募股权市场发展报告（2014）
著(编)者：曹和平 2014年4月出版 / 估价：69.00元

**体育蓝皮书**
中国体育产业发展报告（2014）
著(编)者：阮伟 钟秉枢 2013年2月出版 / 估价：69.00元

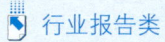

# 皮书系列 2014全品种

**行业报告类**

**体育蓝皮书·公共体育服务**
中国公共体育服务发展报告（2014）
著(编)者:戴健　2014年12月出版 / 估价:69.00元

**投资蓝皮书**
中国投资发展报告（2014）
著(编)者:杨庆蔚　2014年4月出版 / 估价:79.00元

**投资蓝皮书**
中国企业海外投资发展报告（2013~2014）
著(编)者:陈文晖　薛誉华　2013年12月出版 / 估价:69.00元

**物联网蓝皮书**
中国物联网发展报告（2014）
著(编)者:龚六堂　2014年1月出版 / 估价:59.00元

**西部工业蓝皮书**
中国西部工业发展报告（2014）
著(编)者:方行明　刘方健　姜凌等
2014年9月出版 / 估价:69.00元

**西部金融蓝皮书**
中国西部金融发展报告（2014）
著(编)者:李忠民　2014年10月出版 / 估价:69.00元

**新能源汽车蓝皮书**
中国新能源汽车产业发展报告（2014）
著(编)者:中国汽车技术研究中心
　　　　　日产（中国）投资有限公司
　　　　　东风汽车有限公司
2014年9月出版 / 估价:69.00元

**信托蓝皮书**
中国信托业研究报告（2014）
著(编)者:中建投信托研究中心　中国建设建投研究院
2014年9月出版 / 估价:59.00元

**信托蓝皮书**
中国信托投资报告（2014）
著(编)者:杨金龙　刘屹　2014年7月出版 / 估价:69.00元

**信息化蓝皮书**
中国信息化形势分析与预测（2014）
著(编)者:周宏仁　2014年7月出版 / 估价:98.00元

**信用蓝皮书**
中国信用发展报告（2014）
著(编)者:章政　田侃　2014年4月出版 / 估价:69.00元

**休闲绿皮书**
2014年中国休闲发展报告
著(编)者:刘德谦　唐兵　宋瑞
2014年6月出版 / 估价:59.00元

**养老产业蓝皮书**
中国养老产业发展报告（2013~2014年）
著(编)者:张车伟　2014年1月出版 / 估价:69.00元

**移动互联网蓝皮书**
中国移动互联网发展报告（2014）
著(编)者:官建文　2014年5月出版 / 估价:79.00元

**医药蓝皮书**
中国药品市场报告（2014）
著(编)者:程锦锥　朱恒鹏　2014年12月出版 / 估价:79.00元

**中国林业竞争力蓝皮书**
中国省域林业竞争力发展报告No.2（2014）
（上下册）
著(编)者:郑传芳　李闽榕　张春霞　张会儒
2014年8月出版 / 估价:139.00元

**中国农业竞争力蓝皮书**
中国省域农业竞争力发展报告No.2（2014）
著(编)者:郑传芳　宋洪远　李闽榕　张春霞
2014年7月出版 / 估价:128.00元

**中国信托市场蓝皮书**
中国信托业市场报告（2013~2014）
著(编)者:李旸　2014年10月出版 / 估价:69.00元

**中国总部经济蓝皮书**
中国总部经济发展报告（2014）
著(编)者:赵弘　2014年9月出版 / 估价:69.00元

**珠三角流通蓝皮书**
珠三角商圈发展研究报告（2014）
著(编)者:王先庆　林至颖　2014年8月出版 / 估价:69.00元

**住房绿皮书**
中国住房发展报告（2013~2014）
著(编)者:倪鹏飞　2013年12月出版 / 估价:79.00元

**资本市场蓝皮书**
中国场外交易市场发展报告（2014）
著(编)者:高峦　2014年3月出版 / 估价:79.00元

**资产管理蓝皮书**
中国信托业发展报告（2014）
著(编)者:智信资产管理研究院　2014年7月出版 / 估价:69.00元

**支付清算蓝皮书**
中国支付清算发展报告（2014）
著(编)者:杨涛　2014年4月出版 / 估价:45.00元

皮书系列 2014全品种 文化传媒类

# 文化传媒类

**传媒蓝皮书**
中国传媒产业发展报告（2014）
著(编)者：崔保国　2014年4月出版／估价：79.00元

**传媒竞争力蓝皮书**
中国传媒国际竞争力研究报告（2014）
著(编)者：李本乾　2014年9月出版／估价：69.00元

**创意城市蓝皮书**
武汉市文化创意产业发展报告（2014）
著(编)者：张京成　黄永林　2014年10月出版／估价：69.00元

**电视蓝皮书**
中国电视产业发展报告（2014）
著(编)者：卢斌　2014年4月出版／估价：79.00元

**电影蓝皮书**
中国电影出版发展报告（2014）
著(编)者：卢斌　2014年4月出版／估价：79.00元

**动漫蓝皮书**
中国动漫产业发展报告（2014）
著(编)者：卢斌　郑玉明　牛兴侦　2014年4月出版／估价：79.00元

**广电蓝皮书**
中国广播电影电视发展报告（2014）
著(编)者：庞井君　杨明品　李岚
2014年6月出版／估价：88.00元

**广告主蓝皮书**
中国广告主营销传播趋势报告NO.8
著(编)者：中国传媒大学广告主研究所
　　　　　中国广告主营销传播创新研究课题组
　　　　　黄升民　杜国清　邵华冬等
2014年5月出版／估价：98.00元

**国际传播蓝皮书**
中国国际传播发展报告（2014）
著(编)者：胡正荣　李继东　姬德强
2014年1月出版／估价：69.00元

**纪录片蓝皮书**
中国纪录片发展报告（2014）
著(编)者：何苏六　2014年10月出版／估价：89.00元

**两岸文化蓝皮书**
两岸文化产业合作发展报告（2014）
著(编)者：胡惠林　肖夏勇　2014年6月出版／估价：59.00元

**媒介与女性蓝皮书**
中国媒介与女性发展报告（2014）
著(编)者：刘利群　2014年8月出版／估价：69.00元

**全球传媒蓝皮书**
全球传媒产业发展报告（2014）
著(编)者：胡正荣　2014年12月出版／估价：79.00元

**视听新媒体蓝皮书**
中国视听新媒体发展报告（2014）
著(编)者：庞井君　2014年6月出版／估价：148.00元

**文化创新蓝皮书**
中国文化创新报告（2014）No.5
著(编)者：于平　傅才武　2014年7月出版／估价：79.00元

**文化科技蓝皮书**
文化科技融合与创意城市发展报告（2014）
著(编)者：李凤亮　于平　2014年7月出版／估价：79.00元

**文化蓝皮书**
2014年中国文化产业发展报告
著(编)者：张晓明　胡惠林　章建刚
2014年3月出版／估价：69.00元

**文化蓝皮书**
中国文化产业供需协调增长测评报（2013）
著(编)者：高书生　王亚楠　2014年5月出版／估价：79.00元

**文化蓝皮书**
中国城镇文化消费需求景气评价报告（2014）
著(编)者：王亚南　张晓明　祁述裕
2014年5月出版／估价：79.00元

**文化蓝皮书**
中国公共文化服务发展报告（2014）
著(编)者：于群　李国新　2014年10月出版／估价：98.00元

**文化蓝皮书**
中国文化消费需求景气评价报告（2014）
著(编)者：王亚南　2014年5月出版／估价：79.00元

**文化蓝皮书**
中国乡村文化消费需求景气评价报告（2014）
著(编)者：王亚南　2014年5月出版／估价：79.00元

**文化蓝皮书**
中国中心城市文化消费需求景气评价报告（2014）
著(编)者：王亚南　2014年5月出版／估价：79.00元

**文化蓝皮书**
中国少数民族文化发展报告（2014）
著(编)者：武翠英　张晓明　张学进
2014年3月出版／估价：69.00元

**文化建设蓝皮书**
中国文化建设发展报告（2014）
著(编)者：江畅 孙伟平　2014年3月出版 / 估价：69.00元

**文化品牌蓝皮书**
中国文化品牌发展报告（2014）
著(编)者：欧阳友权　2014年5月出版 / 估价：75.00元

**文化软实力蓝皮书**
中国文化软实力研究报告（2014）
著(编)者：张国祚　2014年7月出版 / 估价：79.00元

**文化遗产蓝皮书**
中国文化遗产事业发展报告（2014）
著(编)者：刘世锦　2014年3月出版 / 估价：79.00元

**文学蓝皮书**
中国文情报告（2014）
著(编)者：白烨　2014年5月出版 / 估价：59.00元

**新媒体蓝皮书**
中国新媒体发展报告No.5（2014）
著(编)者：唐绪军　2014年6月出版 / 估价：69.00元

**移动互联网蓝皮书**
中国移动互联网发展报告（2014）
著(编)者：官建文　2014年4月出版 / 估价：79.00元

**游戏蓝皮书**
中国游戏产业发展报告（2014）
著(编)者：卢斌　2014年4月出版 / 估价：79.00元

**舆情蓝皮书**
中国社会舆情与危机管理报告（2014）
著(编)者：谢耘耕　2014年8月出版 / 估价：85.00元

**粤港澳台文化蓝皮书**
粤港澳台文化创意产业发展报告（2014）
著(编)者：丁未　2014年4月出版 / 估价：69.00元

## 地方发展类

**安徽蓝皮书**
安徽社会发展报告（2014）
著(编)者：程桦　2014年4月出版 / 估价：79.00元

**安徽社会建设蓝皮书**
安徽社会建设分析报告（2014）
著(编)者：黄家海 王开玉 蔡宪　2014年4月出版 / 估价：69.00元

**北京蓝皮书**
北京城乡发展报告（2014）
著(编)者：黄序　2014年4月出版 / 估价：59.00元

**北京蓝皮书**
北京公共服务发展报告（2014）
著(编)者：张耘　2014年3月出版 / 估价：65.00元

**北京蓝皮书**
北京经济发展报告（2014）
著(编)者：赵弘　2014年4月出版 / 估价：59.00元

**北京蓝皮书**
北京社会发展报告（2014）
著(编)者：缪青　2014年10月出版 / 估价：59.00元

**北京蓝皮书**
北京文化发展报告（2014）
著(编)者：李建盛　2014年5月出版 / 估价：59.00元

**北京蓝皮书**
中国社区发展报告（2014）
著(编)者：于燕燕　2014年8月出版 / 估价：59.00元

**北京蓝皮书**
北京公共服务发展报告（2014）
著(编)者：施昌奎　2014年8月出版 / 估价：59.00元

**北京旅游绿皮书**
北京旅游发展报告（2014）
著(编)者：鲁勇　2014年7月出版 / 估价：98.00元

**北京律师蓝皮书**
北京律师发展报告No.2（2014）
著(编)者：王隽 周塞军　2014年9月出版 / 估价：79.00元

**北京人才蓝皮书**
北京人才发展报告（2014）
著(编)者：于淼　2014年10月出版 / 估价：89.00元

**城乡一体化蓝皮书**
中国城乡一体化发展报告·北京卷（2014）
著(编)者：张宝秀 黄序　2014年6月出版 / 估价：59.00元

**创意城市蓝皮书**
北京文化创意产业发展报告（2014）
著(编)者：张京成 王国华　2014年10月出版 / 估价：69.00元

**创意城市蓝皮书**
青岛文化创意产业发展报告（2014）
著(编)者：马达　2014年5月出版 / 估价：69.00元

**创意城市蓝皮书**
无锡文化创意产业发展报告（2014）
著(编)者：庄若江 张鸣年　2014年8月出版 / 估价：75.00元

## 地方发展类

**服务业蓝皮书**
广东现代服务业发展报告（2014）
著(编)者：祁明 程晓　2014年1月出版 / 估价：69.00元

**甘肃蓝皮书**
甘肃舆情分析与预测（2014）
著(编)者：陈双梅 郝树声　2014年1月出版 / 估价：69.00元

**甘肃蓝皮书**
甘肃县域社会发展评价报告（2014）
著(编)者：魏胜文　2014年1月出版 / 估价：69.00元

**甘肃蓝皮书**
甘肃经济发展分析与预测（2014）
著(编)者：魏胜文　2014年1月出版 / 估价：69.00元

**甘肃蓝皮书**
甘肃社会发展分析与预测（2014）
著(编)者：安文华　2014年1月出版 / 估价：69.00元

**甘肃蓝皮书**
甘肃文化发展分析与预测（2014）
著(编)者：周小华　2014年1月出版 / 估价：69.00元

**广东蓝皮书**
广东省电子商务发展报告（2014）
著(编)者：黄建阳 祁明　2014年11月出版 / 估价：69.00元

**广东蓝皮书**
广东社会工作发展报告（2014）
著(编)者：罗观翠　2013年12月出版 / 估价：69.00元

**广东外经贸蓝皮书**
广东对外经济贸易发展研究报告（2014）
著(编)者：陈万灵　2014年3月出版 / 估价：65.00元

**广西北部湾经济区蓝皮书**
广西北部湾经济区开放开发报告（2014）
著(编)者：广西北部湾经济区规划建设管理委员会办公室　广西社会科学院　广西北部湾发展研究院
2014年7月出版 / 估价：69.00元

**广州蓝皮书**
2014年中国广州经济形势分析与预测
著(编)者：庾建设 郭志勇 沈奎　2014年6月出版 / 估价：69.00元

**广州蓝皮书**
2014年中国广州社会形势分析与预测
著(编)者：易佐永 杨秦 顾涧清　2014年5月出版 / 估价：65.00元

**广州蓝皮书**
广州城市国际化发展报告（2014）
著(编)者：朱名宏　2014年9月出版 / 估价：59.00元

**广州蓝皮书**
广州创新型城市发展报告（2014）
著(编)者：李江涛　2014年8月出版 / 估价：59.00元

**广州蓝皮书**
广州经济发展报告（2014）
著(编)者：李江涛 刘江华　2014年6月出版 / 估价：65.00元

**广州蓝皮书**
广州农村发展报告（2014）
著(编)者：李江涛 汤锦华　2014年8月出版 / 估价：59.00元

**广州蓝皮书**
广州青年发展报告（2014）
著(编)者：魏国华 张强　2014年9月出版 / 估价：65.00元

**广州蓝皮书**
广州汽车产业发展报告（2014）
著(编)者：李江涛 杨再高　2014年10月出版 / 估价：69.00元

**广州蓝皮书**
广州商贸业发展报告（2014）
著(编)者：陈家成 王旭东 荀振英
2014年7月出版 / 估价：69.00元

**广州蓝皮书**
广州文化创意产业发展报告（2014）
著(编)者：甘新　2014年10月出版 / 估价：59.00元

**广州蓝皮书**
中国广州城市建设发展报告（2014）
著(编)者：董皞 冼伟雄 李俊夫
2014年8月出版 / 估价：69.00元

**广州蓝皮书**
中国广州科技与信息化发展报告（2014）
著(编)者：庾建设 谢学宁　2014年8月出版 / 估价：59.00元

**广州蓝皮书**
中国广州文化创意产业发展报告（2014）
著(编)者：甘新　2014年10月出版 / 估价：59.00元

**广州蓝皮书**
中国广州文化发展报告（2014）
著(编)者：徐俊忠 汤应武 陆志强
2014年8月出版 / 估价：69.00元

**贵州蓝皮书**
贵州法治发展报告（2014）
著(编)者：吴大华　2014年3月出版 / 估价：69.00元

**贵州蓝皮书**
贵州社会发展报告（2014）
著(编)者：王兴骥　2014年3月出版 / 估价：59.00元

**贵州蓝皮书**
贵州农村扶贫开发报告（2014）
著(编)者：王朝新 宋明　2014年3月出版 / 估价：69.00元

**贵州蓝皮书**
贵州文化产业发展报告（2014）
著(编)者：李建国　2014年3月出版 / 估价：69.00元

## 地方发展类

**海淀蓝皮书**
海淀区文化和科技融合发展报告（2014）
著(编)者：陈名杰 孟景伟　2014年5月出版 / 估价：75.00元

**海峡经济区蓝皮书**
海峡经济区发展报告（2014）
著(编)者：李闽榕 王秉安 谢明辉（台湾）
2014年10月出版 / 估价：78.00元

**海峡西岸蓝皮书**
海峡西岸经济区发展报告（2014）
著(编)者：福建省人民政府发展研究中心
2014年9月出版 / 估价：85.00元

**杭州蓝皮书**
杭州市妇女发展报告（2014）
著(编)者：魏颖 揭爱花　2014年2月出版 / 估价：69.00元

**河北蓝皮书**
河北省经济发展报告（2014）
著(编)者：马树强 张贵　2013年12月出版 / 估价：69.00元

**河北蓝皮书**
河北经济社会发展报告（2014）
著(编)者：周文夫　2013年12月出版 / 估价：69.00元

**河南经济蓝皮书**
2014年河南经济形势分析与预测
著(编)者：胡五岳　2014年3月出版 / 估价：65.00元

**河南蓝皮书**
2014年河南社会形势分析与预测
著(编)者：刘道兴 牛苏林　2014年1月出版 / 估价：59.00元

**河南蓝皮书**
河南城市发展报告（2014）
著(编)者：林宪斋 王建国　2014年1月出版 / 估价：69.00元

**河南蓝皮书**
河南经济发展报告（2014）
著(编)者：喻新安　2014年1月出版 / 估价：59.00元

**河南蓝皮书**
河南文化发展报告（2014）
著(编)者：谷建全 卫绍生　2014年1月出版 / 估价：69.00元

**河南蓝皮书**
河南工业发展报告（2014）
著(编)者：龚绍东　2014年1月出版 / 估价：59.00元

**黑龙江产业蓝皮书**
黑龙江产业发展报告（2014）
著(编)者：于渤　2014年10月出版 / 估价：79.00元

**黑龙江蓝皮书**
黑龙江经济发展报告（2014）
著(编)者：曲伟　2014年1月出版 / 估价：59.00元

**黑龙江蓝皮书**
黑龙江社会发展报告（2014）
著(编)者：艾书琴　2014年1月出版 / 估价：69.00元

**湖南城市蓝皮书**
城市社会管理
著(编)者：罗海藩　2014年10月出版 / 估价：59.00元

**湖南蓝皮书**
2014年湖南产业发展报告
著(编)者：梁志峰　2014年5月出版 / 估价：89.00元

**湖南蓝皮书**
2014年湖南法治发展报告
著(编)者：梁志峰　2014年5月出版 / 估价：79.00元

**湖南蓝皮书**
2014年湖南经济展望
著(编)者：梁志峰　2014年5月出版 / 估价：79.00元

**湖南蓝皮书**
2014年湖南两型社会发展报告
著(编)者：梁志峰　2014年5月出版 / 估价：79.00元

**湖南县域绿皮书**
湖南县域发展报告No.2
著(编)者：朱有志 袁准 周小毛　2014年7月出版 / 估价：69.00元

**沪港蓝皮书**
沪港发展报告（2014）
著(编)者：尤安山　2014年9月出版 / 估价：89.00元

**吉林蓝皮书**
2014年吉林经济社会形势分析与预测
著(编)者：马克　2014年1月出版 / 估价：69.00元

**江苏法治蓝皮书**
江苏法治发展报告No.3（2014）
著(编)者：李力 龚廷泰 严海良　2014年8月出版 / 估价：88.00元

**京津冀蓝皮书**
京津冀区域一体化发展报告（2014）
著(编)者：文魁 祝尔娟　2014年3月出版 / 估价：89.00元

**经济特区蓝皮书**
中国经济特区发展报告（2014）
著(编)者：陶一桃　2014年3月出版 / 估价：89.00元

**辽宁蓝皮书**
2014年辽宁经济社会形势分析与预测
著(编)者：曹晓峰 张晶 张卓民　2014年1月出版 / 估价：69.00元

**流通蓝皮书**
湖南省商贸流通产业发展报告No.2
著(编)者：柳思维　2014年10月出版 / 估价：75.00元

**皮书系列 2014全品种** 地方发展类

**内蒙古蓝皮书**
内蒙古经济发展蓝皮书(2013~2014)
著(编)者:黄育华　2014年7月出版 / 估价:69.00元

**内蒙古蓝皮书**
内蒙古反腐倡廉建设报告No.1
著(编)者:张志华　无极　2013年12月出版 / 估价:69.00元

**浦东新区蓝皮书**
上海浦东经济发展报告（2014）
著(编)者:左学金　陆沪根　2014年1月出版 / 估价:59.00元

**侨乡蓝皮书**
中国侨乡发展报告（2014）
著(编)者:郑一省　2013年12月出版 / 估价:69.00元

**青海蓝皮书**
2014年青海经济社会形势分析与预测
著(编)者:赵宗福　2014年2月出版 / 估价:69.00元

**人口与健康蓝皮书**
深圳人口与健康发展报告（2014）
著(编)者:陆杰华　江捍平　2014年10月出版 / 估价:98.00元

**山西蓝皮书**
山西资源型经济转型发展报告（2014）
著(编)者:李志强　容和平　2014年3月出版 / 估价:79.00元

**陕西蓝皮书**
陕西经济发展报告（2014）
著(编)者:任宗哲　石英　裴成荣　2014年3月出版 / 估价:65.00元

**陕西蓝皮书**
陕西社会发展报告（2014）
著(编)者:任宗哲　石英　江波　2014年1月出版 / 估价:65.00元

**陕西蓝皮书**
陕西文化发展报告（2014）
著(编)者:任宗哲　石英　王长寿　2014年3月出版 / 估价:59.00元

**上海蓝皮书**
上海传媒发展报告（2014）
著(编)者:强荧　焦雨虹　2014年1月出版 / 估价:59.00元

**上海蓝皮书**
上海法治发展报告（2014）
著(编)者:潘世伟　叶青　2014年1月出版 / 估价:59.00元

**上海蓝皮书**
上海经济发展报告（2014）
著(编)者:沈开艳　2014年1月出版 / 估价:69.00元

**上海蓝皮书**
上海社会发展报告（2014）
著(编)者:卢汉龙　周海旺　2014年1月出版 / 估价:59.00元

**上海蓝皮书**
上海文化发展报告（2014）
著(编)者:蒯大申　2014年1月出版 / 估价:59.00元

**上海蓝皮书**
上海文学发展报告（2014）
著(编)者:陈圣来　2014年1月出版 / 估价:59.00元

**上海蓝皮书**
上海资源环境发展报告（2014）
著(编)者:周冯琦　汤庆合　王利民　2014年1月出版 / 估价:59.00元

**上海社会保障绿皮书**
上海社会保障改革与发展报告（2013~2014）
著(编)者:汪泓　2014年1月出版 / 估价:65.00元

**社会建设蓝皮书**
2014年北京社会建设分析报告
著(编)者:宋贵伦　2014年4月出版 / 估价:69.00元

**深圳蓝皮书**
深圳经济发展报告（2014）
著(编)者:吴忠　2014年6月出版 / 估价:69.00元

**深圳蓝皮书**
深圳劳动关系发展报告（2014）
著(编)者:汤庭芬　2014年6月出版 / 估价:69.00元

**深圳蓝皮书**
深圳社会发展报告（2014）
著(编)者:吴忠　余智晟　2014年7月出版 / 估价:69.00元

**四川蓝皮书**
四川文化产业发展报告（2014）
著(编)者:向宝云　2014年1月出版 / 估价:69.00元

**温州蓝皮书**
2014年温州经济社会形势分析与预测
著(编)者:潘忠强　王春光　金浩　2014年4月出版 / 估价:69.0

**温州蓝皮书**
浙江温州金融综合改革试验区发展报告（2013~2
著(编)者:钱水土　王去非　李义超
2014年4月出版 / 估价:69.00元

**扬州蓝皮书**
扬州经济社会发展报告（2014）
著(编)者:张爱军　2014年1月出版 / 估价:78.00元

**义乌蓝皮书**
浙江义乌市国际贸易综合改革试验区发展报告（2013~2014）
著(编)者:马淑琴　刘文革　周松强
2014年4月出版 / 估价:69.00元

**云南蓝皮书**
中国面向西南开放重要桥头堡建设发展报告（201
著(编)者:刘绍怀　2014年12月出版 / 估价:69.00元

**长株潭城市群蓝皮书**
长株潭城市群发展报告（2014）
著(编)者:张萍　2014年10月出版 / 估价:69.00元

地方发展类·国别与地区类　　皮书系列 2014全品种

**郑州蓝皮书**
2014年郑州文化发展报告
著(编)者:王哲　2014年7月出版　估价:69.00元

**中国省会经济圈蓝皮书**
合肥经济圈经济社会发展报告No.4(2013~2014)
著(编)者:董昭礼　2014年4月出版　估价:79.00元

## 国别与地区类

**G20国家创新竞争力黄皮书**
二十国集团(G20)国家创新竞争力发展报告(2014)
著(编)者:李建平　李闽榕　赵新力
2014年9月出版　估价:118.00元

**澳门蓝皮书**
澳门经济社会发展报告(2013~2014)
著(编)者:吴志良　郝雨凡　2014年3月出版　估价:79.00元

**北部湾蓝皮书**
泛北部湾合作发展报告(2014)
著(编)者:吕余生　2014年7月出版　估价:79.00元

**大湄公河次区域蓝皮书**
大湄公河次区域合作发展报告(2014)
著(编)者:刘稚　2014年8月出版　估价:79.00元

**大洋洲蓝皮书**
大洋洲发展报告(2014)
著(编)者:魏明海　喻常森　2014年7月出版　估价:69.00元

**德国蓝皮书**
德国发展报告(2014)
著(编)者:李乐曾　郑春荣　2014年5月出版　估价:69.00元

**东北亚黄皮书**
东北亚地区政治与安全报告(2014)
著(编)者:黄凤志　刘雪莲　2014年6月出版　估价:69.00元

**东盟黄皮书**
东盟发展报告(2014)
著(编)者:黄兴球　庄国土　2014年12月出版　估价:68.00元

**东南亚蓝皮书**
东南亚地区发展报告(2014)
著(编)者:王勤　2014年11月出版　估价:59.00元

**俄罗斯黄皮书**
俄罗斯发展报告(2014)
著(编)者:李永全　2014年7月出版　估价:79.00元

**非洲黄皮书**
非洲发展报告No.15(2014)
著(编)者:张宏明　2014年7月出版　估价:79.00元

**港澳珠三角蓝皮书**
粤港澳区域合作与发展报告(2014)
著(编)者:梁庆寅　陈广汉　2014年6月出版　估价:59.00元

**国际形势黄皮书**
全球政治与安全报告(2014)
著(编)者:李慎明　张宇燕　2014年1月出版　估价:69.00元

**韩国蓝皮书**
韩国发展报告(2014)
著(编)者:牛林杰　刘宝全　2014年6月出版　估价:69.00元

**加拿大蓝皮书**
加拿大国情研究报告(2014)
著(编)者:仲伟合　唐小松　2013年12月出版　估价:69.00元

**柬埔寨蓝皮书**
柬埔寨国情报告(2014)
著(编)者:毕世鸿　2014年6月出版　估价:79.00元

**拉美黄皮书**
拉丁美洲和加勒比发展报告(2014)
著(编)者:吴白乙　刘维广　2014年4月出版　估价:89.00元

**老挝蓝皮书**
老挝国情报告(2014)
著(编)者:卢光盛　方芸　吕星　2014年6月出版　估价:79.00元

**美国蓝皮书**
美国问题研究报告(2014)
著(编)者:黄平　倪峰　2014年5月出版　估价:79.00元

**缅甸蓝皮书**
缅甸国情报告(2014)
著(编)者:李晨阳　2014年4月出版　估价:79.00元

**欧亚大陆桥发展蓝皮书**
欧亚大陆桥发展报告(2014)
著(编)者:李忠民　2014年10月出版　估价:59.00元

**欧洲蓝皮书**
欧洲发展报告(2014)
著(编)者:周弘　2014年3月出版　估价:79.00元

## 皮书系列 2014全品种 — 国别与地区类

**葡语国家蓝皮书**
巴西发展与中巴关系报告2014（中英文）
著(编)者：张曙光　David T. Ritchie
2014年8月出版　估价：69.00元

**日本经济蓝皮书**
日本经济与中日经贸关系发展报告（2014）
著(编)者：王洛林　张季风　2014年5月出版　估价：79.00元

**日本蓝皮书**
日本发展报告（2014）
著(编)者：李薇　2014年2月出版　估价：69.00元

**上海合作组织黄皮书**
上海合作组织发展报告（2014）
著(编)者：李进峰　吴宏伟　李伟　2014年9月出版　估价：98.00元

**世界创新竞争力黄皮书**
世界创新竞争力发展报告（2014）
著(编)者：李建平　2014年1月出版　估价：148.00元

**世界能源黄皮书**
世界能源分析与展望（2013~2014）
著(编)者：张宇燕 等　2014年1月出版　估价：69.00元

**世界社会主义黄皮书**
世界社会主义跟踪研究报告（2014）
著(编)者：李慎明　2014年5月出版　估价：189.00元

**泰国蓝皮书**
泰国国情报告（2014）
著(编)者：邹春萌　2014年6月出版　估价：79.00元

**亚太蓝皮书**
亚太地区发展报告（2014）
著(编)者：李向阳　2013年12月出版　估价：69.00元

**印度蓝皮书**
印度国情报告（2014）
著(编)者：吕昭义　2014年1月出版　估价：69.00元

**印度洋地区蓝皮书**
印度洋地区发展报告（2014）
著(编)者：汪戎　万广华　2014年6月出版　估价：79.00元

**越南蓝皮书**
越南国情报告（2014）
著(编)者：吕余生　2014年8月出版　估价：65.00元

**中东黄皮书**
中东发展报告No.15（2014）
著(编)者：杨光　2014年10月出版　估价：59.00元

**中欧关系蓝皮书**
中国与欧洲关系发展报告（2014）
著(编)者：周弘　2013年12月出版　估价：69.00元

**中亚黄皮书**
中亚国家发展报告（2014）
著(编)者：孙力　2014年9月出版　估价：79.00元

## 中国皮书网
www.pishu.cn

**栏目设置：**

- □ 资讯：皮书动态、皮书观点、皮书数据、皮书报道、皮书新书发布会、电子期刊
- □ 标准：皮书评价、皮书研究、皮书规范、皮书专家、编撰团队
- □ 服务：最新皮书、皮书书目、重点推荐、在线购书
- □ 链接：皮书数据库、皮书博客、皮书微博、出版社首页、在线书城
- □ 搜索：资讯、图书、研究动态
- □ 互动：皮书论坛

# 皮书大事记

☆ 2012年12月，《中国社会科学院皮书资助规定（试行）》由中国社会科学院科研局正式颁布实施。

☆ 2011年，部分重点皮书纳入院创新工程。

☆ 2011年8月，2011年皮书年会在安徽合肥举行，这是皮书年会首次由中国社会科学院主办。

☆ 2011年2月，"2011年全国皮书研讨会"在北京京西宾馆举行。王伟光院长（时任常务副院长）出席并讲话。本次会议标志着皮书及皮书研创出版从一个具体出版单位的出版产品和出版活动上升为由中国社会科学院牵头的国家哲学社会科学智库产品和创新活动。

☆ 2010年9月，"2010年中国经济社会形势报告会暨第十一次全国皮书工作研讨会"在福建福州举行，高全立副院长参加会议并做学术报告。

☆ 2010年9月，皮书学术委员会成立，由我院李扬副院长领衔，并由在各个学科领域有一定的学术影响力、了解皮书编创出版并持续关注皮书品牌的专家学者组成。皮书学术委员会的成立为进一步提高皮书这一品牌的学术质量、为学术界构建一个更大的学术出版与学术推广平台提供了专家支持。

☆ 2009年8月，"2009年中国经济社会形势分析与预测暨第十次皮书工作研讨会"在辽宁丹东举行。李扬副院长参加本次会议，本次会议颁发了首届优秀皮书奖，我院多部皮书获奖。

# 皮书数据库
## www.pishu.com.cn

**皮书数据库三期即将上线**

● 皮书数据库（SSDB）是社会科学文献出版社整合现有皮书资源开发的在线数字产品，全面收录"皮书系列"的内容资源，并以此为基础整合大量相关资讯构建而成。

● 皮书数据库现有中国经济发展数据库、中国社会发展数据库、世界经济与国际政治数据库等子库，覆盖经济、社会、文化等多个行业、领域，现有报告30000多篇，总字数超过5亿字，并以每年4000多篇的速度不断更新累积。2009年7月，皮书数据库荣获"2008~2009年中国数字出版知名品牌"。

● 2011年3月，皮书数据库二期正式上线，开发了更加灵活便捷的检索系统，可以实现精确查找和模糊匹配，并与纸书发行基本同步，可为读者提供更加广泛的资讯服务。

### 更多信息请登录

| 中国皮书网 | 皮书微博 | 皮书博客 | 皮书微信 |
| http://www.pishu.cn | http://weibo.com/pishu | http://blog.sina.com.cn/pishu | 皮书说 |

---

**请到各地书店皮书专架 / 专柜购买，也可办理邮购**

咨询 / 邮购电话：010-59367028  59367070  邮　　箱：duzhe@ssap.cn
邮购地址：北京市西城区北三环中路甲29号院3号楼华龙大厦13层读者服务中心
邮　编：100029
银行户名：社会科学文献出版社
开户银行：中国工商银行北京北太平庄支行
账　号：0200010019200365434
网上书店：010-59367070　qq：1265056568
网　址：www.ssap.com.cn　　www.pishu.cn